家教实战
JIA JIAO SHI ZHAN

家庭教育指南

张鑫 ● 著

復旦大學出版社

目录

前言	001

上篇　学做智慧父母　　001

第一节　贵学习　　002
　　认清学习意义　　002
　　找准问题差距　　004
　　提升学习效益　　007

第二节　做榜样　　012
　　父母有修养,孩子有教养　　012
　　父母有格局,孩子有出息　　013
　　父母有远见,孩子路宽广　　014
　　父母讲原则,孩子守规矩　　015
　　父母善媒介,孩子不迷茫　　016

第三节　育家风　　018
　　家风的基本内涵　　018
　　家风的主要类型　　023
　　家风的建设路径　　028

第四节　塑"三观"　　033
　　父母应有正确的"三观"　　034
　　家庭教育引领　　034
　　及时纠正偏差　　035

		个人学习实践	036
第五节	立规矩		038
		为什么要立规矩	039
		立哪些规矩	041
		怎样立规矩	046
第六节	会管教		050
		用尊重赢得孩子	050
		用关爱温暖孩子	051
		用惩戒警示孩子	052
		用沟通启发孩子	054
		用榜样引领孩子	055
第七节	忌打骂		057
		打骂孩子的严重危害	057
		打骂孩子的原因分析	059
		打骂孩子的纠治方法	062
第八节	不吼叫		066
		父母吼叫的危害	066
		父母吼叫的原因	070
		父母吼叫的纠治	072

中篇　防治重点问题　　　　　　　　　　077

第一节	预防违法犯罪	078
	青少年违法犯罪的根本原因	079
	青少年违法犯罪的主要特点	084
	青少年违法犯罪的防范对策	087
第二节	严防自杀问题	094
	青少年自杀的主要成因	095

		青少年自杀的行为特征	101
		青少年自杀的防范对策	104
第三节	保护人身安全		111
		安全问题发生的主要原因	111
		安全问题呈现的突出特点	114
		安全问题防范的基本对策	118
第四节	远离校园欺凌		123
		校园欺凌的形式	123
		校园欺凌的原因	126
		校园欺凌的危害	128
		校园欺凌的纠治	131
第五节	关注心理问题		135
		心理问题的主要诱因	135
		心理问题的现实危害	138
		心理问题的干预方法	141
第六节	注重孝道传承		145
		反思纠偏	146
		文化滋养	146
		父母示范	148
		榜样引领	149
		点滴养成	150
第七节	干预拖延行为		152
		认清拖延行为的现实危害	152
		导致拖延行为的客观成因	156
		纠治拖延行为的方法对策	158
第八节	防止沉迷游戏		161
		游戏沉迷的主要原因	162
		游戏沉迷的现实危害	165

　　　　　　游戏沉迷的防范纠治　　　168
　　第九节　警惕青春叛逆　　　172
　　　　　　青春叛逆的具体表现　　　172
　　　　　　青春叛逆的主要原因　　　177
　　　　　　青春叛逆的应对方法　　　182
　　第十节　纠治厌学躺平　　　188
　　　　　　厌学躺平的具体表现　　　188
　　　　　　厌学躺平的主要原因　　　190
　　　　　　厌学躺平的纠治对策　　　192

下篇　聚力日常引领　　　197
　　第一节　培养学习习惯　　　198
　　　　　　目标计划　　　199
　　　　　　认真专注　　　201
　　　　　　善于思考　　　204
　　　　　　质疑多问　　　207
　　　　　　积极动手　　　209
　　　　　　勤做笔记　　　211
　　　　　　课外阅读　　　213
　　　　　　互动交流　　　215
　　　　　　科学作息　　　218
　　第二节　指引学习方法　　　221
　　　　　　目标牵引　　　222
　　　　　　兴趣引导　　　225
　　　　　　重点突出　　　228
　　　　　　难点突破　　　230
　　　　　　课前预习　　　233

	复习巩固	235
	日积月累	238
	互帮互助	241
	思维导图	243
	实践探索	246
第三节	提升必备能力	250
	健康管理	251
	生活自理	256
	应对挫折	260
	自主学习	264
	创新思维	269
	沟通交流	274
	时间管理	280
	适应环境	287

后　记　　　　　　　　　　　　　　292

前言

跨入新时代,高新技术迅猛发展,知识爆炸的烈度与广度闻所未闻,亘古未见,正以日新月异的速度改变着我们的工作和生活。这个时代的孩子是恰逢社会高速发展的幸运儿,又是进入赛道负重前行的奔跑者。学习要求更高、学习任务更重、知识范围更广、学习时间更紧、学习与生活压力也更大。激烈的竞争机制,迫使孩子向更高、更强努力奋进。时代的特性注定孩子的成长道路充满着艰辛与不易。孩子不易,父母更难。同处新时代,父母同样面临本领恐慌,不仅被生存压力、生活重担裹挟前行,还时常伴有跟不上时代的紧迫感和危机感。除了拼命工作挣钱养家外,还必须拿出足够的时间和精力陪伴孩子成长,教育孩子成才。当看到孩子成长的过程中有了进步,取得成绩时,做父母的自豪喜悦溢于言表,一切付出都觉得值得。当孩子在学习生活中遇到一些挫折困难时,做父母的担心忧虑又无以言表。尤其是遇到孩子学习成绩下滑、动力不足、不思进取、沉沦堕落时,就是父母的揪心劫难之时。当竭尽全力的教育劝说无济于事时,那种挫败、伤心、失望、无力、无助甚至绝望的心情非亲历者不能知。"殚竭心力终为子,可怜天下父母心"①,儿时不知词中意,读懂已成诗中人。

父母是孩子的启蒙老师,对孩子的教育引导作用无可替代。

---

① 慈禧:《祝父母诗》。

古人云"养不教,父之过;教不严,师之惰",培养出德、智、体、美、劳全面发展的孩子是每位父母的梦想和希望。然而,同样的家庭与父母,教育出的孩子却千差万别。有些孩子因为有良好的家教,从小就知礼懂事,自律自强,好学上进,人生的道路顺风顺水,成为父母的骄傲,成为国家社会的有用人才。而有些父母"重生养,轻教育",对孩子的教育不重视、不懂不会、简单粗暴、放任自流。家庭教育的缺失,导致孩子问题缠身,在成长的道路上颠簸曲折,有的甚至走入歧途,成为父母心中挥之不去的痛。怎样才能从成为父母到当好父母是急迫而现实的问题。孩子生来同起步,后天培养见高低。资质与天赋可以遗传,优秀的品性与人格无法传承。没有教育不好的孩子,只有不会教育孩子的父母。无人天生熟此道,学习实践成行家。

作为父母,切身体会了对孩子教育过程的酸甜苦辣,始知家庭教育的艰辛与不易。我对孩子的教育是从典型的"门外汉"开始的。一开始自信满满地认为自己天生就能当一个好家长、无所不能的百事通,到经历了"滑铁卢"式的挫败,才真正明白自己在家庭教育中其实就是个"小学生"。孩子在进入初中时,厌学、躺平,500余人的年级倒数30名,本人也从"自信满满"跌到了"万念俱灰"的境地。一度被孩子视为"敌人"的我,迷茫、彷徨、无助、煎熬,伴随着严重的挫败感,一度产生过"放弃""任其发展"的悲观想法。作为一个自认为还算称职的大学教授,实在不甘心对孩子教育的失败。经过内心痛苦的挣扎,开始认识到在这个父母与孩子"双向奔赴"的新时代,教育者首先应该被教育的重要性和必要性。重新学习认识家庭教育的本质和国内外先进的教育理念,归因反思自己的"一厢情愿"式的教育方法。果断放下那份自以为是的掌控"执念",重新定义成功,接受孩子的平凡。尝试把成为孩子的精神导师作为自己努力追求的目标和方向,以合作伙伴的身份探索感悟与孩子一起成长同频共振的方法与技巧。孩子从我的期望中解脱出来,学习兴趣和动力因我的觉醒而被点燃,竟然连续两年被评为年级"进步之星"。在2022年的中考中,名列班级第一名,成为班级、学校的励志榜样。当看到孩子取得进步时,百感交集,遂产生了将教育孩子实践中积累的一些经验、教训、认识、感悟、体会记录分享的冲动。

孩子是父母生命的延续和馈赠,善于悦纳和发现孩子的个体差异,尊重孩子独立的精神和来自他们内心的呼唤,不再用评判的眼光审视,多用精神去鼓励,少用成绩来衡量。在有限的时间陪伴里,除了爱与物质条件的给予,舍得投入时间和精力,与孩子一起学习成长,提升为人父母引领和教育孩子的本领,帮助孩子拥有获取知识的能力和获得幸福的能力,使之健康快乐地生活,是为人父母的责任与追求。

愿所思、所悟能给辛勤付出的父母以启发和帮助!

上篇

学做智慧父母

教育的起点在父母,家庭是人生的第一所学校,父母是孩子的第一任老师。孩子从出生开始,最早受到的教育即来自父母。早在两千多年前,曾子就在《礼记·大学》中提出"一家仁,一国兴仁"的教育治国理念。2022年1月1日起施行的《中华人民共和国家庭教育促进法》(以下简称《家庭教育促进法》),把家庭教育由"家事"变为"国事",家庭教育不再是家庭内部的事,而是关乎国家和社会发展的大事。随着社会的快速发展和进步,家庭教育的方式、方法和要求也在不断变化更新,对教育的要求也越来越高。作为新时代的父母,必须适应时代发展,认清"教育者首先要被教育"的现实迫切性,树立终身学习的理念,把学做智慧父母作为养育孩子与孩子共同成长的必修课。通过学习掌握先进的教育理念、科学的教育方法,家长会从孩子的需求出发,能够以合作与理解的姿态促进孩子的全面发展。这既是时代的呼唤,也是教育孩子的客观要求。学做智慧父母是一个长期的学习实践过程,既需要父母坚持不懈的努力,又需要目标清晰明确,掌握正确的学习方法,不断在学习实践中提升教育孩子的能力和本领。

第一节 贵学习

跨入新时代,社会的深刻变革和信息化、智能化的高速发展成为这个时代的显著特征。一纸文凭终身受用的时代已经成为过去,新理念、新知识、新技能、新生活日新月异,"不进则退,不学则悔"的现实倒逼着人们把终身学习作为跟上时代步伐的生存理念。学习型社会的氛围已经形成,终身学习的理念已经深入人心。作为新时代的父母,除了要应对工作和生活的学习任务外,还要担负起养育孩子的"学习者"和"教育者"任务。教育者首先要被教育,学习提升养育孩子的能力素质是每一位父母的必修课。因此,为人父母更应树立终身学习理念,努力做学习型父母,把"爱学""乐学""善学"内化于心、外化于行,与孩子共同学习一起成长。

一、认清学习意义

人们常说"活到老学到老",尤其是生活在"知识爆炸"时代的当下,学习不再是一个阶段性的任务,而是人们一生的追求。终身学习不但是与时俱进的必要途径,更是生存与发展的刚性需求。

(一) 学习是为人父母的责任担当。古人云"养不教,父之过",是指父母重生养轻教育是一种过错,是一种不当的行为。而如今,养不教,则可能是一种不负责任的违法行为。两项事关家庭教育的重大政策于近年密集出台,以立法的形式宣示家庭教育之重,父母责任之大。2021年7月,中共中央办公厅、国务院办公厅出台《关于进一步减轻义务教育阶段学生作业负担和校外培训负担的意见》(简称"双减"政策),明确了减轻学生过重作业负担,进一步提升课后服务水平;全面规范校外培训行为;提高学校教育质量,确保学生在校内学足学好,引导家长树立科学育儿观念,理性确定孩子成长预期等具体目标。2021年10月23日,十三届全国人大常委会第三十一次会议表决通过了《中华人民共和国家庭教育促进法》(以下简称《家庭教育促进法》),2022年1月1日起正式实施。法律规定:"父母或者其他监护人应当树立家庭是第一个课堂、家长是第一任老师的责任意识,承担对未成年人实施家庭教育的主体责任,用正确思想、方法和行为教育未成年人养成良好思想、品行和习惯。""双减"政策的出台是回应人民群众关切,让教育回归自然。还给孩子时间和空间,还给父母教育孩子更多的主动权,将家庭教育这一主阵地郑重地交到父母手中,赋予父母教育孩子更大的责任,更多的时间和空间。《家庭教育促进法》的出台,以立法形式具体明确了家庭教育的目标、内容、方法和要求,责任更加明晰,定位更加精准。给孩子的是关心爱护,给予父母的是责任、压力,也是动力;督促父母提高认识、提升能力素质,"科学养娃,依法育娃"。时代的发展呼唤着年轻父母的责任与担当,无论贫穷富贵与学识高低,终身学习做父母,利子利己利国家。

(二)学习是与时俱进的刚性需求。随着社会对育人的要求逐步提高,与现实中父母育人能力不足的矛盾凸显。家长不懂、不会的茫然失措,被动和习惯性地承袭前辈传承的旧的育儿思想观念,都不同程度与现实产生着矛盾冲突。试想,在育儿理念不断更新的当下,仍采用落后的,甚至不合时宜的理念教育孩子去迎接明天的"挑战",势必造成事与愿违的糟糕局面。父母教育孩子的过程,其实质是与孩子共同学习一起成长的过程。同处新时代,高新技术和高科技知识急剧增加,父母与孩子在新知识面前几乎处在同一个起跑线上。父母既需要通过学习,及时更新教育理念,掌握科学的教育方法帮助子女成长成才,更需要不断学习提升自身的知识储备,提高自身的核心竞争力,从而适应现代社会快速发展的要求,实现理想目标与自我价值。因此,为人父母必须树立终身学习理念,积极主动地在学习中不断地汲取知识,不断地自我完善,不断地提高自身文化素养,方能与时俱进,跟上时代的步伐。

(三)学习是纠偏修正的有效途径。父母的育人水平决定着孩子的健康成长和发展方向,直接影响着孩子的道德品质、个性特点、人格心理和习惯养成。受"三纲五常"等陈旧思想文化影响,一些父母习惯性地把孩子当成"私有财产",认为孩子对父母应该言听计从,父母处于绝对权威的地位,动辄以"领导"的姿态命令孩子,而这种压服和命令式的教育方式从来都是"一厢情愿",会带来一系列的危害。一些父母不切实际地望子成才执念过重,放弃自己却渴望子女能够"功成名就"以享"荣耀",成为今天许多家庭"替代成功"的"顽疾"。还有些父母并没有真正理解"双减"政策和《家庭教育促进法》出台的真实意义,为图省事转嫁自身压力,为提高孩子的班级排名和学业成绩,私下里为孩子请高价的家庭教师,导致孩子的负担非但未减,反而更重。家庭教育的主体作用非但未有发挥,反而因父母的"不作为"而被弱化。这些问题的发生缘于父母对教育理念的认识,与科学的教育理念背道而驰。而通过系统的学习,则能有效地改变父母的思想观念,在比较中反思修正自己的教育观念,树立科学的教育理念,掌握科学的教育方法,践行正确的教育之道。

二、找准问题差距

作为父母,深知学习对自己、对孩子的重要意义,哪怕平时不爱看书学习的父母,也不得不抽出时间恶补育儿之道。都想当一个称职合格的父母，想方设法为孩子成长提供支持与帮助，期望能帮助孩子打好基础赢得未来。然而，由于一些主观和客观原因导致学习问题矛盾突出，直接或间接影响学习效果，影响家庭教育的有效开展。

（一）父母终身学习的意识不足。 终身学习意识和态度是学习能力形成的首要条件，大多数父母能认识到孩子教育的重要性，舍得花时间、金钱和精力利用一切资源教育孩子成长成才。而却忽视了自身也是家庭教育的主体。父母需要通过不断的学习来更新教育理念和教育方式，才能跟上时代发展的步伐和教育孩子的客观需求。一些父母把闲暇时间浪费在打麻将、刷短视频等娱乐活动中，将孩子在学习或生活上的问题归咎于学校，认为教育孩子是学校老师的事，自身素养与教育方式和孩子的成才无关。一些父母缺失了身为父母应该具备的角色责任，没有意识到自己与孩子同学习共成长的重要性，教育理念与知识同步更新的必要性，以致在思想上懈怠，在行动上迟缓。而先进的教育理念和科学的育儿方法是确保孩子健康成长成才的关键，需要父母增强育儿的危机意识，提高学习育儿知识、技能重要性的认识，树立终身学习的理念，强化学习的紧迫感，及时行动起来，不间断地学习以更新自己的知识储备，跟上新时代教育的步伐和节奏，提升教育的能力本领。

（二）父母学习的途径和方式单一。 目前父母的学习主要依靠自学或是学校、社区组织的家长课堂进行学习，学习的渠道和方式较为单一，效果不尽如人意。父母自学的途径大多是阅读与家庭教育相关的书籍或是在网络上查阅资料的方式进行。通过阅读有关教育的书籍来增长知识固然可行，但父母阅读书籍多是停留在理论层面，理论到实践还有相当大的距离。通过网络获取育儿知识也有一定的局限性，网络上的信息纷繁复杂，育儿知识较乱、较杂、较随意的现象普遍,缺乏权威性。加上父母对于信息的辨别和筛选能力不够强,所以在网上获取教育知识的效果大打折扣。学校和社区组织的家长学校尚处于探索阶段,多是局限在家长会或是一些亲子活动上,父母难以获取有效的教育知识与方法,加上学校与父母的关注点都是在孩子身上,很少有针对性的父母间的学习交流活动。父母对孩子的教育多是被动地停留在如何与学校配合层面上,并没有从实际需求出发提升家庭教育能力。

(三)父母学习时间和精力受限。在激烈竞争的当下,作为父母不但要花费大量的时间和精力应对来自工作和生活的压力,又要尽心尽力养育和教导孩子,同时还要赡养照顾老人。有一些家庭一对夫妻甚至同时要照顾四个以上的老年人,他们在老人、孩子、工作间往返奔波,分身乏术。有了一些空闲时间,只想好好放松疲惫的身躯,对于育儿知识的学习提升,只能是缓之又缓,放之又放。实在拖延不下去,就被动应付式地偶尔参与一下学习。还有些父母实在脱不开身,只得让爷爷奶奶或外公外婆替代学校或社区组织的学习活动。因此,在学校组织的家长学习活动中,有一个奇怪现象,就是在通知时,专门指定父母参加,不允许替代。还有一些农村家庭,夫妻远离家门外出打工,把孩子交给自己的父母抚养,与孩子聚少离多,根本无暇顾及孩子的成长,即使学习一些育儿知识也鞭长莫及。作为临时监护人的爷爷奶奶或外公外婆,也只能在生活上给孩子以照顾,基本没有继续学习教育孩子的精力。这些特殊的情况导致父母时间、精力分散,专心系统学习育儿知识受限,学习面临的工学矛盾突出,困难凸显。即使能抽出有限时间去学习育儿知识,也只能是浅尝辄止蜻蜓点水,学习质量和效果也会因为精力和时间受限而大打折扣。

(四)父母自身经验和习惯的制约。美国"成人教育之父"诺尔斯强调,成人与儿童学习的不同之处在于会积累越来越多的经验,这些经验可以成为自己和他人丰富的学习资源①。父母积累的经验固然有利于父母掌握更多的学习方法和教养知识,但有时候会使父母的思维受到限制,从而降低学习效果。英国心理学家斯皮尔曼指出经验对于成人的学习具有两面性,并非都起到了积极的作用,其表现为:"经验容易限制人的学习视野,使成人思维受限,容易思维固化,在新事物、新思想到来时,成人难以用充足的心理准备和思想准备去接受,往往导致学习效果不尽如人意。"②经验在父母学习中的副作用显而易见,当父母将自我认识的经验嫁接到子女的教育中时,很容易凭着固有经验习惯性地排斥新的观念,进而忽视孩子主体性和个性的客观需求。教育孩子仅凭祖辈经验和自身固有的认知是远远不够的,必须要与时俱进,谨慎把前辈的经验用于孩子的教育,扬长避短方能跟上时代的发展利于孩子的成长。

三、提升学习效益

学习方法决定学习质量和效果,尤其是成人的学习教育,与孩子的学习教育有着本质的不同。父母的学习更注重目的性、针对性和实效性,围绕育儿能力提升,突出问题牵引和重心导向,强调认识和学习自驱力提升,注重实践经验和方法技能的学习领悟。

(一)树立学习的理念,立起学习的榜样。俗语说"父母是孩子的镜子,孩子是父母的影子",父母对待学习的态度和行为直接影响着孩子的发展方向和学习风格。从小,孩子通过观察和模仿父母的行为来学习如何与世界互动,如果父母展现出终身学习的

---

① 马尔科姆·诺尔斯:《现代成人教育实践》,蔺延梓译,人民教育出版社,1989年,第41页。
② 刘奉越、康红芹:《成人经验学习及其教学策略》,《河北师范大学学报(教育科学版)》2011年第3期。

态度，孩子就有可能受父母的影响而端正学习态度。在家庭教育中，父母的言行对于孩子的影响是潜移默化、深远持久的。很多父母认为学习只是孩子的任务，面对工作和生活的双重压力让他们无法集中精力再学习。殊不知学习是应对社会高速发展的生存需求，是提升自身知识素养和帮助孩子健康成长的重要渠道，是无形中在给孩子做榜样。父母要从要求孩子学习转变为与孩子共同学习一起成长，切实提高对于终身学习的认识与站位，把终身学习作为提升自己、胜任家庭教育的关键来看待。在许多家庭中，孩子成绩不好、不爱读书，他们的父母从不反思自己的行为，一味地责怪孩子或者放任不管，要么认为"棍棒底下出孝子"，动辄打骂孩子，要么认为"树大自然直"，任其自由发展。这样的教育方式无疑不利于孩子的健康成长。因此，在家庭教育中，父母时刻严格要求自己、以身作则，树立终身学习的理念，不断地自我提升、自我超越，给孩子树立良好的榜样，当好孩子的第一任老师，担负起家庭教育的主体、主责。

（二）掌握学习方法，拓宽学习渠道。学习方法决定学习效果，父母在学习提升的过程中，选择适合自身的学习方式、方法至关重要。一是"自助式"学习。当下，"自助式"学习模式是被公认的有效的学习方式，指向父母的自我学习、自我成长学习路径，是通过为父母提供自助学习和提升的平台，让不同的父母之间通过及时交流、深入探讨、互相学习，从而提升自身的认知和思维能力，让父母真正成为教育的"参与者"。在学习过程中，父母将认识感悟与实践反思相结合，在反思的过程中将自身的行为与所学的理念进行验证，做到知行合一。二是积极参与专业培训。社会上举办的多种多样的家长培训，为家长提供了家庭教育、育儿方法、时间分配、高效学习等多维度的知识内容，父母可以针对自己的短板，选择感兴趣的课程进行系统学习。通过参加此类的培训学习，扩展学习路径,学会解决在生活上或是在学习上遇到的问题,掌握优秀的育儿方法。三是拓宽学习的渠道。学习的方式、方法和学习对象应不拘一格,应因时、因地、因人而宜,不但向书本学、向课堂学、向同辈学,还应注重向实践学和向孩子学。陶行知先生认为"生活即教育",实践的过程就是教育的过程,教育通过实践更能起到教化人的作用。在学习中,父母要学会向孩子学习。美国人类学家玛格丽特·米德在《文化与承诺——一项有关代沟问题的研究》一书中提出人类社会已经从前喻时代到并喻时代乃至今天的后喻时代①。在高新技术高速发展的今天,孩子文化反哺父母已经成为现实。因此,父母应放下架子,虚心向孩子学习。孩子的成长是不可逆的,父母应在做中学,边学习、边摸索、边积累、边交流、边反思、边成长,做智慧的学习型父母。

(三)厘清学习内容,抓住学习重点。学习内容和学习重点是学习的关键,必须有所筛选方能提高学习的针对性和实效性,避免时间和精力的浪费。首先,《家庭教育促进法》明确的学习内容应重点学习。《家庭教育促进法》第三条明确规定:"家庭教育以立德树人为根本任务,培育和践行社会主义核心价值观,弘扬中华民族优秀传统文化、革命文化、社会主义先进文化,促进未成年人健康成长。"父母应围绕《家庭教育促进法》规定的教育内容范围,突出学会做人、学会生存、学会学习、学会生活的知识重点。其次,对于家庭教育中自己不懂不会的基本常识应熟知、熟记。学会摆正定

---

① 前喻时代、并喻时代和后喻时代是美国社会学家玛格丽特·米德提出的关于人类社会文化传播的三个阶段。前喻时代:在这个阶段,晚辈主要向长辈学习,文化传承主要是前辈向后辈传递。并喻时代:在这个阶段,文化可以在同代人之间传播,不需要先辈的经验积累。后喻时代:在这个阶段,年长的需要向年轻的请教,文化传播发生了反转,由后辈向前辈传播,这个时代的特征是,晚辈由于掌握了一定的新知识新技能,给先辈传授知识和培养能力。文化反哺是后喻时代的最基本特征。

位,不缺位、不越界、不包办。学习掌握做好孩子的生活保障、成人之道、课业陪伴与辅导、融洽亲子关系、心理学、沟通艺术、管教方法等育儿常识,这些育儿常识时时处处能用到,一言一行皆学问。最后,适当扩展学习的内容。高度重视品德教育,把文明礼貌教育、诚信教育、友爱教育、良好习惯教育等方面的内容纳入学习范围。父母要学会管理情绪、情感引导、心理疏导、细心观察、有效陪伴、批评与表扬等方法技巧。同时,还应学会走进孩子的内心世界、理解与接纳孩子的想法,确立合理期望。通过不断地学习实践拓宽自己的知识面,在孩子需要时能用自己的所学给孩子提供力所能及的支持与帮助。

(四) 改善家庭环境,创设学习氛围。实践证明学习型家庭对于个人价值观念的形成发挥着重要作用,父母应注重家庭文化建设,为孩子价值观念和认知方式的形成奠定基础。首先,要注重创造舒适整洁的家庭环境,在视野开阔、空气清新的地方布置"读书角""运动角"等家庭成员共同活动的空间,创设温馨和谐的环境氛围,努力把家打造成孩子依恋向往的温暖港湾和利于学习的温馨场地。其次,要以身作则,培养自身良好的习惯,给孩子树立良好的榜样。培养每日阅读的习惯,与孩子一起更新科学知识与技能,营造浓厚的学习氛围,让孩子在浓厚学习氛围下受熏陶和影响。再次,父母在与孩子交流的过程中,要遵循民主和平等的原则。善于倾听孩子的想法与诉求,积极消除与孩子在沟通上的障碍,形成民主和谐的开明风气和情感氛围。在家庭教育中,父母应充分发挥示范引领作用,多与孩子一起学习、讨论交流、分享感受,在潜移默化中将价值观传递给孩子,以身教影响孩子。最后,还应重视学习教育过程的自我评价与反思,通过反思不断提升自身的能力水平,为构建学习型家庭奠定基础。

作为父母,贵在学习也难在学习。没有完美无缺的家庭,也不可能有十全十美的父母。但,唯有学习可以拉近做称职父母的距离,唯有树立终身学习的理念,懂得终身学习的意义并躬身践行,方能顺应时代的需求,不愧对父母的称谓,为孩子、为自己赢得将来。

第二节 做榜样

2018年9月26日,《全国家庭教育状况调查报告(2018)》显示,在调查学生最崇敬的榜样时,"父母"排在第一位。这表明孩子对父母普遍持有认可和敬爱的态度,并在生活中把父母作为学习榜样。父母对于孩子而言,不仅仅是养育与陪伴的关系,在他们成长的时光里,父母是他们接触时间最长、也对他们影响最大的成年人。作为父母,其一言一行、一举一动都直接影响着孩子,为孩子的品德修养、习惯养成和人生格局奠定基础。因此,父母要努力为孩子做好榜样。

一、父母有修养,孩子有教养

修养,指人的综合素质,语出唐代吕岩《忆江南》:"学道客,修养莫迟迟,光景斯须如梦里",是人在个体心灵深处经历自我认识、自我解剖、自我教育和自我提高的过程后所达成的境界,也是传统文化所倡导的"仁义礼智信,温良恭俭让,忠孝悌慎廉,勤正刚直勇"。《家庭教育促进法》把"家庭是孩子的第一所学校,父母是孩子的第一任老师"写进了法律。当下,"不让孩子输在起跑线上"成了众多父母的心声。一些父母误以为买了最好的学区房,把孩子送进了最好的学校,就是赢在了起跑线上。殊不知,一个孩子真正的起跑线,不是学校教育,而是家庭教育,是通过家庭教育提升孩子教养。人的一生,每一步成长其实都和教育息息相关,家庭教育便是开启人生大门的第一步。法国教育家卢梭就曾说过:"人的教育在他出生的时候就开始了,在他不会说话和听别人说话以前,他就已经受到教育了,教育的基础是家庭。"可见,家庭教育对于一个人影响的重要性。父母的言传身教对孩子的教养提升意义重大,教育是一个润物细无声的过程,想要孩子成为一个有教养的人,首先父母也应做到有修养。无数事实告诉我们,有教养的孩子背后站着有修养的父母,缺乏教养的孩子背后往往站着不合格的家长。父母良好的修养会潜移默化地影响孩子,言行举止成为孩子模仿的榜样,久而久之,这种模仿逐渐内化成孩子的习惯行为。反之,如果父母在孩子面前表现出的都是缺乏修养的行为,那么孩子通过模仿这种行为,也会变得缺乏教养。父母良好的修养示范,直接影响着孩子的健康成长,这种影响的意义对孩子而言,要远大于遗传基因的影响。父母的修养,就是孩子的教养。以修养育修养,以品德养品德,既是孩子健康成长的现实需求,又是对父母的客观要求。

二、父母有格局,孩子有出息

格局,是一个人的胸襟气度和眼界视野。父母的眼界与格局,决定孩子世界的宽度。曾国藩说:"谋大事者首重格局"。父母有大格局,才能指引孩子走得长远。作为父母,不能"重生养,轻教育",不仅满足"养"的条件,关键是看"育"的结果。对孩子的关心不能仅仅停留在物质给予层面,更要在精神层面关心和指引。养育孩子,除了物质上的满足,父母更应考虑的是把孩子培养成什么样的人。拥有大格局的父母能着眼孩子的未来,积极创造各种条件,善于发现孩子的优长,让孩子拥有学习的能力和获得幸福生活的能力,帮助孩子成长进步。父母的格局决定了孩子看世界的视野、态度和努力的方向目标。有大格局的父母不会把所有的精力都用在给孩子提供保障上,而是给孩子独立生活和思考的空间,注重提升孩子的能力和本领。十年树木,百年树人,教育孩子也不能急于一时。应学会遵循教育规律,放下"拔苗助长"的执念,及时纠正通过培养孩子光宗耀祖、挣大钱、买大房子和让孩子"替代成功"的错误理念。如果父母的格局眼界局限于此,孩子的格局也会受到限制。父母要有更大格局,就像黎巴嫩诗人纪伯伦在《致孩子》诗中所写的那样"你的儿女,其实不是你的儿女。他们借助你来到这世界,却非因你而来。你可以给予他们你的爱,却不是你的思想……"父母的格局,影响着孩子的未来,智慧的指引是对孩子最好的滋养,能帮助孩子拥有更美好的未来。

三、父母有远见,孩子路宽广

《论语》中说"人无远虑,必有近忧",这句话不仅适用于人们的日常生活,同时也适用于孩子的教育。父母的远见里,藏着孩子的未来。《战国策》中有言"父母之爱子,则为之计深远",身为父母,没有人不为自己孩子的将来打算。父母虽不能将自己的理想强加在孩子身上,但却可以为孩子的理想或未来提供指引帮助。孩子成长过程注定不是一帆风顺的,总要面对许多困难和问题。在重要的人生十字路口,父母需要给孩子提供指引和帮助,这时父母的远见就体现出了价值。听过这样一则故事:有一位小男孩特别喜欢绘画,而且十分具有绘画的天赋。小男孩父母的朋友建议给小男孩找个老师,将孩子好好培养一下。男孩的父母虽然口头上答应了,但却一直没有在意。后来,随着时间发展,小男孩身上的天赋被消磨殆尽,或许一个天才画家就这样被埋没。王安石笔下的方仲永也是极具天赋,却因父母没有远见,而最终导致仲永成为一个平凡人。有远见的父母会发现孩子的特长和天赋,根据孩子的实际情况,为孩子的未来筹划,帮助孩子健康成长顺利成才,这才是回归了教育的本真。遵循教育规律与孩子的成长、成才并不是冲突对立的,一个有远见的父母不会唯成绩、排名论成败,简单粗暴地否定孩子,反而会培养孩子的学习兴趣和学习能力,发现孩子的长处,帮助孩子解决遇到的困难和问题,引导孩子不断地完善自己,健康顺利成长。

四、父母讲原则,孩子守规矩

父母之爱是最无私和伟大的爱,但一定要有原则。《颜氏家训》中说:"父子之严,不可以狎;骨肉之爱,不可以简。简则慈孝不接,狎则怠慢生焉。"教育孩子有原则地约束比无条件地纵容更重要。父母在教育孩子上没有原则或者虽有原则却屡屡破坏原则,那孩子将来可能会成为一个不守规矩的人。有原则,就是遵守规矩。原则就是当孩子做错事时,父母不能因为爱去包庇和纵容,去破坏现有的规矩,而是要让孩子意识到他们的错误,耐心地引导孩子认识错误和改正错误。父母有原则,才能教育出守规矩的孩子。如果做父母的不能坚守原则,视规矩为儿戏,面对孩子的违规行为,采取包庇纵容的做法,会使孩子视规矩为儿戏,其行为容易不受约束。孩子越小,父母越需要理性地坚守原则。面对孩子的不良行为和不合理要求,父母必须用坚决的态度使孩子明白行为的界限。现实生活中,一些父母有这么一个通病,就是虽然给孩子立了规矩,但经不住孩子的软磨硬泡,或者看不得孩子的哭闹就失去了原则。许多被惯坏不守规矩的孩子都有一个共同点,就是他们的要求无论是否合理总是能被满足,只要一哭一闹甚至不哭不闹,父母就会一而再,再而三地降低自己对孩子的要求,失去底线,向孩子的任性"投降",失去了做父母的原则。要让孩子守规矩、讲规则,父母首先要坚持自己的原则。当父母针对自己孩子制定了一些规则后,就要严格遵守执行,不能轻易破坏规矩。在教育孩子过程中，父母一定要把握好尺度，既不失去爱的关怀，也要坚持自己的原则。教育孩子的过程，更是父母自我教育的过程。孩子在日常生活中不仅复制父母的行为，更会复制这些行为背后的品格、修养、原则、格局。做父母应该明白，教育孩子的过程也是个提升自己的过程，完善自我为孩子做出榜样比一味要求孩子"成为谁"更重要。

五、父母善媒介，孩子不迷茫

快速发展的高新技术和社交媒体彻底改变了人们的生活和视野。媒体变得无所不在，每个人每时每刻都处于数字化生存之中。新媒介不但成为像空气和水一样的生活环境和资源，而且深刻影响人们的思维方式、行为习惯、价值观、认知和学习的方式。懒惰型的父母在新媒介面前，采取听之任之放任态度，认为孩子玩一玩电脑手机没什么的，只要他不吵不闹，不打扰自己，想干什么都可以；溺爱型父母采取把手机电脑当作蛋糕糖果一样的东西，对孩子进行奖赏；控制型父母视手机电脑为洪水猛兽，认为它们对孩子的成长和学习一无是处；暴力型父母秉承"冷战思维"，相信棍棒之下出孝子，认为武力和暴力能解决一切问题，看到孩子过度使用电子媒体和网络就会粗暴干涉；智慧型父母有扬有弃，把电子媒体和网络一分为二，辩证地看待，取其精华去其糟粕，让它们为孩子所用，而不是受它们的"奴役"。在孩子过度使用电子媒体和网络这件事情上，无论是懒惰、溺爱还是控制、暴力，都不是当下这个时代负责任的父母应该有的思路。父母要认识并接受一个事实——媒介无处不在，它已经深深嵌入人们的生活，是一种新生活方式，是21世纪的生存技巧。无论是手机、电脑，还是平板电脑，都只是一种工具。工具本身没有好坏，关键是怎么使用，用它做什么，以及父母想用它达到什么目的。要使用好这一工具，就要懂得趋利避害，扭转不利局面,变"害"为"利"。父母应及时更新对新媒介的认识与理念,与孩子共同学习提升媒介素养。在培养孩子的媒介素养、引导孩子正确使用电子设备方面,父母的作用不应当只是监视,更多的是以身示范,用自己的行为和习惯,以言传身教的方式,去影响和指引孩子科学健康使用新媒介。根据孩子的实际情况制定电子媒体使用规则和要求,制止不健康的使用习惯和行为,让电子媒介这一工具发挥正面作用,助力孩子的生活与学习。

身教重言教,润物细无声,榜样力量大,无声胜有声。父母是孩子生活中的模特,父母举手投足、喜怒哀乐都会成为孩子模仿的对象。父母对孩子的影响远远超出常人的想象!就像给一棵树苗施以甘霖,未必很快就见证到它的绿荫,但是在它生命的叶脉里,必然留下父母的身影。也许,父母会因此在某一天收获一份意外的惊喜和感动;也许,父母会因此在某一天收到一份迟来的忏悔和悲伤。时代的发展呼唤父母为孩子做榜样。孩子的成长渴望父母为孩子做榜样。为人父母为孩子立标杆、做榜样责无旁贷,这是教育孩子无声的行动,更是一种责任、能力和担当。

第三节　育家风

　　家风又称门风,指的是一个家庭或一个家族世代相传的风尚、风格和风气,是亲代通过言传身教给子代树立的道德准则和处世方法。注重家风建设是中华民族的优良传统,优良家风引领人向上向善,是立身做人的行为准则。十八大以来,习近平在不同场合多次指出:"不论时代发生多大变化,不论生活格局发生多大变化,我们都要重视家庭建设,注重家庭、注重家教、注重家风,紧密结合培育和弘扬社会主义核心价值观,发扬光大中华民族传统家庭美德,促进家庭和睦,促进亲人相亲相爱,促进下一代健康成长,促进老年人老有所养,使千千万万个家庭成为国家发展、民族进步、社会和谐的重要基点。"①毫无疑问,重视良好家风的传承与建设,是中华民族优秀传统文化的重要组成部分。我国古代及现当代流传下来无数催人奋进的模范家风故事,对家庭教育有着得天独厚的借鉴启发和强大牵引力。新时代的家风建设,不仅是为人父母的刚性需求,更是传承优良文化和教育引领子女的责任担当。

一、家风的基本内涵

　　中华民族五千多年文明史所孕育的优秀传统文化,是世界文

---

① 习近平:《在2015年春节团拜会上的讲话》(2015年2月17日),《人民日报》2015年2月18日。

化史上一颗璀璨夺目的明珠。在灿若星河的文化传承中,家风、家训独树一帜,发挥着不可替代的重要作用。家风,是家庭或家族的风气传承;家训,则是对家族子孙立身处世、持家治业的教诲与训条。显然,家训是以语言文字为形式表达出来的家庭及族群发展要求,家风则是按家训要求做人行事体现出来的风气、人格,二者作为思想层面的"软实力"统称为家风,引领和制约着家庭所有成员的言行举止、生存发展。《礼记·大学》中说"所谓治国必先齐其家者,其家不可教而能教人者,无之",形象生动地阐明了治国与治家的关系。2016 年 12 月,习近平在会见第一届全国文明家庭代表时指出:"家风是社会风气的重要组成部分。家庭不只是人们身体的住处,更是人们心灵的归宿。家风好,就能家道兴盛、和顺美满;家风差,难免殃及子孙、贻害社会,正所谓'积善之家,必有余庆;积不善之家,必有余殃'。诸葛亮诫子格言、颜氏家训、朱子家训等,都是在倡导一种家风。毛泽东、周恩来、朱德同志等老一辈革命家都高度重视家风。"[1]中华民族历经几千年的文化积淀,形成了一系列独特的优秀家风文化,留给当代和后世子孙建设美好精神家园的宝贵精神财富,也给当下的家风建设提供了坚实的文化底蕴,更为新时代的父母提供了教育子女的遵循和方向。

(一)家风是传统文化的精粹。中华优秀传统文化源远流长、博大精深,鸿篇巨制中蕴涵着丰富的哲学社会科学内容,具有独特的价值观念与价值体系。传统家风是中华优秀传统文化的一部分,古人治家教子、修身处世的重要载体,许多家训名篇、家风故事被奉为治家育人的宝鉴广为流传。诸如周公旦《诫伯禽书》、司马谈《命子迁》、诸葛亮《诫子书》、颜之推《颜氏家训》、李世民《诫皇

---

[1]《习近平谈治国理政》第二卷,外文出版社,2017 年,第 355 页。

属》、包拯《包拯家训》、欧阳修《诲学说》、袁采《袁氏世范》、朱柏庐《朱子家训》、李毓秀《弟子规》、曾国藩《曾国藩家书》等家训及其凝结的良好家风,虽经历史荡涤仍焕发着智慧的光芒。古代家风围绕立志、勤学、自律、诚信、勤俭、交友、慈孝、睦邻、清廉、家国等主题,其中充盈着重民本、崇仁爱、守诚信、讲辩证、尚和合、求大同等思想理念,涵养着拼搏奋进、敬业乐群、扶危济困、惩恶扬善、见义勇为、孝老爱亲等传统美德。诸如"民为邦本、本固邦宁"的敬民意识,"大道之行也,天下为公"的大同理想,"言必信、行必果"的诚信律条,"自强不息、厚德载物"的伦理观念,"三人行,必有我师焉"的崇学意念,"富贵不能淫、贫贱不能移、威武不能屈"的伟大气节,"勿以善小而不为,勿以恶小而为之"的向善品质,"出入相友,守望相助"的济困德行,"兄弟阋于墙,外御其侮"的抗争态度,"己所不欲,勿施于人"的宽容胸襟,"讲求实事,不尚空谈"的务实作风,"三个臭皮匠,顶一个诸葛亮"的团结韬略,"为有牺牲多壮志,敢教日月换新天"的奉献精神,"苟利国家生死以,岂因祸福避趋之"的责任担当,"先天下之忧而忧,后天下之乐而乐"的高尚境界,"老吾老及人之老,幼吾幼及人之幼"的仁者风范,"天下兴亡,匹夫有责"的爱国情怀以及"仁者爱人""与人为善""扶贫济困""君子义以为质"等思想,都为中华儿女认识世界改造世界、构建共有精神家园与教育子女提供了宝贵的借鉴启迪,为家风的建设传承提供了沃土和具有丰富营养的文化氛围。① 习近平指出:"中华民族历来重视家庭。正所谓'天下之本在家'。尊老爱幼、妻贤夫安、母慈子孝、兄友弟恭,耕读传家、勤俭持家,知书达礼、遵纪守法,家和万事兴等中华民族传统家庭美德,铭记在中国人的心灵中,融入中国人的血脉中,是支撑中华民族生生不息、薪火相传的重要精神力量,是家

---

① 唐志龙:《共产党人家风建设的三重视阈》,《学习论坛》2020 年第 2 期。

庭文明建设的宝贵精神财富。"①

(二) 家风是文化自信的独特表现。文化自信是一个民族的心理基石,如果缺乏文化自信,对自己民族文化不认同或持否定的态度,根本不可能提出能让自己认同的家风文化。只有具备了对本民族文化深刻的认知、高度的自觉和坚定的自信,才能在对文化认同的前提下继承和发扬家风文化,继而成为父母根植于内心深处的共识和一致行动。民族心理是一个民族所特有的心理状态,即民族精神、民族情感、民族意识等精神素质,是构筑在本民族经济地域基础上并渗透着该民族共同文化传统,决定着该民族性格和行为模式的共同心理倾向及精神结构,也即通常所说的民族性格或国民性。有着五千多年文明历史的中华民族,是世界上罕存的文化血脉从未中断的国家之一,传统文化的巨大生命力就在于它已深深根植于中华儿女的血脉之中。习近平指出:"中华优秀传统文化已经成为中华民族的基因,植根在中国人内心,潜移默化影响着中国人的思想方式和行为方式。"②从中华民族生生不息的发展史来看,国家富强,民族复兴,最终要体现在千千万万个家庭都幸福美满上,体现在亿万人民生活不断改善上。千家万户都好,国家才能好,民族才能好,正所谓"天下之本在国,国之本在家"。文化自信积淀着中华民族独特的自我意识,凝结着中华民族特殊的核心价值理念,涵纳着的中华民族特定发展历史,成为中华民族文化自信的心理基石。而家风恰恰是对传统文化的继承与发展,其内容、形式、目标都在传统文化的熏陶滋养下延续与更新,成为中华民族优秀传统文化的一个重要组成部分。"历史和现实都表明,

---

① 习近平:《在会见第一届全国文明家庭代表时的讲话》(2016 年 12 月 12 日),《人民日报》2016 年 12 月 12 日。
② 《习近平谈治国理政》,外文出版社,2014 年,第 170 页。

一个抛弃了或者背叛了自己历史文化的民族,不仅不可能发展起来,而且很可能上演一幕幕历史悲剧。"①"'求木之长者,必固其根本;欲流之远者,必浚其泉源。'中华优秀传统文化是中华民族的精神命脉,是涵养社会主义核心价值观的重要源泉,也是我们在世界文化激荡中站稳脚跟的坚实根基。"②显然,文化自信与家风建设相辅相成,家风既是文化自信的独特表现,文化自信又促进了家风的建设与发展。

(三)家风是优秀传统文化的传承。唯物辩证法揭示,任何事物既具有相对稳定性,又具有一定变化性,是相对静止与运动的统一。家风文化也是如此,其内容与形式并非亘古不变,而是一直在"创造性转化和创新性发展"中。这是由于传统家风在其形成与发展途程中,囿于前人所处历史条件、认识水平、社会制度的局限制约与影响,不可避免存在某些陈旧过时或糟粕性的观点认识。而一代又一代的后来者在学习、研究、应用传统家风时,古为今用、推陈出新,坚持有鉴别的对待、有扬弃的继承,结合新的实践和时代要求正确取舍,保持了家风文化的强大生命力。党的十九届四中全会指出:"必须坚定文化自信,牢牢把握社会主义先进文化前进方向,激发全民族文化创造活力,更好构筑中国精神、中国价值、中国力量。"③这是新时代对传统文化继承与发展的行动纲领,以此为基础的家风传承与发展,也愈加切合实际,达到了日臻完美、与时俱进的新高度;也使得家风的传承与发展具有了顽强的生命力,

---

① 习近平:《在中国文联十大、中国作协九大开幕式上的讲话》(2016年11月30日),人民出版社,2016年,第6页。
② 习近平:《在文艺工作座谈会上的讲话》(2014年10月15日),《人民日报》2014年10月16日。
③ 《中国共产党第十九届中央委员会第四次全体会议公报》,《人民日报》2019年11月1日。

使得良好家风的根本基因与当代文化相适应，与现代社会相协调，与世界发展相辉映。习近平指出："每一种文明都延续着一个国家和民族的精神血脉，既需要薪火相传、代代守护，更需要与时俱进、勇于创新。"①当下的父母，已经深刻认识到家风建设对家庭教育的重要性，纷纷奔赴个人家风建设的实践中，自觉同时代发展相呼应，与现实要求相适应，在与时俱进中培塑出独特的良好家风，为家风的传承与发展提供了源源不断的正能量。

二、家风的主要类型

家风作为一个家族或一个家庭特有风尚习气，实质上是对家族与家庭特色的价值彰显，凸显出本家庭及家族区别于其他家庭或家族的精神气场。就此而言，家风建设属于家庭内部的文化建设活动。然而，"家是最小国，国是千万家"，无论家族抑或家庭乃至个人，其生存发展都存在于社会之中，总与国家、社会乃至千千万万个家庭群体和个人有着千丝万缕的联系，即无法离开社会关系的制约独立生存与发展。因此，家风具有极强的社会属性，既具有社会的共性特点，也具有具体的个性特点，是二者的有机统一。家风的类型繁杂众多，从主体对象范畴上可分为爱国的家风、处理社会关系的家风、个人修养的家风类型。

（一）爱国的家风。先就国家层面来说，国家一词是"国"与"家"的组合，紧密相连、不可分割、辩证统一。热爱祖国、保卫祖国、建设祖国，关心中华民族的兴盛与发展，是中华儿女进行家风建设的主旋律。历史上无数仁人志士家庭的家风家训都努力传承中华优秀传统文化精华，自觉把热爱祖国置于首要地位。南宋时

---

① 习近平：《在联合国教科文组织总部的演讲》（2014年3月27日），《人民日报》2014年3月28日。

期岳母为岳飞刺字"精忠报国"的家训,早已家喻户晓,成为万世景仰的爱国典范家风。清初杰出诗人、文学家王士禛,官至刑部尚书,在清初政坛享有很高政治声誉,并以清廉的形象及优良的家风著称于世,他一生孜孜以求地坚持着"清、慎、勤"为人做官准则,在他的影响下,其家族一贯秉承的"忠勤报国、门庭清肃、洁己爱民、清正严明"家风家训,成为家风、家训的美谈佳话,供后人学习效仿。南宋诗人陆游在《示儿》中写道"死去元知万事空,但悲不见九州同。王师北定中原日,家祭无忘告乃翁",满满的家国情怀被广为流传。祖先留下的爱国爱家相统一的家风家训和为国捐躯故事,激励着一代又一代中华儿女在御侮救亡、民族复兴伟业中不仅抛头颅洒热血,还留下了无数瑰如珍宝彪炳史册的优良家风家训,脍炙人口。著名爱国将领吉鸿昌烈士生前当营长时有次探家,父亲得知他在军队做官后,提出了唯一希望——"做官不发财"。吉鸿昌为铭记父训,在自己吃饭瓷碗上刻下"做官即不许发财"的家训留给家人,并对所部官兵饭碗全刻下了同样之字。2009年,吉鸿昌被评为100位为新中国成立做出突出贡献的英雄模范之一,其外孙女对外祖父牺牲前留给家人这只刻着家训之碗记忆尤深,认为"这也是他留给后人传承的精神和信仰"!这些卓越的家风家训,一直传承和影响着新时代的华夏儿女。西藏隆子县玉麦乡有个牧民家庭,家住海拔3 600多米、每年大雪封山半年多的边境高原上,父女两代几十年如一日,无怨无悔默默守护着祖国的领土。2019年10月28日,习近平在给该家女儿卓嘎、央宗姐妹的回信中,对这种长期为守边固边忠诚奉献家风表示了崇高的敬意和衷心的感谢。他动情地写道:"家是玉麦,国是中国,放牧守边是职责,你们这些话说得真好。有国才能有家,没有国境的安宁,就没有万家的平安。祖国疆域上的一草一木,我们都要看好守好。希望你们继续传承爱国守边的精神,带动更多牧民群众像格桑花一样扎根在雪域边陲,做神圣国土的守护者、幸福家园的建设者。"①

中华民族的近代史是一部活生生的屈辱史。欧洲的工业革命在引领世界高速发展时,中国却闭关锁国故步自封,从此错失与世界同步发展的机会。落后的中国被列强凌辱瓜分。《南京条约》《北京条约》《马关条约》《辛丑条约》等一系列丧权辱国条约的签订,成为中华民族挥之不去的耻辱与伤痛。在中国的这片土地上,八国联军烧杀掠夺的暴行历历在目,断壁残垣的圆明园诉说着当年的屈辱与不堪,"华人与狗不得入内"的标识与呵斥恍若昨日,南京大屠杀血淋淋的场景犹在眼前。亡国灭种的危险离我们如此之近亘古鲜见,历史的悲剧无时不在警醒鞭挞着后世子孙,没有国,哪有家!"故今日之责任,不在他人,而全在我少年。少年智则国智,少年富则国富,少年强则国强,少年独立则国独立,少年自由则国自由,少年进步则国进步,少年胜于欧洲则国胜于欧洲,少年雄于地球则国雄于地球。"梁启超先生的《少年中国说》是面对时局的振臂疾呼,又是对后世子孙建设强国振聋发聩的希望寄托。历史和现实告诉我们,家庭的命运同国家和民族的前途命运紧密相连。因此,家风把热爱祖国、保卫祖国、建设祖国作为主旋律是历史的必然和社会发展的需要。

(二) 处理社会关系的家风。社会是共同生活的个体通过各种各样关系联合起来的集合体,这种关系就是"社会关系"。人们之间的社会关系复杂多样,主要包括家庭关系、共同交往关系以及传统习俗关系等。在这种社会生活中形成的关系,主要包括师生、亲属、朋友、领导、同学、邻里等多维属性的关系。社会层面的家风就是待人处世之道,是妥善处理好家庭、个人与周围人与事的各种

---

① 习近平:《给西藏隆子县玉麦乡牧民卓嘎、央宗姐妹的回信》(2019年10月28日),《人民日报》2019年10月29日。

关系的学问,这些关系复杂而多样、具体而现实。历史上,注重在社会层面端正家风的范例多如牛毛、不胜枚举。如宋代著名理学家杨时求学引发的"程门立雪"尊师重教典故、清代康熙年间安徽桐城注重搞好邻里关系的"六尺巷"传说、春秋时期反映朋友互信的"管鲍之交"和三国时期义以为质的"桃园结义"故事、东汉人清官杨震"天知、地知、你知、我知,何为无人知?"的自律精神,还有"孟母三迁""画荻教子"等,家喻户晓、广为流传,成为中华传统文化美德的典范,为当下的父母加强家风建设提供了极富营养的民族精神支撑。在周恩来故居纪念馆的大厅里,有一副对联吸引着人们的目光:"事能知足心常泰,人到无求品自高。"讲解员说,这是周恩来的大伯父周贻庚立下的家训。周总理小时候经常要去东北、天津等地读书求学,生活大都由大伯父照顾,受此家训影响颇深。纪念馆二楼,人们看到了周恩来总理的"十条家规":包括晚辈不准丢下工作专程来看望他,只能出差顺路时看看;来者一律到食堂排队买饭菜,有工作的自己出钱,没工作的由总理代付伙食费;看戏,以家属身份买票入场,不得用招待券;不许请客送礼;不许动用公家汽车;生活要艰苦朴素;任何场合都不要说出与总理的关系,不要炫耀自己;不谋私利,不搞特殊化,等等。周恩来家规语言朴实具体,体现出总理对亲属的严格要求,其本人也身体力行,堪称新中国家风建设和廉政教育的楷模。实践证明,家风好,则族风好,进而也会直接影响到民风、社风和国风,使整个社会获得良好的净化与升华。

(三)**个人修养的家风**。这里的"个人",特指家风中单个家庭或某一特定家族中的个体,侧重在狭义之"家",独立个体之"人",即家族里子孙后代及其相互关系的正确处理。受共同生活环境和传统文化之影响,一个国家和民族的某一家风、家训总是共性与个性的有机统一。从共性上讲,一些家族和家庭都有大同小异的家风家训,尽管并非系统化、理论化的完整表现;从个性上讲,各个家族和家庭的家风家训必定是具体的,有着自身特有的特色,不会是同一模式。其统一性在于,任何类型的家风家训都反映着对社会关系特别是人际交往的某种应对之策,折射出本家族、家庭生存发展的处世之道。习近平指出:"中华民族自古以来就重视家庭、重视亲情。家和万事兴、天伦之乐、尊老爱幼、贤妻良母、相夫教子、勤俭持家等,都体现了中国人的这种观念。'慈母手中线,游子身上衣。临行密密缝,意恐迟迟归。谁言寸草心,报得三春晖。'唐代诗人孟郊的这首《游子吟》,生动表达了中国人深厚的家庭情结。家庭是社会的基本细胞,是人生的第一所学校。"① 正是在共性与个性的联结统一中,使中华民族绵延数千年来的各种家风家训异彩纷呈,又万变不离其宗,围绕着正确处理社会关系这条主轴线进行具体延伸与展开。新中国成立后的范例也不胜枚举,焦裕禄有"工作上向先进看齐,生活条件跟差的比"的模范家训;谷文昌有"清白持家、简朴本分、为民奉献"的优良家风;杨善洲任县委书记时,既没有利用职权给家人"农转非",也没有为儿女端上"铁饭碗",女儿结婚时还不让请客、不让收礼。② 2018 年,94 岁的老革命周智夫临终前,执意上交省吃俭用留下来的 12 万元"特殊党费",坚持"不留金、不留银,只给后代留精神";当周老得知外孙要到美国读书,再三叮嘱"学成后一定要报效国家"。③ 老一辈革命家的家风家规要求,展现了强大的人格魅力,如毛泽东确立的"亲情规矩三原则",即"恋亲不为亲徇私,念旧不为旧谋利,济亲不为

---

① 习近平:《在 2015 年春节团拜会上的讲话》(2015 年 2 月 17 日),《人民日报》2015 年 2 月 18 日。
② 刘旭刚:《和声细语》,作家出版社,2021 年,第 51 页。
③ 胡雪城主编:《家庭家教家风概论》,湖北人民出版社,2020 年,第 250 页。

亲撑腰"①,精到独特,并身体力行、恪守终生。这些优秀的家风家训,至今仍在亿万人民群众中广为传颂。这种热爱祖国、严守纪律、勤奋节俭的纯正家风,不仅获得了亿万人民群众的广泛赞誉,也为新时代的父母建设自己的家风树立了楷模,使优良的家风得到传承和发展。

三、家风的建设路径

家风作为家族及家庭的精神内核,不仅需理性引领,更要实践笃行。党的十九大报告指出:"深入实施公民道德建设工程,推进社会公德、职业道德、家庭美德、个人品德建设,激励人们向上向善、孝老爱亲,忠于祖国、忠于人民。"②搞好家风建设已经成为全民的行动纲领,作为新时代的父母,必须紧跟时代步伐,努力回应时代诉求,与时俱进搞好家风建设。

(一)从小抓起,点滴养成。中国有句谚语"人看从小,马看蹄爪",意为少儿时期是一个人养成良好品德的最佳时期,许多行为习惯一旦形成,很难改变。所以,培育好家风要从小养成孩子各种良好的行为习惯,不仅使孩子终身受益,使优良家风代代相传,也才能让中华民族文化基因在广大青少年心中生根发芽。我国历史上许多世代相传的好家风故事,被广为流传,与此同时,还留存着十分丰富的家风典籍。据统计,我国已出版相关家训的专著约有122部,可称举世无双。其中被誉为古今家训之祖的北齐颜之推的《颜氏家训》,北宋司马光的《温公家范》,明朝吴麟征的《家诫要言》,清朝朱柏庐的《治家格言》等,至今仍深刻影响着中国人家风

---

① 解放军报评论员:《什么是领导干部应有的家规家风》,《解放军报》2017年1月25日。
② 《中国共产党第十九次全国代表大会文件汇编》,人民出版社,2017年,第34—35页。

建设。作为父母,教育子女就应该努力涵养好家风,让孩子得到心灵的滋润、思想的引导、精神的激励,锻养出健全的人格。中国青少年研究中心曾对148名杰出青年与115名青年死刑犯的童年教育,在做过较长时期的跟踪调查研究后发现,这些杰出青年的童年、少年时代就集中体现了6个习惯特点:自主自立、意志坚强、友善合作、明辨是非、选择良友、做人道德为先①。这些优良品质的具备,大都是小时候从拒绝各种诱惑,能够认真完成作业、独立做事、严格要求自己等一些小事开始,经年累月地逐渐形成。反之,115名死刑犯从善到恶也绝不是偶然,他们的违法犯罪多源于少年时期,其中30.5%曾是少年犯,61.5%少年时有前科,基本都有些劣迹②。研究结果表明:最终成功者所具有特殊品质中,通过家风教育养成的良好习惯与健康人格起着决定性作用。贺龙元帅的二女儿贺晓明讲:"我们的家风就是父母传下来的,'老老实实做人、认认真真做事',你要把这两条做到了,这辈子就很伟大了。我们从小就不敢在父母面前说假话,因为父亲最鄙视这个!"十九大报告明确指出:培育社会主义核心价值观,要"坚持全民行动、干部带头,从家庭做起,从娃娃抓起。深入挖掘中华优秀传统文化蕴含的思想观念、人文精神、道德规范,结合时代要求继承创新,让中华文化展现出永久魅力和时代风采"③。作为教育孩子的父母应坚持慎微,从小事小节上加强修养,从一点一滴中完善家风。正如老子所说:"天下难事,必作于易;天下大事,必作于细。"

(二)全面培育,以德为首。搞好家风建设,要围绕社会关系

---

① 孙云晓:《坏习惯让人麻烦终身》,《中国青年报》2012年9月17日。
② 辜其穗、郑文甫:《悲剧从少年开始——115名死刑犯犯罪原因追溯调查》,《少年儿童研究》1994年第4期。
③ 《中国共产党第十九次全国代表大会文件汇编》,人民出版社,2017年,第34页。

主轴从德、智、体、美、劳等多方面全面培育,这是不言而喻的。根据不同环境、时代条件及家庭状况,应该突出道德重点,这是教育的首要目的。道德是社会生活中调节人们相互关系的行为规范与准则,是人人必须遵守的共同社会规矩,也是一个人立身处世的根本,必定成为家风的核心。孟子曰"君子之泽,五世而斩"①,意为即使是君子之遗风,影响五代后也可能慢慢中断。这句话逐渐演变为:道德传家,十代以上;耕读传家次之;诗书传家又次之;富贵传家,不过三代。后来,便有了"百行以德为首"②的至理名言,强调品德操守始终是做人首要及基本问题。德国古典哲学家康德也说过:"有两种事物,我们愈是沉思,愈感到它们的崇高与神圣,愈是增加虔敬与信仰,这就是头上的星空和心中的道德律。"③中外传统家风教育中对德育的关注,与当代社会立德树人的要求是一致的。显然,当下的家风建设,必须首先立德和修德,尤其要树立崇高的理想信念。高尚的道德可以让人形成充实、高雅的精神生活,养成良好的生活习惯。习近平指出:"家庭教育涉及很多方面,但最重要的是品德教育,是如何做人的教育。也就是古人说的'爱子,教之以义方','爱之不以道,适所以害之也'。青少年是家庭的未来和希望,更是国家的未来和希望。古人都知道,养不教,父之过。家长应该担负起教育后代的责任。家长特别是父母对子女的影响很大,往往可以影响一个人的一生。"④家风建设作为一种传统教育模式,在当下仍然十分实用、适用。当前,全国各地中小学"以家风促德育"相关工作正在稳步开展,并取得了良好的教育效果。2019年10月,十三届全国人大常委会第十四次会议审议的

---

① 《孟子·离娄下》。
② 《世说新语》。
③ 康德:《实践理性批判》,邓晓芒译,人民出版社,2003年,第220页。
④ 《习近平谈治国理政》第二卷,外文出版社,2017年,第354页。

民法典婚姻家庭编草案三次审议稿中,将"树立优良家风"写入法律,引起社会的极大关注。这体现了对婚姻家庭关系中道德伦理的重视,有利于树立模范家风,推动整个社会弘扬良好风尚,积极构建和谐、文明的中国特色社会主义社会。因此,当下的父母加强家风建设修养品德,必须教育全家模范遵守基之本道德规范,包括社会公德、职业道德、家庭美德、个人品德等,它们是社会生活中形成、公民应一体遵循的行为准则,父母更要走在前列、做好表率,以道德滋养家风,使本家族、家庭能够成为人格伟大、品德高尚的模范小群体。

(三) 以身作则,矢志不移。父母在家庭中既是一家的"脊梁",也是家庭的"主心骨"。加强家风建设,必须要从父母自身开始。因父母在家庭生活中所处重要地位,决定了其在孩子面前的表率行为更能产生强烈的感染力、深刻的说服力和有效的号召力。父母崇高精神和人格魅力,不仅体现在自身形象上,还体现在优良的家风凸显的榜样示范价值上。作为父母,加强家风建设当好表率应着重把握三个统一:一是扎根于心与促动于行相统一。加强家风建设,从直观形式上看,必须有明确的家规、家训。家规家训作为一家之约,以家为场,以血脉为系,辐射家庭、族群、社群,具有唤醒理性与涵养情感的先天优势,更易被家庭成员自然而然地接受,内化为修身做人的品格素质。父母应该深入挖掘家风家训的内涵和传统,把立家规、正家训摆在重要位置,使"自家人"切实明白其中的道理,纠正不良倾向。在此基础上,注重率先垂范,导之以行,搞好知行结合,在外化实践中巩固家风建设成果。二是自觉律己与坚持律人相统一。严以律己是家风建设的前提与基础,也是其强化道德自律意识、不断提高道德修养自觉性的重要着力点。父母要坚持严于律己,自觉在家风建设中筑起"恪守规矩"的防火墙,高度重视修身,率先成为道德榜样与良好家风的建立者、守护者，以自身的品德为"齐家"树立标杆。同时，父母在家风建设中不仅要严格约束自己的操守和行为，还要坚守家风底线，捍卫家风威严，严肃制止有违家风的言行。三是标准高与增强定力相统一。父母加强家风建设，不仅要求从严，还要标准高，不能说一套做一套。要带领全家成员向高标准看齐。父母心里有了高标准，在着手制定家规家训时才能立意高远，思想深邃，内容科学，时代感浓烈，使良好家风成为教育孩子的有效手段。还要看到，"十年树木，百年树人"，任何一个家风建设都不会一蹴而就，必须长期坚持、持之以恒、久久为功，才不至于半途而废，才能彰显家风育人的特殊功效。

家风建设是一项长期的系统工程，需要父母明确目标方向，针对自己家庭的实际情况，制定翔实的家风建设计划措施，持之以恒抓养成，带头示范守规矩，一点一滴抓落实。在家庭成员间以公开促监督，以承诺增约束。同时，还要注重常态化的亲子互动，对家风方面出现苗头性、倾向性问题的家庭成员，及时纠正，防止"小毛病"演变成"大问题"，以开明引领家风，在家庭内部营造良好环境和氛围，达到家庭内部人人尊家风、守家风、爱家风、护家风，用优良的家风引领家庭的和睦和孩子的健康成长。

第四节 塑"三观"

"三观"是世界观、人生观、价值观的统称,是一个人对世界、人生、价值的基本看法和根本观点。世界观是如何认识和看待世界的问题,对人生观和价值观起着决定性的影响作用。唯物主义世界观是客观、全面、科学认识和看待世界的方法和观点,是迄今为止最为科学先进的世界观。科学的世界观可以帮助人们正确认识世界与自然。人生观是关于怎样做人和做一个什么样人的问题。正确的人生观是健康、积极向上,以自我实现和贡献社会为目标追求的人生态度。正确的人生观可以帮助人们树立正确的人生目标和追求。价值观是如何看待价值的问题。正确的价值观是践行社会主义核心价值理念,把爱国、敬业、诚信、友善作为个人价值准则。正确的价值观可以帮助人们正确判断事物的价值,选择正确的价值取向。

孩子的青少年时期是"三观"形成的关键时期,培塑正确的"三观"是帮助孩子迈好人生第一步的关键,是扣好人生第一粒扣子的大事,不仅关系孩子的个人成长进步,还直接关系社会的发展进步和民族的复兴。学校是培养孩子正确的"三观"的主阵地,是孩子接受正规教育的主要场所,其地位和作用毋庸置疑。但孩子正确的"三观"形成,受多种条件因素的影响,仅凭学校的力量远远不够。父母、家庭、社会与个人,均是在孩子正确"三观"培塑过程中不可或缺的重要因素。

一、父母应有正确的"三观"

如果把孩子的"三观"教育比作一条河流,其他不良诱因只是污染了水流,如果父母三观不正,则是污染了水源。一旦水源被污染了,其危害可想而知。父母若是"原件",孩子则是不折不扣的"复印件"。当复印件出现问题的时候,根源应该从原件上找,而这个根源,便是父母的"三观"。父母"三观"有问题,是非不明,孩子受父母影响,走入歧途是偶然中的必然。因此,培养教育孩子正确的"三观",父母首先应具有正确的"三观",这样的父母才能给孩子做好榜样,发挥"镜子"的作用。

二、家庭教育引领

著名教育家多萝西·劳·诺特和雷切尔·哈里在《孩子从生活中学到什么》一书中写道:"如果孩子生活在分享中,他们将学会慷慨。如果孩子生活在诚实中,他们将学会正直。如果孩子生活在公平中,他们将学会正义。如果孩子生活在友爱和体贴中,他们将学会尊重……"[①]2009年,时任国家副主席的习近平在兰考参观了焦裕禄展览馆,看望了其家人。他握着焦裕禄大儿子焦国庆的手动情地问:"你就是当年那个'看白戏'的孩子吧?你看了一场'白戏',你父亲还专门召开了家庭会议,起草了《干部十不准》,规定任何干部在任何时候都不能搞特殊化。"这就是焦裕禄的家教,他以自己的行动给子孙后代树立了榜样。毛泽东也是重视家庭教育的典范。1946年初,离别18年的长子毛岸英从苏联回延安,毛泽东高兴之余,并没把岸英留在身边。他对儿子说:"你在苏联大

---

① 多萝西·劳·诺特、雷切尔·哈里:《孩子从生活中学到什么》,李耘译,南海出版公司,2008年,第2页。

学毕业了,还参加过苏联卫国战争,可是你还没有上过中国这个革命大学。你对中国的情况了解得很少。缺乏实践,这一课应当补上。你应该到农村去拜农民为师,在那里可以学到在外国学不到的许多有益的东西。"懂事的儿子立即背起背包,随土改工作队下到了农村第一线接受改造和锻炼。1950年抗美援朝战争爆发,为送新婚不久的岸英上前线,生怕彭德怀不同意,毛泽东特地备下家宴,替子"求情"报名参军。当听到爱子牺牲消息时,老人家咽下悲痛泪水掩住悲伤之情,说道:"谁叫他是毛泽东的儿子啊!"同时谢绝了"把岸英遗体运回国内安葬"的建议,低吟着"青山处处埋忠骨"的古训,坚持把儿子遗体与志愿军烈士们一样葬于朝鲜的白山黑水间。一代伟人的家教堪称楷模,令人闻之动容。父母的言传身教对孩子的成长和发展有着深远的影响,作为父母应注重把学校的"三观"教育延伸到家庭,发挥进一步深化教育的作用,用自己正确的"三观"给孩子做榜样,用自己的一言一行给孩子传递正确的"三观",用潜移默化的影响教育孩子。孩子的未来,藏在父母的一言一行中,更藏在父母的"三观"里。

三、及时纠正偏差

孩子正确"三观"培养是一个长期的过程,父母长期的耐心教育引导和点滴养成的督导帮助不可或缺。在这个漫长的过程中,孩子不可避免地会受到一些不良因素的影响,从而导致行为上的偏差。此时的父母,必须正确面对孩子思想行为上出现的这种偏差,及时果断用正确的方式、方法教育引导。最近,美国弗吉尼亚州的一位父亲"惩罚"10岁孩子的视频在网络上走红。因10岁的儿子在校车上欺负同学,父亲惩罚孩子连续一周不能坐校车,每天必须跑1英里(约等于1.6千米)去上学,即使刮风下雨也不停歇。因担心儿子的安全,父亲便每日开车尾随相伴,并在Facebook上直播打卡。视频中,印象最深的是父亲说的这三句话:孩子爱欺负别人,我对这点是不能容忍的;自从他跑步上学后,他的行为好多了;老师们对他这周的表现很满意。这是惩罚孩子的健康方式,这才是正确的育儿之道。对于这个10岁的孩子而言,如果父亲未能及时引导和教育,或许未来他就是校园霸凌中的一员。孩子成长过程中,难免会犯错,而父母正确的"三观",则是其成长道路上的导航仪,能把偏航的孩子及时拉回正轨。

四、个人学习实践

前苏联著名教育实践家和教育理论家苏霍姆林斯基说过"真正的教育是自我教育",而自我教育最重要的途径就是个人学习实践。孩子正确"三观"形成,是一个不断学习和实践的过程。他们不但要学习书本知识,还必须学习了解书本以外的生活知识和社会知识。首先,父母应放下过度的担心,鼓励孩子走出家门和校门。现实生活中的父母,对孩子走出家门和校门有很多的担心,担心孩子走出家门校门受欺负、不适应、出意外等。这种担心害怕无可厚非,是为人父母的平常之心,但过度的担心害怕会影响制约孩子的成长进步。在条件允许的情况下,大胆鼓励孩子走出家门和校门去学习实践,是对孩子最直接的教育,有助于正确"三观"的培塑。其次,为孩子参加社会实践活动积极提供帮助。父母不但要支持鼓励孩子积极参加社会实践活动,还应积极为孩子参加社会实践活动创造条件和提供必要的帮助。如,通过参加志愿者活动、社区服务、学雷锋做好事活动等多种形式的社会实践活动,让孩子在"看一看""听一听""想一想""学一学""试一试""做一做"的实践体验中,培养他们的社会责任感和公民意识,认识理想与现实的差距,理论与实践的差距。了解社会的多样性、复杂性和发展规律。最后,鼓励孩子学先进、找差距、见行动。典型示范的教育更直接、更具体、更有效,是容易被青少年接受的教育方式之一。将古今中外优秀人物和眼前身边的先进典型,作为孩子学习的榜样。尤其是近年来推出的"感动中国人物""新时代青年榜样人物"等,这些典型优秀的个性鲜明,导向作用明显。用这些先进的典型激励孩子,为孩子成长进步示范引路,让孩子在"三观"的培塑过程中,学有榜样,赶有目标。

培养和塑造孩子科学的世界观和正确的人生观、价值观是一项长期而艰巨的任务,需要社会、学校、家庭和个人的共同努力,尤其是父母持之以恒的教育引领和耐心帮助。让孩子在日积月累的学习中提高认识、在深入社会的实践探索中完善、在不断的反思中前进、在理性的思维下确立。

第五节　立规矩

立规矩顾名思义就是培养规矩意识，做恪守规矩的人。何为规矩？规矩，原为画圆形和画方形的工具，现指一定的标准和准则。"不以规矩，不能成方圆"，规矩是人们在学习、工作、生活中必须遵守的准则，是经验教训的总结，是经历的感悟和智慧的结晶。科学的规矩不仅能为人们的工作提供指引和保障，更能促进个人的健康发展。德国哲学家黑格尔曾说过："挣断线的风筝不仅不会得到自由，反而会一头栽向大地。"规矩，就是系住风筝的那根线，如果一个人逾越了规矩，很可能触发隐患或造成严重后果。2018年10月28日，江西省新余市一位13岁的少年在外出游玩时将身体伸出车窗外，家长和司机均看在眼里，却放任不管，结果车行至一拐弯处时，孩子径直撞到了限高柱上，当场身亡。多么惨痛的教训！但社会上总有一些人，视规矩如儿戏，做事随心所欲，从违反家规校纪，到触犯国法刑律，以致付出惨重代价时，方知心中有规矩，才能言行受制约，才能在规矩内享受自由，避免以身犯险。立规矩培养意识是从幼儿阶段就要开始培养的一项长期的"系统工程"，作为父母应认清立规矩的重要意义，厘清适合孩子恪守的规矩内容，掌握立规矩、守规矩的主要方法，从小培养孩子的规矩意识，护航孩子健康成长。

一、为什么要立规矩

立规矩就是培养规矩意识,没有规矩约束的孩子往往为所欲为,言行不受约束,更容易走弯路受挫折。培养孩子的规矩意识应从立规矩开始,从幼儿阶段就开始立规矩抓养成。古人云:"人生小幼,精神专利,长成已后,思虑散逸,固须早教,勿失机也。"[①]教育孩子要趁早,要从立规矩开始,没有规矩的爱是溺爱,没有爱的规矩是规训。2022年1月出台的《家庭教育促进法》为家庭教育立了规矩,把孩子的教育由"家事"变成了"国事"。因此,为教育孩子立规已经上升到家国振兴的要事和大事。加强规矩意识培养,对于提高孩子的品德素养,强化孩子的自律意识,促进孩子的健康成长具有重要意义。

(一)立规矩有助于孩子自律、自爱。俗话说习惯成自然,规矩教育要从孩子懂事抓起,从小事抓起。有些孩子在家任性不听话,而在学校则与在家的表现却判若两人。为什么孩子进入校园就很听教师的话,守规矩、听指挥,而在家里就对父母的话置若罔闻呢?那是因为孩子进入校门,学校教师给孩子上的第一课就是立规矩,就开启了规矩教育。对于初入校门的孩子,教师通常会对孩子进行规矩教育,清楚告诉孩子规矩是什么,学校有哪些规矩,如何遵守规矩,以及不遵守规矩的后果。比如,教师首先要带领孩子认识学校及学校的要求,向孩子传递明确的纪律信息和自律要求,孩子在教师的教育下和集体氛围的影响下,很快就会有初步的规矩意识,变得在学校比在家听话守规矩。立规矩是父母教育孩子的关键环节,事关孩子的全面发展和健康成长在适合的年龄阶段为孩子立起规矩,有助于培养孩子的自律意识,同时能帮助孩子

[①] 颜之推:《颜氏家训》。

提升辨别是非的能力,为培养良好品德打下基础。

(二)立规矩有助于孩子健康成长。为孩子立规矩的过程,就是帮助指引孩子健康成长过程。父母和教师根据前辈总结的工作、生活等诸多方面经验教训,帮助指引孩子明白做人做事的客观要求,纷繁复杂社会中"是与非"的清晰界限,"言与行"的自由范围,和生活中被检验过已知的"适当"和"不适当"的行为。通过立规矩、学规矩、守规矩,让孩子的成长少走弯路,避免"踩坑"和身犯险境。让孩子的成长更顺畅无阻,更符合时代的发展要求。同时,通过立规矩让孩子逐步提升对规矩重要性和严肃性的认知,不断加强和巩固规矩意识,清楚违规的后果和需要付出的代价。自觉将规矩根植于内心,从内心深处尊崇规矩、敬畏规矩。发自内心地把规矩作为行动的准绳,养成凡事讲规矩、遇事问规矩、做事守规矩的习惯,用规矩规范言行、指导言行、控制言行,让规矩服务于个人发展,助力个人成长、成才。

(三)立规矩有助于孩子融入社会。规矩是约定俗成的标准和法则,往往守规矩的人是更容易被接纳和赢得别人的尊重。反之,则容易被视为行为怪异的"异类",而被排斥疏远。社会的公序良俗、公司的章程约定、学校的规章制度、班级公约等,是社会和单位约定成俗的行为准则,需要人人共同维护遵守,公然的违背行为就会受到惩罚指责,甚至被孤立。比如,一个学校的班级公约,它通常是一个班集体的师生共同制定认可的、要求全班学生共同遵守的行为准则,是全体学生经过讨论达成的共识。如果有人违反了班级公约,可能会遭到其他学生的厌恶与唾弃,极易被同学朋友疏远和孤立。这时如果没有教师及时的引导帮助,久而久之,这些被厌恶孤立的学生就会游离于班级集体之外,与同学的人际关系紧张,可能更容易产生猜忌、敌视、焦虑、恐惧等不良心理,进而导致学习效率下降,甚至还会影响身心健康。因此,培养孩子的规矩意识,让孩子成为守规矩的人,不但有利于孩子良好品德的培养、自身素质、修养的提升,更容易被社会接纳与认可更好地融入社会。

二、立哪些规矩

为教育孩子立规矩历来被高度关注,清朝的秀才李毓秀创作的《弟子规》作为宝贵的文化精髓被继承发展,被广为传颂,为后世教子立规提供了指引和遵循。随着社会的发展进步,对孩子教育的要求越来越高,为孩子立规矩的要求也同步提升,符合时代要求、切合成长需求、全面具体、言简意赅、操作性强、具体实用,成为为孩子立什么样规矩的重要条件和要求。根据培育和践行社会主义核心价值观的要求,可以借鉴古今中外的相关经验,从安全问题、生活习惯、社交规则、好学上进、立身做人五个方面树立规矩,规范孩子的言行举止,指引孩子的成长进步。

(一)守安全底线。安全无小事,生命重于山。为孩子立安全规矩是增强安全意识,护航生命安全的一种现实需求。涉及人身安全因素种类众多,常见的有"行""水""电""火""煤""食""财""险""药""网"十类。

1. "行",即交通安全

红灯停、绿灯行,

斑马线上快步行。

出行路上无儿戏,

交通法规记心中。

2. "水"即溺水安全

江河湖畔有危险,

禁止标识记心间。

没有监护不下水,
事非紧急不向前。

3. "电"即用电安全

触电短路能致命,
私拉乱扯有风险。
遇到故障须远离,
安全用电是关键。

4. "火"即消防安全

严禁儿戏玩火种,
火灾无情易发生。
遇到火警不慌乱,
逃生自救头脑清。

5. "煤"即煤气安全

煤气使用有风险,
操作规程记心间。
未经允许不使用,
用后阀门莫忘关。

6. "食"即饮食安全

病从口入须牢记,
洁净卫生是前提。
暴饮偏食伤害大,
健康常在习惯里。

7. "财"即财产安全

贵重物品看护紧,
账户密码须当心。

勿贪便宜少上当，
一分谨慎一寸金。

8. "险"即紧急避险

遇险求生无顾虑，
保全生命是前提。
能借力时且须借，
脱险才是正道理。

9. "药"即药品安全

药品管理不随意，
放置使用须仔细。
严防误用与误食，
安全控制放第一。

10. "网"即网络安全

网上谨慎言与行，
牢记网上有陷阱。
不明链接不乱点，
警钟长鸣在心中。

(二) 生活习惯养成。良好的生活习惯不仅能维护身心健康，还能提升生活质量和幸福指数，同时还有助于提升工作和学习效率。孩子良好生活习惯的养成，需要父母在生活中为孩子立好培养生活习惯的规矩。生活习惯养成的规矩主要包括卫生习惯、作息习惯、饮食习惯。

1. 卫生习惯

饭前便后要洗手，刷牙漱口去浊气。
勤洗身体勤换衣，不让异味沾身体。

咳嗽喷嚏遮口鼻,随地吐痰被唾弃。

居住环境常清理,整洁有序人人喜。

2. 作息习惯

按时作息要谨记,早睡早起身体好。

该睡觉时且睡觉,精力充沛效率高。

加班熬夜睡懒觉,生物时钟易颠倒。

作息规律不可违,身体健康最重要。

3. 饮食习惯

营养均衡须用心,家常便饭最养人。

不挑食、不偏食,暴饮暴食伤害深。

低糖低盐低脂肪,清淡饮食益自身。

爱惜粮食勿浪费,节俭传统要遵循。

(三) 社交规则遵守。社交规则是指在人际交往、社会交往活动中,用于表示尊重、亲善和友好的行为规则。遵守社交规则不仅能够提升个人修养,塑造个人形象,还有助于言行分寸的把握,适当界限的保持,确保社会交往活动的得体、自然与自信。

1. 注重形象

着装得体,

仪容整洁。

精神饱满,

举止端庄。

2. 文明礼貌

文明言行记心上,

礼貌用语重日常。

举手投足多尊重,

谦逊内敛显素养。

3. 守时守约

人人惜时如惜金,
爽约误己误他人。
失了时光失诚信,
一朝失去难找寻。

4. 言语分寸

言有所虑思后果,
留有余地智慧深。
把握尺度知进退,
心口不一易伤人。

5. 适度边界

普通交往有距离,
避免越界索信息。
言行框在边界内,
利人利己利交际。

(四) 规范学习行为。给孩子立学习规矩有助于规范孩子的学习行为,端正学习态度,培养良好的学习习惯,掌握学习方法,提升学习效益。

学习目标要清晰,端正态度是前提。
增长知识终身事,不为父母为自己。
认真专注不懈怠,珍惜时间靠自律。
勤学善思成习惯,学问常在疑问里。

(五) 恪守做人准则。立身做人是教育的终极方向和目标,为孩子立身做人立规矩是优良传统和先进文化的传承,是践行社会主义核心价值观的有效途径,是提升孩子品德修养的指引规范。有助于孩子正确辨别"是与非""美与丑",有助于孩子提升道德和修养水平。

热爱祖国孝长辈,诚实守信强自身。

担当有为尽责任,尊重感恩植内心。

知行合一见行动,终身学习知谦逊。

尊崇法律守底线,求真务实做真人。

三、怎样立规矩

被誉为美国头号心理学家、家庭最高顾问的詹姆士·杜布森博士在《勇于管教》中写道:"如果悬崖边上设有栏杆,那么人就敢靠着栏杆往下看,因为不会害怕摔下去;如果没有栏杆,大家在离悬崖很远的地方就停住了,更别说站在悬崖边缘往下看了。栏杆就是界限,知道界限的孩子会有安全感,相反,没有界限的孩子没有安全感,因为他不知道安全的尺度在哪里。"现实生活中,"栏杆"就是心中的规矩,通过教育,让孩子知晓生活中规矩的重要性和必要性,深度认同规矩,自觉、自愿恪守规矩,就是成功的立规矩。

(一)教育孩子识规矩。思想决定意识,意识决定言行,规矩意识决定规矩言行。孩子的规矩意识是指孩子发自内心的、以规矩为行动准绳的意识。生活中,如果问孩子:"什么是自由?"相信很多孩子都会回答道:"自由就是我想干什么就干什么!"但要让孩子明白这个世界上几乎所有的"自由"都是规则下的自由,只有敬畏与遵从规矩,才能自由生活、快乐学习,做到随心所欲而不逾矩。这些简单的道理,似乎很容易就能说明白,但是,让孩子深刻认识规矩,明白规矩在生活中的重要性和必要性,清楚不讲规矩的严重后果,则需要父母巧妙地运用讲故事、摆事实、说道理等多种形式以孩子喜闻乐见的方式教育孩子懂规矩,让孩子理解设立规矩用意,发自内心和自觉自愿地与父母一起立规矩。在对孩子进行规矩的教育中,注重培养孩子遵守规矩的愿望和习惯,把规矩意识深深地镌刻在孩子心灵的碑石上,在灵魂深处形成规矩意识,才能使孩子既遵守规矩又不认为是一种束缚,从而转化为孩子自身发展的内在需要,自然地践行于行动中。

(二)问题导向抓规矩。俗话说:"人非圣贤,孰能无过,过而能改,善莫大焉!"孩子的自制力水平较低,不合规矩的情况可能随时会出现,因此给孩子立规矩的过程,是一个不断纠正错误的过程。父母要对规矩的树立有长期性、曲折性、复杂性有足够的认识,用足够的耐心、信心和包容心对待孩子的违规行为。以问题为导向,从日常小事抓起,抓反复,反复抓,才能逐步立起规矩意识,从而坚守规矩。从孩子的一言一行、吃饭睡觉、见人问好、乱扔东西、学说脏话等问题抓起,发现问题纠正问题,解决问题。在面对孩子违规问题出现反复时要沉着应对、冷静分析、正确引导,使孩子在一次次的反复中受教训和启发,最终树立规矩意识。切不可一见到孩子有反复就对其全盘否定。教育培养孩子的规矩意识不可能一蹴而就,而是一项长期的系统工程,往往是多项规矩同时培养,一个阶段有一个阶段的侧重点,到一定程度再转入下一项指引规范,这样才符合个体的成长规律。孩子需要时间对父母的要求进行积淀内化才能逐渐从他律转到自律,且这一过程存在个体差异,出现不同程度的反弹也很正常,所以培养孩子的规矩意识,需要父母持续地强调和强化。

(三)以身作则守规矩。父母在给孩子立规矩的同时,也应给自己立下规矩,以身作则为孩子做好榜样。俗话说:"其身正,不令而行,其身不正,虽令不从。"培养孩子的规矩意识,不仅需要父母言传,更需要父母身教,且"身教重于言教"。现实生活中,孩子是父母的一面镜子,父母日常的言行举止对孩子具有潜移默化的深远影响。尤其在幼儿阶段,这阶段的孩子把父母作为模仿的对象,父母的一举一动、一言一行都会直接影响孩子规矩意识的建立。比如,父母习惯性地说粗话脏话,孩子在父母的影响下,也会脏话连篇;父母喜欢骂人,孩子也就从小跟着父母学骂人,甚至骂父母、骂长辈;有些父母甚至对孩子的骂人行为不但不制止,反而津津乐道,纵容鼓励。反之,有教养的父母,从不在孩子面前说脏话,把不守规矩的行为传导给孩子,而是把规矩做人、规矩做事、文明礼貌传递给孩子,以自己的良好言行供孩子学习效仿。在这种家庭氛围影响下的孩子自然而然从小受熏陶,知事懂礼守规矩,这就是先人一步的教育。因此,在任何时候,父母在孩子面前都要注意自己的言行,在教育引导孩子前,父母自己先做一个守规矩的人,注重利用身教,培养孩子的规矩意识。

(四)适度惩戒护规矩。规矩一旦确立,便要严格执行,如果不执行,或者偶尔宽松执行,就会导致规矩失去严肃性,不利于孩子规矩意识的培养。要严格执行规矩,父母首先要秉持公道,树立"家庭成员规矩面前人人平等"的原则,公正、平等地要求每一位家庭成员恪守立下的规矩。尤其是父母在规矩面前与孩子同等要求,邀请孩子监督父母及家庭成员落实规矩,发现违反规矩的行为一视同仁受责罚,为违规行为付出应有的代价,让孩子充分认识违规的后果。在孩子违反规矩时,父母应及时进行制止、提醒、纠正。切实弄清违规的原因。如果是无心之失,要教育孩子提高防范意识避免再犯类似错误,但对于故意破坏规矩的行为,必要时要给予惩戒。惩戒是帮助孩子养成规矩意识的必要手段,能有效维护规矩的严肃性,能使孩子切身感受到不遵守规矩的后果,从而增强对规矩的敬畏心理,树牢遵守规矩的意识。

规矩的树立、学习和遵守是一项从幼儿就要着手抓起的长期教育,需要父母有足够的耐心、爱心、包容心和一定超前意识,遵循问题导向原则、个体差异原则和自我教育原则,分阶段、抓时机,早筹划、早准备、早教育,下好先手棋,打好主动仗。不在等靠中错失良机,不在习惯养成后再去亡羊补牢,花数倍的精力去纠正。让孩子在规矩内自由健康成长,努力不让孩子输在规矩教育的起跑线上。

第六节 会管教

给予孩子爱与精心的照料,是为人父母的本能,也体现了父母的无私与伟大。每个父母都希望轻松管教孩子,给孩子以正确的管理、教育、指引和约束,让孩子心悦诚服地接受,朝着父母"希望"的方向努力,成为父母"想要"的样子。而现实中,孩子任性、不听话、不服管,动辄"顶牛"甚至离家出走等现象让父母困惑迷茫与束手无策。这就是理想中的"会管教"与现实中的"不会管教"的区别与差异。管教孩子是个"技术活",需要父母不断地在学习实践中更新理念与时俱进,在管教中讲究策略、掌握技巧、用对方法,不断提升管教的能力和水平,才能让自己"会管"和孩子"服管"。

一、用尊重赢得孩子

当下,全世界都在强调对孩子尊重的重要性,尊重孩子已经成为一条教育孩子的重要原则。然而,在现实中父母忽略对孩子尊重的现象却较为普遍。在传统观念里,"棍棒下面出孝子",孝顺的子女都是管出来的观念已经深入人心。虽然已经没有人再讲"三纲五常",但它对人们的影响是很难消除的。比如,"我家孩子很听话"一直是左邻右舍中衡量好孩子的标准,如果父母表现得对孩子很尊重,倒会被一些人认为是没有规矩、有失体统的"怪现象"。再者,在教育孩子的实践中,做父母的不得不把所有精力和心思放在孩子学习成绩的提升上,以孩子成绩、排名作为首要任务,是否尊重孩子已经无暇顾及。在这样缺少尊重的家庭环境里,孩子因得不到应有的尊重导致归属感和价值感的缺失,以致孩子对父母的管教不认同和不信服。

实践证明,尊重孩子是赢得孩子的关键。亲子之间良好关系的标志,是孩子对父母有安全感、信任感和归属感。尊重能赢得孩子信任和依靠,从而促使孩子情感的归属和价值的认同,才能让孩子认同和服从父母的管教。尊重孩子是一种教育理念,父母在家庭教育中将"人格独立平等"根植内心,体现在日常生活中。不但要尊重孩子作为社会个体的独立性,还要尊重孩子的家庭地位、孩子的选择、孩子的言行、孩子的空间等权利。父母给孩子铺就的路难免会与孩子自己的意愿发生冲突,这时就算父母觉得自己的思路更好,也要尊重孩子的意愿,尊重孩子的选择权、自主权和决断权。让孩子学会独立思考和解决问题,在决断中权衡利弊与得失。父母不必与孩子"较真儿""争输赢",不用压服"赢了"孩子而失去自我,而更多用尊重"赢得"孩子。

二、用关爱温暖孩子

爱孩子,是本能,如何爱,是技能。家庭是讲爱的地方,父母与子女之间建立起的爱的联结是给孩子最有力的支持和温暖。在爱的联结中,父母与孩子彼此需要,亲子融洽,心灵共通。距离近的时候还想更深理解彼此,距离远的时候心在一起,彼此牵挂皆尽美好回忆。在这样的关系中,父母用关心、爱护和理解温暖孩子,孩子用依靠、顺从和尊重回馈父母,父母与孩子亦师、亦友血脉相通。这是理想中的亲子关系,父母期望孩子能及时感知自己的关心爱护,孩子期望父母能及时给予所需的关爱和温暖。

现实生活中,父母爱自己的孩子毋庸置疑,但不会爱孩子,缺乏爱的能力和方法,导致父母付出的爱孩子感知不到,得不到应有的回应,甚至不被孩子接受,这些现象让父母困惑和迷茫。很多孩子并不否认父母对自己的爱,但也毫不掩饰地诉说着这些爱里面夹杂着父母的"自以为是",夹杂着"强迫"与"偏执",夹杂着对孩子的不理解、不尊重与不接纳。难怪孩子不接受,爱的传递被阻隔。能让孩子感受到的爱,才是孩子需要的爱。认清孩子对爱的需求,正确给予爱方能彰显爱的价值和爱的作用。有的孩子说:"我知道父母关心我,但他们常常自以为是,很难理解我。"这样的声音是在提醒父母多理解孩子,要学会换位思考。还有的孩子说:"我赞同父母的观点,但我讨厌他们说话的姿态。"这样的声音是在提醒父母学会尊重,少用命令的方式与孩子沟通交流和传递爱。

在关心、爱护孩子的具体行动中,多观察、多倾听、多理解,用心感知孩子的言行和需求。善于接纳孩子,无论是正面情绪和负面情绪都是孩子内心世界的一部分,每一种情绪都在诉说着孩子的需求。接纳孩子的情绪、需求和现状,才能让孩子敢于对父母吐露心声,在心理上把父母当成依靠。在爱的表达中,尤其要注意不越界、不唠叨。不越界凸显了彼此的独立性,在爱的传递中有所为和有所不为,做到适可而止。而不唠叨则是讲究沟通的有效性,这也对亲子关系的维护提出了更高的要求。父母对孩子表达爱的方式千差万别,一张笑脸、一个眼神、一声关切、一句提醒……在适当的时候出现时,就会让孩子铭记,更何况细心的呵护、温暖的陪伴、耐心的交流等具体爱的行动,更能助力孩子的成长,让孩子受益终身。

三、用惩戒警示孩子

时下,家长在对孩子的管理过程中,"重教育轻惩戒"或"只教育不惩戒"正在成为一种家庭教育的倾向。美国"正面管教协会"创始人简·尼尔森博士主张"和善而坚定"的教育理念,认为惩戒是一种短期行为，不主张在孩子教育中使用惩戒手段。这是一种较为超前的理想化教管方式，没有对错之分，只有适合与否。这种理念对"以罚代教"的极端行为是一种有效的纠正，同时也容易使其从一个极端走向另一个极端。而适时、适当、必要地对孩子施以惩戒，只要惩戒得当、罚当其错，仍不失为一种行之有效的教管方式。

人们之所以对惩戒孩子褒贬不一，主要缘于对孩子实施惩戒的错误理解和认识。一提到对孩子进行惩戒，很容易会被认为是对孩子的粗暴管教甚至虐待，是不科学的管教方法。对孩子的教育管理是一门科学，而对孩子的惩戒更是一门艺术。惩罚过重就容易引起孩子的对抗情绪，而太轻又不足以使孩子引以为戒。因此，惩戒孩子，既不能轻描淡写，又不能小题大做。惩戒能否达到预期的效果，要看父母能否惩戒得当是关键。滥用、错用惩戒会对孩子的肉体和心灵造成创伤，加重孩子的逆反心理。长期如此，就会使惩戒失效，导致孩子更加逆反，不守规矩，最终导致管教失败。而适当、适时地对孩子施以惩戒，就会对孩子起到警示作用，有利于错误的改正，从而达到以罚助教的目的。对孩子实施惩戒，并不是对孩子进行伤害、摧残和虐待。教育惩戒是以不损害孩子身心健康为原则，只对事物或活动进行否定、限制、剥夺，以引起孩子的重视，从而引发孩子的行为发生改变。比如，给孩子一个不满意的表示或态度、对他的行动加以限制、扣留他喜欢的东西、没收他心爱的玩具、限制他的快乐时光等。惩戒手段方式因时、因地、因事、因孩子的实际情况而定，以达到教育目的为要，不可能统一标准，更不能千篇一律。作为父母，在对孩子的教育过程中要坚持说教与惩戒相结合的原则，科学合理使用惩戒手段，让适度的惩戒助力父母对孩子的管教，护航孩子的健康成长。

四、用沟通启发孩子

在生活中,顺畅的沟通交流不但能促进亲子关系,还能有效化解亲子之间的矛盾纷争,消除对立情绪,教育启发孩子提高认识,健康成长。在陪伴孩子成长的过程中,一些父母不善于通过沟通交流启发教育孩子,习惯用命令、训斥替代沟通,用说教、责骂替代交流,其结果是导致很多父母感到跟孩子沟通交流有了障碍和困难。父母一遍遍苦口婆心地说教,孩子却充耳不闻无动于衷,甚至有些孩子就某个简单的问题与父母的沟通交流中顶牛抬杠"唱反调",一言不合就翻脸对立。沟通交流是一门学问,顺畅与否与对话双方的情绪状态、情绪觉察和管理能力等很多因素有关。由于个体差异的原因,尤其是父母和孩子成长的时代背景不同,在观念上难免有一定的差别。孩子对这个世界有着与父母不同的期待和认知,在与孩子的沟通中,如果不注意这些差异和情绪状态,就容易产生沟通障碍。避免沟通障碍、提升沟通能力是顺畅沟通的关键。

与孩子沟通时,父母应把握三个原则。一是平等尊重。平等是交流的前提,尊重是沟通的基础。试想,一个高高在上的父母,很难与孩子有平等的交流,有的只是单方面的输出。没有尊重的沟通,也很难让对方真心说话和认真倾听。所以,父母与孩子的沟通交流要求父母必须要放低身段,放下架子,将孩子置于平等的对话地位上,才能开始有效的沟通交流。

二是认真倾听。认真倾听是指家长要放下自己架子和情绪,认真倾听孩子的心声,了解孩子真实的需求和感受。在听的过程中设身处地去理解孩子,体会孩子的感受,以积极视角去看待孩子的行为,不急于发表自己的意见,让孩子知道自己在认真倾听,然后再根据自己倾听到的情况积极回应孩子的关切。认真倾听更容易帮助孩子找到问题的症结,引导孩子表达出负面情绪,并给出解决问题的指导和建议,孩子也会觉得自己的努力和感受被重视了,他的情绪会得到释放,会更有信心去面对生活中的困难。

三是非暴力沟通。"暴力"既包括武力,也包括刻薄的语言。非暴力沟通,就是不要用攻击性的语言来对话,指责、批评、"贴标签"都是带有暴力性的语言,这些语言不仅会使沟通无效,还会破坏亲子关系。然而在现实中,很多父母认为,自己其实也想跟孩子"好好说话",但常见的情况是,觉得孩子"不听话",让自己很生气,结果就跟孩子发了脾气。非暴力沟通的前提是父母要先进行自我情绪的稳定安抚,找到自己情绪的加油站,调整好自己的状态,保持相对平和的心态再去跟孩子沟通。

五、用榜样引领孩子

美国社会心理学家班杜拉认为,凡是能够成为学习者观察学习的对象,就可以称为榜样或示范者。由此可见,榜样即楷模,是供人模仿、学习的典型范例。孩子的成长过程就是一个学习模仿的过程,尤其是年龄小的孩子,其学习特点之一就是模仿。这是因为他们的具体形象思维占优势,对抽象的道理不易理解。活生生的榜样、生动具体的范例比抽象的语言说教更容易使儿童理解和信服,从而留下深刻的印象。因此,"榜样示范法"就成为教育孩子的有效方法之一。榜样可使道德准则及行为规范具体化、形象化、人格化,因而具有极大的感染力、吸引力、鼓动力,为历代教育家所重视。其中,家长、教师和身边人更适合作为孩子的榜样,在日常生活中直接示范,是取得良好教育效果的重要条件。

父母是孩子心目中的"重要他人""第一任老师",其行为是孩子的第一榜样,父母的一言一行、一举一动都有可能被孩子所模仿。父母的人生态度、行为习惯和品德等对孩子都有着潜移默化的作用和深远的影响。人生是一门大学问,需要学习和成长的内容,大到"三观",小到生活细节,可以说纷繁复杂。根据《家庭教育促进法》的相关精神和现代社会对人素质的要求,父母要在"三观"端正、品行良好、心理健康、生活方式健康、兴趣爱好有益、有践必诺、行为文明等方面为孩子做好榜样,或为孩子选好学习榜样,让孩子学有目标,赶有方向。家庭教育就是生活中的教育,教育的内容就是日常琐事,教育的场所就是现实生活,教育的方式就是潜移默化、以身作则。父母只有经常和孩子在一起,才能对他们产生最直接的影响,才能发挥以身作则、言传身教的作用。心理学实验证明,人们更喜欢优秀而带有小缺点的人物。因为他们更让人感到真实、可信、可学。高大上的完美人物往往让人感到不真实,可望而不可即。父母是普通人,其榜样作用是在日常生活中发挥的,没有必要在孩子面前为了表现而表现,父母真实自然地展示自己的言行即可。

管教孩子是一门学问,没有人生来就会管教。管教孩子是一个不断学习和实践的过程,从不会到会,再到善于管教,需要父母树立终身学习理念,把对孩子的爱体现到孜孜不倦的学习中,管教能力水平的提升中。努力使自己有能力管孩子、教孩子、帮孩子,做一个会管、善管和孩子服管的智慧父母。

第七节　忌打骂

随着社会的发展进步,人们对孩子的教育要求和水平也在日益提升,用打骂教育孩子的观念早已经被大多数父母所摒弃。但仍然有一部分父母信奉"棍棒底下出孝子,不打不骂不成才"的观念,打骂孩子沿袭成一种习惯性不良行为。个别"狼爸""虎妈"严苛粗暴的育儿"成功"经验极易被正在探索实践育儿之道的父母尝试和效仿。德国的哲学家和教育家伊曼努埃尔·康德在200年前就指出:"教育就是让人尽早受理性指挥,打骂小孩的父母只是让小孩受皮鞭的指挥,跟牛马一样;现今,会养牛养马的人也不靠皮鞭了。"社会发展到今天,打骂孩子仍被认同、效仿甚至推崇,是遭受打骂孩子的不幸,更是教育的不幸。

一、打骂孩子的严重危害

父母打骂孩子的行为,是一种随心、随意、随情绪的短视行为,与时代的发展进步和科学教育的要求相背离。打骂孩子不但会给孩子的身心健康带来伤害,还会伤害亲子关系,造成暴力被复制传承的恶性循环,给孩子健康成长带来不可逆的深远影响。

(一)对孩子身心的伤害。打骂孩子的行为是一种暴力行为,而暴力行为多被情绪裹挟,在情绪裹挟下的暴力行为会导致行为失控和目的性模糊,甚至会演变发展成为父母单方面的情绪宣泄。而这种打骂行为往往具有"不知轻重"和"不计后果"的惯性,成为失去理智的伤害。家长一般动手,会借助身边的工具,棍子、尺子或者是别的一些顺手东西,不知轻重的殴打带给孩子的不仅仅是皮肉之苦和身体上的伤害,还会给孩子心理上带来难以弥合的创伤和行为的扭曲。殴打孩子致伤、致残或致命的例子不胜枚举,这些家庭悲剧的背后折射的是父母对暴力行为的失控和对孩子伤害后果的无知。相对于体罚,语言的伤害更能摧毁一个孩子的自尊和自信。以"为孩子好"的名义肆意用言语恶毒攻击和否定孩子,从本质上来说,是父母无知的表现。犀利的指责和不停的骂人的话,即便是一个成人都无法释然,让一个孩子如何承受得了。家长骂孩子,又往往是指责孩子言行的失当,而父母充满暴力的责骂何尝不是有过之无不及的言行失当。在粗暴责骂孩子的过程中往往口无遮拦,肆意攻击,向孩子传递"你太笨了""你什么都做不好""你做什么都不行"等贴标签式的否定信息。而孩子主要依靠成人的评价来认识自己,尤其信任作为重要他人的父母,父母的责骂很可能使得孩子渐渐地对自己失望,从而失去自信。于是被慢性剥夺了作为主体人的独立性,无声无息地丧失自我意识,甚至不敢在被伤害时进行反抗——因为孩子的自我判断、自我认可被破坏,总是倾向于认为自己不好,从而形成不良人格,甚至产生心理疾病。

(二)**对亲子关系的伤害**。对孩子经常性的打骂行为会严重伤害亲子之间的关系,激发亲子之间的矛盾,甚至引发仇视父母的极端行为。在教育孩子时用打骂等暴力方式让孩子听话服从,孩子因害怕而屈从,但孩子可能只是口服心不服,只是暂时性的顺从,不是真正的"听话",当无法忍受时往往会采取极端的方式进行"逃避"或"反抗"。可是父母在打骂孩子时,常只顾眼前情形,只顾表达自己的立场观点,释放自己的情绪,歇斯底里地反复嘶吼:"我是为你好!"却极少换位思考,站在孩子的角度去看问题,感受父母给予孩子的雷霆之怒。长此以往,无疑会激化父母和子女之间的矛盾，导致双方互不理解，互相埋怨，甚至矛盾激化。孩子与父母的关系越是不好，越容易产生打骂行为，二者互为因果。经常被父母打骂的孩子更容易产生强烈的报复心理和反抗行为。

（三）**暴力行为被模仿**。处于未成年的孩子具有强烈的模仿他人行为的倾向，父母是年幼的孩子最早模仿的主要对象。许多打骂孩子的父母并没有意识到，自身的暴力行为所给予孩子的是攻击性示范。父母的暴力行为在日常生活中潜移默化地影响着孩子，被不知不觉地内化到孩子的认知中。经历过暴力对待的孩子也倾向于用暴力去解决问题。调查发现大多数暴力型罪犯在童年时期有过被暴力攻击的体验。这就表明，若孩子幼小时遭遇过暴力对待，长大后很可能会成为施暴者，从而引发新一轮的暴力循环。一旦被施暴者开始反抗，很有可能会做出更可怕的施暴行为，成为威胁他人人身安全和社会稳定的隐患。司法部门一则对未成年犯的"性格特点"与"家里人对你怎样"调查显示："在家里被经常打骂的孩子不良性格特点最为明显，有25.7%的孩子自卑心理，有22.1%的孩子冷酷表现，有56.5%的孩子暴力倾向。自述性格暴躁的城市闲散未成年犯有55.2%，比城市普通未成年人高出1倍之多！也就是说，性格暴躁是一些未成年人犯罪的内在动因，而父母的打骂则是未成年人不良性格产生的重要根源。"[①]

二、打骂孩子的原因分析

毋庸置疑，打骂孩子是父母自身的原因，清醒认识自身问题是有效纠正问题的前提。孩子犯错误、不听话等问题只是父母打骂孩子的借口和理由。父母受不正确教育观念影响、对打骂孩子之

---

① 关颖：《家庭暴力对儿童的伤害及其社会干预》，《当代青年研究》2006年第5期。

害的认识不足和教育孩子知识匮乏是导致父母动手打骂孩子的主要原因。

（一）认识上的误区。在我国的家庭中对孩子施以暴力主要是打骂孩子，打骂孩子的弊端与危害正在被大多数父母认识和重视，并作为一种陋习被谴责和摒弃。但是，仍有一些父母对打骂孩子缺乏正确的认识，认识不到打骂孩子的严重危害，在内心深处信奉"不打不成才"的古训。认为孩子是父母生养的，自己生的自己管，打自己的孩子是天经地义的事；认为打孩子是家庭内部的事，"外人"没有权力干涉；认为打孩子是为了孩子好，是帮助孩子纠正错误，让孩子知行为边界的必要手段，打孩子的父母没有过错。面对孩子的错误和不当言行，不打不骂是娇惯，是不负责任；认为"打人犯法"与打骂孩子是两码事，尽管现行的相关法律对保护未成年人的基本权利作出了规定，父母打骂自己孩子只要掌握一定的"度"，不让孩子致伤、致残、致死，就与违法犯罪扯不上关系，上升不到违法犯罪的层面。还有一些父母由于分不清家庭暴力与教育惩戒之间的本质区别，从而随意地将打骂孩子这种家庭暴力等同于教育惩戒。而对于教育惩戒是以不损害孩子身心健康的原则弃之不顾，对"只对事物或活动进行否定、限制、剥夺，以引起孩子的不愉快感，从而引发孩子的行为发生改变"等惩戒手段不认同，认为过轻、过柔的手段不足以达到立竿见影的教育目的。在面对根本没有反抗力量的孩子时，父母总期望孩子"听话"顺从，而打骂体罚就是父母选择的"高效"低成本的便捷方法。其中还潜藏着家长不允许反驳权威的意识，和把孩子当成不良情绪发泄对象的可能。由于认识的误区，导致一些父母总是随意地对孩子进行打骂，将本该慎用的教育惩戒轻易地发展演化成家庭暴力。

（二）教育知识匮乏。教育孩子是一个不断学习实践提升的过程，尤其是一些纠正孩子不良行为的方式、方法和技巧，需要父母有足够的耐心和智慧去学习实践和面对。然而忙于工作和生活的父母,时间和精力受限,无暇学习科学的、先进的育儿知识,教育孩子的知识技能还停留在过往的认识上,自己被教育的经历体会和长辈经验的传承上。尤其是长辈的打骂体罚式"教育"被复制传承,在教育自己孩子时,也就习惯性地把打骂孩子作为常用手段。随着社会的不断发展进步,对孩子教育的要求越来越高。而父母教育孩子的知识能力不足与教育孩子要求趋高的矛盾日益突出。美国"正面管教协会"创始人简·尼尔森博士在《正面管教》一书中指出:"对那些为管教孩子而烦恼的父母和老师来说,首先应该理解孩子为什么不再像我们以前那么听话了。我们必须明白,为什么以前行之有效的控制手段,对今天的孩子却不再起作用。我们必须明白,给孩子们提供机会——以前这是由环境提供的——培养他们的责任感和上进心,是我们不可推卸的责任。最重要的是,我们必须明白,在相互尊重和共同承担责任的基础上建立起来的合作,远比专横的控制更为有效。"①这些观点值得习惯打骂孩子的中国父母学习借鉴。相信很多父母都经历过孩子"无法无天"的顽劣行为,将洗衣粉倒进了鱼缸、把毛巾放在马桶里洗、拿水杯里的热水去浇花、穿着漂亮鞋子去踩泥坑、把手机扔进了水里……还有一些父母在孩子上了小学以后,开始感慨,以前从来不动手打骂,现在"一天不打,就上房揭瓦""不做作业,母慈子孝;一做作业,鸡飞狗跳"。诸如此类的事情,让父母充满着"无力感",在没有更有效的方法时,很多父母会采取打骂纠正。但在简·尼尔森博士的眼里,发生类似的事情,孩子很是无辜的。她认为这一个阶段,就是孩子开始探索的阶段,一些让父母们觉得是"错"的事,在孩子们的眼里,没有错与对,他们只是想亲自去尝试一下。而这种尝

---

① 简·尼尔森:《正面管教》,玉冰译,北京联合出版公司,2016年,第5页。

试,有助于孩子的动手能力和探索能力的提升,需要"和善而坚定"的耐心引导,有更多的方法和手段替代惩罚而达到教育目的,而父母的打骂惩罚则是教育知识的匮乏,是无知和无能的表现。

(三) 法治意识淡薄。家庭教育暴力形成的另一主要原因是父母的法治意识薄弱,很少意识到对孩子的打骂行为很可能触犯了法律。一方面,父母在打骂孩子时,盲目地认为自己作为父母拥有打骂孩子的"权力",因为孩子身心发展水平低,确实需要成人的指导和教育,而打骂孩子就是在管理和教育孩子,是做父母长辈的职责和义务。我国的《未成年人保护法》规定,对"侵犯未成年人的人身权利或者其他合法权利,构成犯罪的""虐待未成年的家庭成员,情节恶劣的"依法追究刑事责任。这意味着父母管教孩子也必须服从法律,父母通过打骂孩子来管教孩子,很可能会演变成侵犯孩子人身权利的强暴行为,从而涉嫌违法。而另一方面,有些父母认为孩子年纪小,在父母面前没有必要讲什么人格尊严,更谈不上主体权利,缺乏将孩子作为独立个体的意识。又因为孩子无反抗之力,打骂方式又能立竿见影,因而用打骂的方式来教育孩子乐此不疲。父母的不知法、不懂法,使他们无法领会打骂式教育可能带来的严重违法后果,也就意识不到自己的打骂行为很可能会演变成家庭暴力,既伤害了孩子,也使自己游走在违法的边缘。

三、打骂孩子的纠治方法

杜绝父母打骂孩子并不难,只要父母切实认清打骂孩子的危害,树立正确的育儿理念,多学习掌握一些科学有效的管教方法,学会控制自己的情绪,在孩子违规犯错时不用打骂就能纠正解决问题时,父母就拥有了科学教育孩子的能力和本领,自然就不会再用打骂"教育"孩子。

(一) 树立正确的育儿理念。家庭暴力的起因往往是父母的教育理念出了问题,没有认识到打骂孩子的危害,追求短期效应,对孩子要求过高、过急,超出了孩子的承受能力范围,因孩子无法达到要求而引起父母的强烈不满进而施暴。科学的教育要求父母真正地做到尊重孩子、认识孩子、理解孩子。**尊重孩子**,即要求父母要把孩子看成独立的个体,是权利的主体,享有独立人格,不是父母的附属物,父母作为管教者没有权力打骂伤害孩子。**认识孩子**,即要求父母对孩子能有一个科学、全面、客观的了解,既要认识到孩子成长的身心发展规律,也要把握孩子各阶段的年龄特征,了解孩子的个性特点、气质类型和学习风格等,从而引导孩子发挥其优势健康成长,帮助寻找适合孩子特点的方法帮助其克服缺点。**理解孩子**,即要求父母在应对孩子教育问题情境时,要保持客观冷静的态度,耐心地和孩子进行沟通,客观平和地弄清楚事件的来龙去脉,学会站在孩子的角度去思考问题,帮助孩子解决问题。父母只有在思想上深刻意识到打骂之害,把孩子当成独立的个体去尊重、认识、理解,才有可能形成正确的教育观,不断增长自己的教育智慧,为孩子创造一个安全、轻松、愉快的家庭氛围,才能更好地发挥家庭教育效果,引导孩子成长为自信独立的人。

(二)掌握科学的教育方法。很多父母之所以动辄打骂孩子,缘于自己根本就不知道还有更好的方法解决眼前的问题。科学的教育方法可以笼统地解释为利于孩子身心健康的教育方法,范围广、领域宽、内容多,需要父母在学习实践中领会和掌握适应自己孩子的科学教育方法。但是,打骂孩子肯定不是科学的教育方法,其危害在前面已经说得很清楚了。有智慧的父母当遇到孩子犯错或行为不端时,尤其是父母没有想好恰当的教育方法时,应果断启用"暂停"模式,避免父母与孩子的对立升级和互相伤害。冷静下来,想好应对之策后,再去妥善地解决问题。简·尼尔森博士所著的《正面管教》给出了避免矛盾激化升级的"暂停"模式参考答案:

"我们假设孩子跟你顶嘴。'和善而坚定'的处理方式是你走开,到另一间屋里去。哈,我都能听见反驳我的声音:'那不就等于放过他啦?'我们来仔细分析一下。你虽然不能迫使别人用尊敬的态度对待你,但你可以尊敬的态度对待你自己;而且,这样做也给孩子树立了一个好的榜样。你总可以在稍后再找孩子谈,这样每个人都有机会让情绪平静下来。心情好了,才能把事情做好。""暂停法"只是面对孩子错误的其中一种常见的方法,在实践中还有启发诱导、指引纠正、示范引导、反面例证、警示教育等形式多样的方式、方法,父母只要善于学习实践,就能找到并运用合适的方式、方法,替代打骂行为教育孩子纠正问题。

(三)提高情绪管理能力。有不少的父母认为解决孩子的一些问题要及时,要"趁热"打铁才能收到良好的教育效果。其实不然,发现孩子的问题时,父母多会情绪起伏不定,甚至处于失控状态。人在生气的时候接通的是"原始脑"[①]——其选择往往具有非理智性。情绪不稳定时不可能用"原始脑"作出理性的思考。往往会说些过后就后悔的话。在处理问题之前,先让自己冷静下来,直到能用理性大脑来思考时,再解决问题才能确保理性客观。这也是父母应该教给孩子的一项重要技能。首先,父母需要认识到情绪管理的重要性。父母的情绪会影响孩子的情绪,会影响问题的妥善处理。情绪的失控不仅会让孩子对父母的权威产生怀疑,还会破坏父母与孩子之间的信任关系,影响父母在孩子心目中的形象。因此,父母需要自觉地控制自己的情绪,避免出现过激的行为和言语。其次,父母可以采用一些有效的情绪管理技巧。当负面情绪出现时,要对自己敲响警钟,对自己进行心理暗示:"发脾气、打人骂人会使事情变得更糟糕!必须要控制自己!"通过深呼吸、

---

① 简·尼尔森:《正面管教》,玉冰译,北京联合出版公司,2016年,第15页。

转移注意力、寻找支持等,让自己慢慢平复下来,从而更好地应对孩子的问题和困难。最后,父母需要认识情绪管理是一个长期的过程。它需要父母有足够的耐心和毅力不断地坚持练习和体会感悟,才能逐渐掌握和提高控制自己情绪的能力,找到适合自己的情绪管理方式。

打骂孩子是沿袭传承的一种顽疾,需要父母认真审视自己的既往行为,认清危害,及时止步。学会善待孩子、尊重孩子、理解孩子、包容孩子,给孩子纠正错误的时间和机会。遵循循序渐进的教育成长规律,学会在"教中等"和"等中教",适当放慢教育脚步。用古代先贤"君子贤而能容罢,知而能容愚,博而能容浅,粹而能容杂"[1]的智慧悦纳孩子,给孩子纠正问题的时间和机会,用更加理性科学的方法纠正孩子遇到的问题。

---

[1] 《荀子·非相》。

第八节　不吼叫

父母在教养孩子的过程中，多数都经历过被孩子激怒、对孩子发火吼叫的经历。虽然父母们都知道，发火吼叫对于改变孩子的不良行为没有作用，可是面对孩子"屡教不改"的不良行为而自己又无能为力时，心中的怒火就会升腾起来，难以压制，便会发泄自己的不良情绪，使自己和孩子一起陷入"越吼越差，越差越吼"的恶性循环中。父母的吼叫习惯模式一旦形成，极难改变。只有真正认清吼叫对孩子健康成长的危害，了解"吼叫"难以停止的成因，学习并掌握科学的教养方法才能真正地破解家庭教育中的无力感和无助感，用和善而坚定的教养模式帮助孩子养成良好的行为习惯。

一、父母吼叫的危害

基本每一位父母都有过对孩子大吼大叫的经历，吼叫在当时确实遏制住了孩子的行为，之后会发现孩子其实未必理解自己哪儿做错了，只是当时被吼叫吓住而已。不但起不到教育孩子的作用，还会给孩子带来心理、生理等诸多方面的伤害和不良影响。

（一）吼叫会导致事与愿违。远古时代，我们的祖先在原始丛林中艰难求生，需要面对很多危险，因此大脑会即刻做出"战斗或者逃跑"的反应机制。在现代人的日常生活中，那种即刻的生存危险已经很少见，但"战斗或逃跑"的反应模式，依然保留在基因里。当人们遭遇危险或者感受到重压时，身体的机能和自我保护的意识被激活,肾上腺素飙升,身体的自我防御机制启动应对危险的准备。如增加心率、扩张血管、加快呼吸,并将血液从消化系统调集到肌肉和四肢,以便于有充足的力量进行战斗或者逃跑。战斗或者逃跑,这是一种本能的生存模式,目的是能够活下去,活下去会优先于其他任何心理需求。对于一个孩子而言,父母的吼叫就足以让他感到重压,年龄越小越如此,这种重压会激发他们的战斗或者逃跑反应。当父母一厢情愿地认为自己在严厉要求孩子的时候,却不知孩子的自我保护模式已开启。如果他感觉到愤怒,他会进入战斗模式而反抗;如果他感觉到害怕,他会进入逃跑模式而逃避。此时的孩子根本不可能听进去父母在讲什么,也不可能进行有效的沟通!他们因被吼叫使得理智的思考被抑制,思维速度变慢,思维灵活性受限。因此,当孩子被父母吼叫而感到愤怒或害怕时,他会出现大脑"卡壳"的现象,大脑一片空白。科学家研究发现,在正常的情况下,老鼠拥有很强的逃生能力,即使身处迷宫一样的处境,也能顺利找出正确的行进路线。但只要猫出现在身边,受到猫的威胁时,老鼠就会发愣,呆立不动,会出现像人一样被"吓傻"的表现,不知如何应对,甚至失去逃的生能力。常常吼叫的父母,于孩子来说就是那只猫。吼叫让孩子木僵,此时与记忆相关的海马体基本停止了正常工作,没有充足的脑力去思考"父母到底希望我做什么"和"我该如何做",进而导致事与愿违的结果——越吼越慢和越吼越犟。

(二)吼叫会伤害孩子的身心健康。父母在激烈的情绪状态下,常常会将负面情绪与负面言语绑定在一起,吼向孩子。比如父母吼孩子"你怎么那么笨""你真没有用""你写作业时,能不能别磨蹭,别走神儿,别马虎",父母说这些话时内心是期望孩子更好,但是孩子在父母的怒火中听不到父母的期望,只感受到了父母对他的指责和否定,只听到父母说他"笨""没用""磨蹭""走神""马虎"。

尤其在孩子内在的自我评价还未稳定形成的时期，他对自我的评价非常依赖于父母的评价，如果父母总是对孩子说这些负面和否定的言语，这些言语就会形成牢固的人格标签贴在孩子的自我评价中。当孩子在未来生活的过程中遇到棘手的问题而产生逃避想法时，这些标签就会跳出来发挥作用，就像电影脚本一样指导他下一步的行动，让他进入自我否定的怪圈。特别是青少年，压力源本来就无处不在。父母的吼叫会让孩子产生愤怒或害怕等负面情绪的连锁反应，做事本身的困难感、做不好的无助感、沮丧感与被父母吼叫所产生的负面情绪累积在一起，恐惧、害怕、胆怯、抑郁、焦虑和创伤后的应激障碍等问题也会随之而来，直接对孩子的心理和身体健康产生不良影响，甚至导致心理和身体的疾病和行为的扭曲。

（三）吼叫会严重伤害亲子关系。孩子的性格和心理创伤基本上都来自于童年，而更多的是来自于父母，来自于不和谐的亲子关系。在知乎上搜索关键词"父母的语言暴力"，发现很多在父母"吼式"教育环境中成长的自述者，要么心怀恐惧，不知父母下一步会做出哪些疯狂举动；要么对父母充满着不满、埋怨，甚至是"敌意"。父母吼叫时，大多数情况孩子是不敢反抗且逃避不掉。他们的身体，要么像启动的战车，在原地轰鸣或拼命地压抑自己"战斗或逃跑"的本能；要么呆若木鸡，像动物一样，发现自己打不赢又跑不掉的时候，就待在原地一动不动，处于木僵状态，在恐惧中等待危险过去。话语不是一阵轻飘飘的风，它是有力量和有温度的。一句话可以让孩子感受到春天般的温暖，也可以让孩子置身于刺骨寒冷的冬天，像一把把的刀子伤害着孩子。而吼叫，就是那一把把的刀子。对于父母而言，吼叫或许只是1分钟或几秒钟的事情，但对孩子而言，其伤害可能贯穿一生。意大利教育家蒙台梭利博士说："每种性格缺陷都是由儿童早期经受的某种错误对待造成的。"爱之深,责之切。当孩子面对父母的吼叫"打不哭、骂不语""不说、不辨、不理会,有气、有怒、有怨恨"时,亲子关系已经被伤的"体无完肤"。十岁之前,这种压抑因体能和体格与父母悬殊甚大,父母尚觉察不到孩子的不满与反抗。但到了青春期,孩子的个头猛长,体内的荷尔蒙激增,大多数孩子不想被压制,他们就会尝试对抗父母,或者躲避吼叫。有个别孩子会采取极端方式来结束被父母长期吼叫或者控制的局面。这场博弈,没有赢家!受伤害的是亲子双方,难以弥合的是亲子关系。

(四) 吼叫会被效仿。在吼叫的环境中长大的孩子,他们遇到问题时也会陷入吼叫的恶性循环中。从孩子到父母从小经历长辈的吼叫,通常也会学着长辈的样子吼叫孩子。他们在这样的环境中长大,也会潜意识默认这是解决问题的途径之一。孩子在与父母的共同生活中,耳濡目染学会了用这种极端方式解决问题,当他成立家庭为人父母走向社会时,也会用这种方式来对待自己的孩子和他人。研究表明,家庭中习惯性的愤怒吼叫会对孩子成长的每个时期都有重要影响。愤怒吼叫会投下长长的阴影,不仅有即时的杀伤力,还会损伤孩子的情商和社会性。美国的心理学家默娜·舒尔认为:"如果父母的管教方式是呵斥和命令,孩子容易在心理和言辞上表现出攻击性。"一位年轻的妈妈在自述中这样写道:"我自知我父母语言暴力的可怕,但更可怕的是,我发现自己潜移默化地学会了父母的语言习惯,无意识的时候也会把情绪带到话语里,一字一句都在伤人……我知道这样下去只会把爱的人推得越来越远,可我难以自控。我曾经发誓对待我的孩子,决不学我的父母。可是当我成了孩子的妈妈时,却屡屡违背我当初发下的誓言,经常对孩子恶语相向,以致孩子怕我甚至恨我。我好怕,孩子将来还会像我一样……"这位妈妈的话道出了自身所受吼叫的切身之痛,与吼叫对孩子影响的担心与忧虑。父母习惯性的吼叫,不仅给孩子带来深远的身心的伤害，还会在不经意间给孩子作了反向的示范，让吼叫陋习在不经意间被下一代模仿。

二、父母吼叫的原因

教养关系为什么总是卡在怒火中，很多父母已经觉察到自己吼叫的危害，也希望自己能够停止吼叫的陋习。甚至很多父母平时为人理智，待人和气，但只要遇到孩子的问题行为就会忍不住发火吼叫。为什么会这样？造成父母吼叫的原因是多方面的，既有社会因素、家庭因素、生活环境因素的影响，又有孩子个人因素的催化激发，最重要的是来自父母自身原因。

（一）过度的控制欲念。 从备孕怀胎到孩子呱呱落地，再到孩子日渐成长，父母倾注的心血堪称伟大，只有生养过孩子的父母才能体会养育孩子的艰辛与付出。这些心甘情愿的付出，饱含着父母的希望和期待。同时，也让父母对孩子有了绝对的占有欲和拥有权。为了自己的希望和孩子的未来，父母在孩子身上的投入，比其他任何关系的投入都要多。尽管这种投入是父母心甘情愿的应尽之责，但也一步步地固化了"父母可以控制孩子"欲念。于是在生活中担心孩子吃不好、睡不好，担心孩子不进步、不成才，担心孩子学坏、变坏……成了一些父母的日常，而控制孩子的行为也成了父母的日常，尤其是不自觉地过度控制孩子成了习惯和导向。而给孩子自由和适度放手，这也许是父母面对的最艰难的思想斗争。尤其是"不让孩子输在起跑线上"的氛围影响和其他父母、老师的施压，提醒父母对孩子的管教一定要跟上"大部队"的时候，进一步让父母对孩子的控制有了紧迫感，父母对孩子的控制像发条一样被不停地"拧紧"。父母越发相信，只要对孩子控制得越紧，孩子就越能改变自己。因此，当孩子的发展没有遵循父母的规范时，害怕、担心、恐惧随之而来，嘶吼喝止也如影随形相伴而至。有些家长性格非常急躁,甚至可以说是暴躁,对孩子缺乏足够的耐心,具有更强烈的控制欲念和更加粗暴的控制行为。他们对孩子的不当行为忍无可忍,毫无顾忌的吼叫和脱口而出的破口大骂,成为对待孩子不良行为的主要方式。父母们几乎没有意识到这样做导致了相反的效果,变本加厉地固化了孩子原本的行为。

(二) **不良情绪的影响**。父母对孩子的吼叫,常因情绪失控而发生。父母一旦进入负面情绪状态时,情绪脑会被激活,而抑制理智脑的思考,使得思维速度变慢且灵活性受限,一时想不出来更好的方法来调节行为,而只能靠本能的反应模式来行动,于是用吼叫来表达愤怒就成了一种自然而然的反应。人类感到愤怒时的本能反应模式与动物相似,比如当一个动物面临威胁而愤怒时,它会调动全身的力量,把毛炸起来,眼睛怒视,大声吼叫。这些行为可以让它看起来更强大,能够把对方震慑住,也能让它自己在发起攻击时更快、更有力量。这种愤怒的情绪反应模式有时是有效的,能够让动物激发力量打败威胁的敌人。这种模式的有效性使得它经过亿万年的进化固化在动物和人类的基因里,并在面对不喜欢或受侵犯的情景时自动地发挥作用。父母在激烈的情绪状态下,往往表达的只是愤怒和不满,解决问题的目标模糊,并会将极具伤害性的言语不经大脑、不受控制地吼向孩子。情绪状态下的表达有时恰恰与内心真实的想法和意愿相反、相背,其表达通常具有冲动性和不切实际性,不但不利于问题的解决,反而放大了吼叫自身的危害,导致问题变得更糟糕。

(三) **吼叫的代际传承**。小时候在吼叫中长大的孩子,长大了也会吼叫自己的孩子。就如同我们觉得父母顽固不化一样,我们也在顽固不化地对下一代执行小时候受到的语言暴力。习惯性的吼叫会被无意识传递和家庭中内隐化的代际传承,父母在自己童年时的经历和被对待的方式会无意识地影响其长大后作为父母对待孩子的方式。很多父母童年时被自己的父母吼叫和指责，他觉得很难过，想着等自己长大以后绝不用这种方式去对待自己的孩子。但等他成人后作为父母，面对孩子的行为问题感到担心、无助而自我否定，感到愤怒而无法自我控制时，这种童年时熟悉的吼叫或者指责模式会自动地跳出来发挥作用。如果父母不能对这一模式进行觉察警醒，就会在激烈的负面情绪下陷入自动化的反应模式中，对孩子使用吼叫和指责模式。所以无论是动物本能的情绪反应模式，还是消极情绪模式的代际传承，都使得父母在激烈的负面情绪下容易自动地用打、骂、吼的方式对待孩子。尤其是当孩子"开始时唠叨还听，后面越说越没用"时，父母会不断地升级情绪强度来促进管教效果，将唠叨发展为充满怒火的吼叫。

三、父母吼叫的纠治

纠治父母的吼叫不是默念10遍"亲生的"或给自己喊10遍"忍住"就能抑制下去的简单行为，纠治吼叫是一项长期的自省行为，需要父母必须认清吼叫的危害，掌握控制情绪的方法，遵循孩子的行为能力和成长规律，走出本能的情绪模式，尝试温和的亲子教养模式，帮助孩子实现成长目标。

（一）理性看待孩子的行为。孩子在成长过程中的"不听话"行为往往会成为父母吼叫的主要原因。在父母的认知里习惯性地将自己的经验作为孩子行为"非对即错"的判断标准，当孩子出现违背父母意愿时就会被认为是孩子"不听话""不愿意""不配合"，甚至被认为是对父母的叛逆和对立。但是，若换位思考，站在孩子的角度看问题和站在孩子成长的角度看问题，似乎又符合常理，是孩子这个年龄的"正常行为"。比如：孩子的拖延习惯、不正当的要求、浪费粮食、不守规矩、置身险境、无理取闹、吵闹好动、无知无畏等行为，是大数父母都会遇到的孩子常见的问题。这些问题是孩子这个年龄阶段对未知领域的一种探索行为，在他们的心里，没有对错之分，只有好奇与尝试。这些行为发生在孩子身上很正常，并不是孩子故意与父母对着干，是天性使然。通过父母适时耐心的科学纠正引导，纠正问题并不难。孩子犯了错误，言行有了过失，正是纠正这些问题，教育孩子的最佳时机。同时，也是给了父母发挥家庭教育作用和教育孩子的机会。因此，父母理性客观看待孩子成长中遇到的问题很重要。父母看待问题的角度不同，思想意识和行为导向也千差万别，甚至南辕北辙。父母不能理性看待孩子成长中遇到的问题，势必引发负面情绪因怒而吼，白白丧失教育孩子的良机，进而演变成了吼叫打骂的家庭暴力。

（二）用"吼叫三问"控制情绪。一些父母常常感慨"道理都明白，就控制自己的情绪难，遇到孩子犯错误，不自觉地会去吼叫孩子。"试想，我们会去吼叫自己单位的领导吗？当然不会。所谓控制难，只是因为我们在内心里已经做了利弊的权衡，弱小的孩子更容易达到情绪发泄的目的。在控制情绪时可以尝试以暂停的方式叩问目的来反思自己的行为，运用"吼叫三问"，来帮助我们平息怒气。比如：发现自己处于情绪不稳定状态，立即停下来，离开当前的冲突，给自己10分钟的时间，用洗手、洗脸等方式转移注意力，让自己头脑清醒下来思考问题。在这10分钟时，反思"吼叫三问"。

吼叫第一问：我是不是在拿孩子泄愤？保有这份觉察，避免让孩子成为自己宣泄情绪的工具。

吼叫第二问：我想要通过吼叫实现什么目的？是想要孩子改正问题？还是希望孩子能道歉来想捍卫自己作为父母的尊严？切实弄清楚真实的目的。

吼叫第三问：通过吼叫，我可以实现我想要的目的吗？如果可以，我如何才可以更好地实现目的？审视自己的行为，预估行为的后果。

父母必须清楚地认识自己在愤怒的情绪状态下很难做出正确有效教育行为,吼叫不但不利于目的的实现,还极有可能促使问题向反方向发展。因此,父母应注重培养训练自己及时喊停的能力,平复情绪让怒火慢慢平息,让理智和理性占据主导,不做事后就后悔的事。

(三)掌握解决问题的方法。有些家长之所以吼叫,缘于面对孩子问题时的无助和无力。当父母掌握了帮助解决孩子问题的方法和技巧时,自然就不会再采用吼叫的方法对待孩子。美国的心理学家托马斯·戈登博士创建的亲子沟通的"戈登模式"值得我们学习借鉴。

方法一:找到孩子的真正需求。当孩子的行为让家长无法接纳时,父母要了解孩子行为背后的原因。比如当责备孩子沉溺于网游、网聊的时候,父母是否想过孩子确实在现实生活中存在缺乏交流和沟通,缺少倾诉的对象和机会?父母可以通过孩子的行为找到他们真正的需求,解决现实问题。

方法二:父母与孩子"做个交换"。当孩子的行为让父母无法接纳时,父母可尝试用孩子能够接纳的行为来代替。比如孩子只想着玩游戏,不愿意写作业,父母可以让孩子用户外活动的方式来代替玩游戏。

方法三:调整环境。如果你给一个正在哭闹的孩子拿来橡皮泥、绘本等,孩子就会安静下来开始玩耍,这叫作丰富环境。有时也需要反过来操作,比如,当孩子迟迟不肯写作业、迟迟不肯入睡时,也可以转移走影响他们专注力的玩具、童话书等。调整环境的原则是限制环境,而不是限制孩子。

方法四:期望孩子理解支持。父母告诉孩子他们的行为所带来的困扰,期望得到孩子的理解和支持。比如父母对上学磨蹭的儿子说:"如果上学前我要等你这么久,我就会迟到,我的老板就会对我发火。"当孩子们听到这种信息时,会意识到他们的行为给父母带来麻烦,这时孩子会更愿意调整他们的行为来配合父母。

方法五:让孩子参与解决问题的计划。如果父母希望将来在发生一些事情时,能够得到孩子的帮助和支持,可以提前告诉孩子们"我的需求是什么",并允许孩子参与到计划当中。比如父母可以对孩子说:"我们现在就来想一想明天早上需要带什么,省得到时候紧张而有什么遗漏。"

方法六:通过"换挡"来减少"阻抗"。当父母发送完"我的要求"之后,孩子们可能会给父母有效的帮助,也可能出现抵抗防御。当父母发现孩子开始抵抗时,需要从发送信息的姿态转换为倾听理解的姿态,这种转换会让孩子感受到父母已经明白刚才的话让他们感到不舒服,因此先不解决自己的需求而是先听孩子的需求。这样做,孩子们会发现父母理解他们改变行为并不难,这时候他们反而更容易改变自己的行为。

现实生活中,每位父母内心深处都有一个"完美孩子",父母通常试图照着这个标准,来教育自己的孩子,让孩子按照自己心中的那个样子生活成长。其实,每个孩子都是独一无二的,他只能是他自己,而不是父母理想中的复制品,很难长成父母想要的样子。父母要学会接纳孩子,接纳孩子的不完美。不断提升控制情绪和给孩子温柔以待的修为,不让情绪左右自己,更不用吼叫伤害孩子。用温柔而坚定的教养方法帮助孩子健康快乐成长。

中篇

防治重点问题

　　清代蒋士铨的《岁暮到家》寥寥几句话便道出了天下父母对子女的期盼、怜爱与担心："爱子心无尽，归家喜及辰。寒衣针线密，家信墨痕新。见面怜清瘦，呼儿问苦辛。低徊愧人子，不敢叹风尘。"儿行千里母担忧，当下的父母对孩子最牵挂的莫过于孩子不听教诲、不守规矩、走歪路、受伤害。这些问题既有影响身心健康的安全问题，又有生活日常中常见的易发问题，其成因与表现复杂多样。从调查了解的情况看，重点问题突出表现在违法犯罪、自杀问题、安全问题、校园欺凌、心理失常和孝敬缺失、拖延行为、沉迷游戏、青春叛逆、厌学躺平十个方面。这十类问题在家庭教育中凸显极具代表性，直接影响孩子的当下与未来，常常成为孩子教育中的热点、难点、痛点问题，也是父母最大的牵挂与不安。前五类问题关系孩子的身心健康与安全底线，需要重点预防，后五类问题是日常中易发常见的问题，需要重点纠治。重点防治这些关乎孩子健康、安全与未来的问题急迫而现实，积极研究认识这些问题形成的特点规律，及时发现问题的苗头、隐患，讲究防治的方式、方法和技巧，果断科学干预，方能有效解决问题，并将一些问题禁于未萌和止于未发。

第一节　预防违法犯罪

青少年违法犯罪是青少年违反法律、法规,实施犯罪行为的现象。近年来,青少年违法犯罪问题十分突出,其不断激增的数量和严重的危害,已经引起了全社会的高度关注与重视。2024年4月16日,最高人民法院发布了涉及妇女儿童案件情况。近三年来,未成年人违法犯罪数量总体呈上升趋势,2021年至2023年,人民法院共审结未成年人犯罪案件7.3万件,判处未成年人罪犯9.8万人①。2024年4月22日,最高人民法院公布2024年一季度司法审判工作主要数据,一季度判处未成年人罪犯1.2万人,同比增长77.67%②。这一串串冰冷的数据,连接着一个个扭曲的灵魂和一件件令人发指的恶性案件。千万个青少年为自己的违法犯罪行为付出了沉重的代价,导致无数的家庭支离破碎,带给被伤害者及涉案家人挥之不去的伤痛,给整个社会蒙上了阴影。青少年违法犯罪形势严峻,预防青少年违法犯罪刻不容缓。

---

① 《最高法:对未成年人严重犯罪该惩处的依法惩处》(2024年4月16日),新华网,http://xinhuanet.com/20240416/5aeb7ab1ff604b18b83dd70ee25bb646/c.html。

② 《最高人民法院公布2024年一季度司法审判工作主要数据》(2024年4月23日),人民政协网,http://www.rmzxb.com.cn/c/2024-04-23/3530972.shtml。

一、青少年违法犯罪的根本原因

俗话说"一失足成千古恨",在青少年失足的背后,有着错综复杂的原因和教训。家庭环境的影响、监护人与学校的管理教育不力、社会上不良文化的影响和个人的无知堕落是直接或间接导致青少年走上违法犯罪道路的根本原因。

(一)**家庭环境异常**。家庭环境对孩子的影响直接而深远,尤其是一些非正常的家庭环境,带给孩子的负面影响已经成为孩子走上违法犯罪道路的主要动因。

一是家庭氛围异化。随着网络、智能手机、平板电脑的普及,父母与孩子闲暇时间被这些新兴的媒体终端吸引。父母工作之余手不离手机、眼不离屏幕,心思被短剧、新闻、游戏占据,无暇顾及孩子的现象尤为突出,甚至在督导孩子完成作业时,还一边玩手机,一边训孩子。而孩子同样受到影响,闲暇之余也沉溺手机、平板电脑等各类媒体终端。家庭成员之间的沟通、交流和情感互动,因这些媒体智能终端的普及而发生断崖式的锐减,整个家庭成员之间的情感也变得十分的淡漠。还有一些父母关系紧张的家庭、单亲家庭、离异家庭、再婚家庭和隔代抚养家庭,因家庭关系的变化导致家庭内部的气氛、情感和相互关系发生了负面的改变,家庭成员之间的和谐与亲密感减少,和睦和谐的家庭氛围、亲情氛围被冲击、受影响。孩子生活在沉闷、冰冷和令人窒息的家庭氛围中,感受不到温暖和关爱,极易迷失自我,导致各种不良倾向问题的发生、发展。

二是家庭暴力被继承模仿。一些心理专家认为孩子的暴力倾向主要缘于家庭暴力影响所致,不同形式的家庭暴力给孩子的身心造成严重的影响。父母动辄使用暴力解决问题或管教孩子,这种家教方式和家庭氛围不仅仅会让孩子恐惧担心,严重挫伤孩子的情感和心理健康,导致孤僻、冷漠、专横的性格形成。同时,孩子在经历家庭暴力的过程中，父母的暴力行为方式，也习惯性地在孩子耳濡目染下被继承学习模仿，潜移默化地让孩子内化于心、外化于行。他们在现实中遇到问题，习惯性地使用暴力手段去解决，进而发展成为违法犯罪问题。

三是家庭结构异常导致心理扭曲行为失控。随着离婚率的不断上升，一些离异家庭、单亲家庭、再婚家庭、隔代抚养家庭的孩子，受非正常家庭关系的影响，容易被自我异化和情感疏离问题影响困扰。一些离异家庭、单亲家庭和再婚家庭，由于家庭环境恶化，极易造成孩子敏感多疑的脆弱心理，父母的一些不经意的言行，就容易让孩子在心理上感受到无视或被排斥，长期感受不到完整的父母情感的抚爱。这类家庭孩子由于失去了家庭温暖，失去了健康成长的必要条件，很难发挥正面家庭教育功能，而且却容易给孩子造成极大的心灵伤害，这些家庭环境异常的孩子实施违法犯罪行为的可能性远远大于正常家庭孩子。再者就是隔代抚养家庭。有些孩子由于父母长期在外地工作，孩子就托付给爷爷奶奶或外公外婆照看。因祖孙的隔代亲情和事实上代沟的存在，这类家庭只能在生活上保证孩子衣食无忧，很难对孩子的学习和其他活动施加有效的管教，更不用说发挥良好的家庭教育功能。这些家庭结构异常的孩子由于心理上感受不到正常家庭的温暖和关爱，以致产生心理畸形化倾向和对各种环境的适应性障碍。有些孩子甚至因自己家庭的遭遇和不幸产生仇恨家人、仇恨社会、迁怒他人的扭曲心理，以致走上违法犯罪的道路。

（二）有效管教缺失。2017年11月15日，河南省高级人民法院针对青少年违法犯罪问题，专门召开预防辍学未成年人违法犯罪座谈会。座谈会上介绍，近年来，青少年因失管失教导致违法犯罪案件突出，尤其是辍学未成年人在整个未成年人犯罪案件中占比超过50%。这部分人中，有些不满十六周岁，没有达到就业年龄,无学可上,又无处可去,加之处在成长叛逆期间,往往出现家长管不住、社会无人管的情况,小小年纪便开始混迹社会,非常容易走上违法犯罪道路。① 现实生活中,由于失管失教导致青少年违法犯罪的问题突出,对青少年有效管教缺失成为青少年违法犯罪的一种非常重要的原因。

一是家庭教管失常。当下,更多的父母只关注孩子的学习进步、成绩排名、高考名校,而对孩子的思想品德教育、遵规守法意识培养和不良行为的及时纠治关注、关心、引导、教育不够,甚至漠然视之,从而导致孩子道德底线含混不清、法律意识淡薄、行为不受约束。俗话说"养不教父之过",父母担负着教育管理孩子的首要责任,当孩子发生违规、违纪,甚至践踏法律红线时,有些父母不是对孩子进行正确的批评教育引导,而是从其他方面找原因和借口,对孩子的错误行为进行无底线的刻意袒护,甚至不问是非曲直无理取闹,助长孩子的不良行为,在孩子正确的成长道路上反向使力。还有些父母对孩子成长中出现的各种不良倾向粗暴管、不会管,一些异常家庭不敢管的问题突出,导致一些小问题因不当的管理进而演化成导致孩子走上违法犯罪道路的大问题。

二是学校教管失力。学校是教书育人的主要场所,担负着在校管理教育学生的主体责任。然而,激烈的竞争压力使得学校和教师不得不把主要的时间和精力放在提高升学率和班级、学校的排名上,把对学生的思想品德教育、法纪教育、遵规守纪教育放在了次要位置,以致这些关系学生思想行为的教育引导力度不够。还有一些学校和教师,担心认真纠治学生的不良行为会给自己带来麻烦和不良影响,担心遇到罔顾事实的家长无理取闹和兴师问

---

① 《河南高院预防辍学未成年人违法犯罪座谈会在鹿邑县法院召开》(2017年11月17日),河南省高级人民法院,https://www.hncourt.gov.cn/public/detail.php? id=172028。

罪、担心无孔不入的媒体歪曲报道扩大负面影响,因而对一些学生的不良行为往往采取大事化小的态度处理,客观上在一定程度上纵容了一些学生的不良行为和轻微的违法行为,导致违法犯罪行为的发生。

三是社会教管失当。国家和社会对青少年的管理教育高度重视,针对青少年违法犯罪问题制定出了一系列的防范措施。然而针对青少年"重教严管""疏堵结合"和"打防并重"的治理局面尚未真正形成,教育的范围、针对性和实效性还有较大的提升空间。导致一些失学辍学者、社会闲散者、自由职业者、短期务工者等青少年群体,长期游离于社会的有效监督和管理教育之外,因管教失当而走上违法犯罪道路。尤其是对未成年人的违法犯罪行为,我国采取以教育为主,惩罚为辅相对宽容的管教方式,以保障未成年人权益不受侵害。而有些未成年人,却把《未成年人保护法》作为逃避法律制裁的保护伞。为应对未成年人日益增长的犯罪现象,2021年3月1日起施行的《刑法修正案(十一)》将最低刑事责任年龄由14周岁降至12周岁,以应对不断增长的未成年人违法犯罪。从立法的角度遏制未成年人违法犯罪,仅是治理的开端,还有相当长的路要走。

(三) 不良因素影响。在市场经济不断发展的时代背景之下,一些与社会主义核心价值观相背离的价值观念、消极思想、拜金主义、追求刺激、江湖行为等负面的文化思潮和行为方式直接或间接地影响着青少年的健康成长。不良的社会环境会对青少年的思想和行为影响严重,有些直接成为青少年走上违法犯罪的直接诱因。

一是低俗文化危害。当下,"金钱万能"的拜金主义、追求物质享受的奢靡生活、崇尚血腥暴力等价值观念不同程度地影响着当代的青少年。特别是心智不稳定的青少年,很容易受享乐和拜金思想的腐蚀,为追求享受、感官刺激和体现自以为是的价值铤而走险。随着各种网络色情或网络暴力游戏的传播,其中的色情或暴力内容很容易使青少年出现人格扭曲或者心理失常情况。一些媒体、网络和影视为追求经济效益和达到非人的目的,用不堪入目的下流低俗剧情和赤裸裸色情画面吸引人们的眼球、追求流量。处在生理和心理成熟发展阶段的青少年,极易被刺激、被影响、被诱导。为追求刺激,践踏法律红线,走上违法犯罪的道路。

二是网络游戏诱导。网络游戏以其身临其境的情感体验、跌宕起伏的冲关打杀和暴力血腥的真实场景,让青少年一旦沾染便如痴如醉,分不清网上网下,身陷其间不能自拔。据了解,一些因网络引发的青少年犯罪,作案的诱因、作案的勇气甚至作案方式都来源于游戏。一些网络暴力游戏从 2D 升级为 3D 动画效果极其逼真,游戏人物杀人或被杀时,血光四溅。这样长期的、无数次的、"杀人"训练使玩家变得情感丧失,对生命麻木,血腥而直观的画面加上充满挑逗性的文字,极大地刺激了他们的模仿欲。使他们由"网上搏杀"到"现实效仿杀人",由网络游戏高手演变成为现实中的凶犯。

三是江湖义气影响。江湖义气是旧社会的产物,那种因剧情需要被夸大了的打打杀杀、为了哥们义气两肋插刀、杀人报复的快意恩仇……被搬到荧幕上、挪到视频中、植于剧情内。这些血腥场景在给青少年带来视觉感官刺激的同时,那些影视剧中的大哥、小弟动不动就挥刀砍杀,让现实中的青少年奉为心目中的英雄。加上社会上一些江湖义气的负面影响和"蛊惑",一些家庭和学校表现良好的学生为效仿心目中的英雄而"出轨",成为青少年走上违法犯罪道路的诱因。一名年仅 16 岁的女中学生李某听说有个低年级的同学骂她。就叫来几个朋友,把那个骂她的女孩暴打一顿。当警察问起她这么做的原因时,她们竟然回答说:"当班长,学习尖子生远不如当大姐大威风!"因为她看到电影、电视里都是这样,挺牛的。相比于单调乏味的课本上的说教和家长的唠叨,她们当然更喜欢情节生动的电影故事,看得多了就觉得,认"干哥哥、干姐姐"比友谊重要,电影里的"老大"都用拳头自己解决问题。

二、青少年违法犯罪的主要特点

随着社会的高速发展,青少年的违法犯罪行为受到社会环境的影响,在作案类型上、动机上、手段上、年龄上、数量上等方面,都呈现出青少年群体违法犯罪的鲜明特点和规律。

(一)团伙作案居多。对近几年被媒体公开报道的青少年违法犯罪的案例分析,一个个实施极端行为的暴力犯罪团伙映入我们的视线,他们为达到实施犯罪的目的,纠集在一起结成团伙共同犯罪,这是一种青少年特有的犯罪现象。据司法机关统计,青少年违法犯罪明显上升,占全部刑事犯罪案件的70%以上,而团伙作案占青少年违法犯罪案件的70%以上。其中已满14周岁、不满18周岁的少年犯罪案件总体呈上升趋势明显。2021年至2023年,人民法院共审结未成年人犯罪73 178件,判处未成年人罪犯98 426人,约占青少年犯罪案件的20%。[①] 由于青少年年龄小、思想不成熟、个人力量单薄、依附性强和容易被唆使等特点,他们个人往往有胆怯心理,对违法犯罪暴力行为有心无胆,为壮胆壮势,找到"志趣相同"的好友,互相壮胆和分工合作,结成犯罪同盟。他们倚仗团队势力,互相怂恿支持,催化犯罪意念,形成"暴力氛围",实施共同犯罪。青少年团伙犯罪暴力案件多、造成的危害重、涉及范围广、社会不良影响大,给社会的安全稳定局面带来极坏的影响和伤害。

---

① 程春华:《当前青少年犯罪成因及对策研究》,《西南政法大学学报》2017年第5期。

(二) 攫取钱财突出。"天下熙熙,皆为利来;天下攘攘,皆为利往。"①"一旦有适当的利润,资本就胆大起来。如果有 10% 的利润,它就保证到处被使用;有 20% 的利润,它就活跃起来;有 50% 的利润,它就铤而走险;为了 100% 的利润,它就敢践踏一切人间法律;有 300% 的利润,它就敢犯任何罪行,甚至冒绞首的危险。"②这段经典的论述形象地刻画了人类的逐利本性。随着社会的发展,物质的极大丰富,以攫取钱财为目的违法犯罪案件虽逐步在减少,但这类犯罪高居各类犯罪榜首突出的特性没有变。青少年违法犯罪所呈现出鲜明特点也不例外,以攫取钱财为目的犯罪突出。司法机关统计的犯罪案件数据显示,近几年青少年违法犯罪的案件,呈逐年递增的趋势。2023 年,检察机关受理审查起诉未成年人犯罪 9.7 万人,其中不满 16 周岁未成年人犯罪约 1 万人,盗窃、强奸、抢劫、聚众斗殴、寻衅滋事等 5 类犯罪占比近七成③。除了强奸犯罪以外的四种犯罪绝大多数与钱财有关,青少年因上网、游戏、吃喝、吸毒、赌博、高利贷、高消费等问题铤而走险,采取更具时代背景的恐吓、敲诈勒索、盗窃、抢劫、诈骗等手段方式侵夺他人财产,甚至为达目的不惜剥夺他人的生命。这种以攫取钱财为目的犯罪行为,目的明确、方式多样、手段残忍,造成的后果严重,成为青少年违法犯罪中的突出特点。

(三) 犯罪年龄趋低。近年来,随着经济快速发展、社会日趋多元,未成年人犯罪显著增长,且呈现低龄化趋势。这些尚未成年的青少年,不少犯罪手段成人化,13、14 岁的孩子动辄拿刀伤人、

---

① 《史记·货殖列传》。
② 《资本论》第 1 卷,人民出版社,2004 年,第 871 页注 250。
③ 《2023 年检察机关受理审查起诉未成年人犯罪 9.7 万人》(2024 年 3 月 1 日),中国新闻网,https://www.chinanews.com.cn/gn/2024/03-01/10172391.shtml。

杀人。施暴的手段残忍以及对生命的漠视,仅仅看新闻就让人心惊胆寒。据中国最高人民检察院 2023 年 3 月 1 日发布的信息显示,2018 年至 2022 年,检察机关受理审查起诉未成年人犯罪 32.7 万人,年均上升 7.7%;其中不满 16 周岁的未成年人犯罪从 2018 年 4600 多人上升至 2022 年 8700 多人,年均上升 16.7%[①]。低龄未成年人犯罪人数呈上升趋势。2023 年,全国检察机关受理审查起诉 14 周岁至 16 周岁的未成年犯罪嫌疑人 10063 人,同比上升 15.5%[②]。随着青少年犯罪越来越低龄化,诱使越来越多的未成年人步入犯罪行列,为社会的安全发展埋下巨大隐患。青少年违法犯罪低龄化的现象,正在成为跨入新时代以来的新问题、新情况、新特点。

(四) 涉网犯罪激增。当下,网络已经成为人们工作生活离不开的重要工具,尤其是智能手机、平板电脑等智能网络终端的普及,进一步促进了网络的发展。然而,网络却是一柄双刃剑,在方便人们的同时,也会给人们带来负面的影响。尤其是凭借网络普及性、虚拟性、便捷性等特点,因网络引起的犯罪和利用网络进行犯罪防不胜防,导致近年来青少年涉网犯罪问题的激增。青少年热衷于网上"生活",他们认为网络是一个没有歧视、没有压力、没有制约、没有高低贵贱之分、不论贫穷富贵,不分时间、空间、地域自由自在的"法外之地"。然而,由于受大量的网络不良信息的侵蚀和影响,一些青少年走上违法犯罪的道路。青少年因网络游戏、网络交友、网络诈骗、网络色情、网络暴力导致违法犯罪的案例不胜枚举,涉网犯罪的数量不断攀升。尤其是未成年人,受网络的不良影响更为严重。据司法机关提供的数据,未成年人实施抢劫、盗

---

① 《检察机关坚持教育为主、惩罚为辅,最大限度挽救涉罪未成年人》(2023 年 3 月 1 日),最高人民检察院,https://www.spp.gov.cn/spp/zdgz/202303/t20230301_604972.shtml。

② 最高人民检察院:《未成年人检察工作白皮书(2023)》。

窃、暴力伤害犯罪的,有近六成曾长期沉迷网络。大部分青少年因网络引发的犯罪,其作案的诱因、作案的勇气甚至作案方式都来源于网络。近年来审理的性侵害案件中,近三成是利用网络聊天工具结识后,对被害人进行线上"隔空猥亵"或者线下强奸。还有一些主播、网红专门以青少年为对象,利用其思想与心理相对不成熟的特点,向其索取钱财,或诱导其打赏、充值,造成青少年因心理和经济的双重损失而发生极端行为。

三、青少年违法犯罪的防范对策

青少年是父母的希望、国家和社会的未来,预防青少年违法犯罪关系到千万个家庭的幸福,关系到国家富强和民族复兴。青少年阶段是人生的"拔节孕穗期",在这个"紧要关头",家庭、学校和社会均应齐心协力帮助青少年扣好人生的"第一粒扣子"。尤其是父母,应积极发挥家庭教育的主体作用,用心、用力、用智慧帮助青少年健康成长,避免迷失方向、误入歧途。

(一)营造健康家庭环境。近年来,因不良的家庭环境导致青少年走上违法犯罪道路的案件突出,绝大多数青少年的违法犯罪行为,都能从家庭环境上找到原因。尤其是未成年人受不良家庭环境的影响更加突出明显。根据最高人民法院 2024 年 4 月 16 日发布的涉妇女儿童案件情况显示,2021 年至 2023 年,全国法院一审审结的涉未成年人暴力案件中,被告人为留守儿童的案件共 1835 件,占比 22.94%;被告人为单亲家庭的案件共 556 件,占比 6.95%;被告人为再婚家庭的案件共 223 件,占比 2.79%;被告人为孤儿的案件共 19 件,占比 0.24%[①]。这些非正常的家庭情况,

---

[①] 《最高法发布维护妇女儿童合法权益工作情况》,《人民日报》2024 年 4 月 18 日。

导致孩子的家庭成长环境相对较差,有些甚至恶劣。不良的家庭环境给青少年提供了滋生违法犯罪的温床,助长了青少年的违法犯罪行为,积极营造有利于青少年健康成长的家庭环境现实而迫切。

一是营造和谐的家庭氛围。家庭是父母与子女共同生活的重要场所,是摇篮、是港湾、是身心的栖息地。其乐融融的家庭氛围、和睦和谐的亲子关系、充满爱与温暖的呵护等良好的家庭氛围,让人看到是和睦美好、听到的是关心关爱,感受到的是温暖关怀。实践证明,这种和谐的家庭氛围对躁动不安的情绪、受到伤害的心理和痛苦挣扎的灵魂极具治愈作用。反之,恶劣的家庭关系、冷漠的表情、富有攻击性的言语、无休止的指责、令人心烦意乱的唠叨和让人窒息的家庭氛围……这一切带给人更多的是痛苦、不安和逃避。一位美国学者走访了20多个国家,在对一万多名经济条件不同的儿童进行调查中,发现大多数孩子最大心愿和要求不在于吃穿玩乐,而在于家庭气氛和谐和精神生活享受,如"父母不要吵架""要维护孩子的自尊心""说话不要失言"等。孩子们对生活的要求是很现实的,父母经常吵架,他们会感到厌烦,容易对周围的事物产生恶意,养成暴躁的脾气;父母不尊重孩子,他们会感到伤心,不愿与父母沟通感情,容易养成孤僻的性格;父母说话不算数,他们会感到失望,有时会采取逆反、逃避,甚至离家出走等行为来进行报复。所以父母应高度重视和谐家庭氛围的营造,示范并打造"温、良、恭、俭、让"的言行方式,营造"和谐民主、平等尊重、诚信讲爱"的家庭氛围,努力给予孩子所期望的温暖港湾。

二是给予青少年更多的关心关爱。父母在与孩子的共同生活中,应拿出足够的时间、热情和耐心,以用实际行动给予孩子更多的关心、关爱。通过有效的沟通交流、经常性的亲子陪伴、耐心细致的呵护关心和当孩子遇到问题时的有力支持帮助,让孩子感受父母的温暖关爱。尤其是一些离异家庭、单亲家庭、再婚家庭、隔代抚养家庭，父母更要高度重视家庭原因给孩子带来的负面影响。一方面，尽心、尽力想方设法给予孩子更多的关心、关怀和爱护，用更多的耐心、鼓励、关心、陪伴、沟通，及时弥补孩子因家庭情况异常带来的情感缺失，让孩子切身感受到父母的关爱和家庭的温暖。另一方面，应尽量避免"过度"的给予。因家庭原因，父母总觉得亏欠孩子，于是对孩子的要求无限制地满足和给予，以此来弥补父母情感的亏欠。这样无原则的给予，实质上另一种放纵与溺爱，极易导致孩子"衣来伸手，饭来张口"无度索取的坏习惯和向自私与任性极端发展的不良倾向。

　　三是拒绝家庭暴力。父母的一言一行都潜移默化地影响着孩子，尤其是家庭暴力对孩子的影响直接而深远。野蛮的肢体冲突、粗暴的言语攻击、冷漠的僵持对峙、长期的漠视疏离等形式各异的家庭暴力行为，不但直接给孩子心理上带来伤害和影响，还会被孩子学习模仿。以致孩子在生活中遇到同类问题时，自然而然采取暴力的方式去解决，为孩子走上违法犯罪道路提供了习惯性的行为动因。在与一位妈妈讨论管教孩子的问题中了解到，她的孩子是个生性倔强的小男孩儿，经常犯错屡教不改，爸爸妈妈于是经常上演"二人双打"，然而教育效果还是不尽如人意。有一次，妈妈无意间发现孩子有两本日记，一本是普通的日记，而另一本是上了密码锁的日记。妈妈非常好奇，不但偷看了孩子的普通日记，还破解了日记的密码锁，偷看了孩子上了密码的日记。没有上密码的日记，是日常行为的记录，其中不乏对父母打骂的看法，但仅限于客观记录。而上了密码的日记所记录的内容，让妈妈大吃一惊。有一篇日记这样写道："我今天又挨了打，我不服。打在我身上，恨在我心里。我也会把我今天挨的打发泄到其他人身上，终有一天你们会打不动的，终有一天我要你们后悔……"这些充满恨意的语言是孩子被打后心理扭曲的内心真实独白,让父母不寒而栗。有人说:"一个充满暴力的家庭,后面常常跟着一个胆大包天易走极端的'熊孩子'"此言乍听失之偏颇,实则不无道理。

(二) 加强有效教育管理。从司法部门发布的青少年违法犯罪的数据看,导致青少年走上违法犯罪道路的一个重要的原因,是对青少年缺乏有效的教育管理。一些青少年长期游离于家庭、学校和社会的有效教育管理之外,导致其思想和行为失管、失控,以致违法犯罪行为发生。而往往是事情发生后,父母才如梦初醒追悔莫及。因此,作为父母对青少年进行有效的教育管理,把好家庭教育管理的第一道"关口",是有效预防青少年违法犯罪的关键。

一方面,注重有效的教育引导。对于青少年违法犯罪的预防,父母应充分利用家庭教育的机会,突出抓好孩子法律素养的提升,在尊法、学法、用法、守法上聚焦用力。通过与孩子一起定期学习法律常识、观看警示性法治教育影视、参加法治教育讲座、参观法治教育场馆等特色鲜明的普法活动,与孩子探讨、交流对法律的认识与体会感悟。让孩子清楚认识法律的神圣与尊严、违法犯罪造成的严重危害以及违法犯罪应付出的沉重代价,吸取他人违法犯罪的教训,增强法律意识。在生活中,父母应在尊法、学法、守法、用法、护法上,给孩子做好榜样。《论语》中,孔子说:"其身正,不令而行;其身不正,虽令不从。"教育孩子恪守法规,父母应身体力行,以自己遵法守规的正向言行给孩子以正确的示范引导,让孩子在与父母的共同生活中受到遵守法律的熏陶和教育,从小就把守法的意识内化于心外化于行。

另一方面,加大管理力度。在现实生活中,因对青少年失管、失控带来的严重后果振耳发聩。"严是爱,松是害""玉不琢,不成器""从小偷针,长大偷金"等教子谚语,警示普天下的父母,对孩子的管教勿宠溺、勿放松、勿失控,更不能因孩子顽劣而放手、放弃听之任之。我军在长期的管理教育中，总结出"四知一跟"的带兵管理经验，值得父母在管理孩子时借鉴。"四知一跟"具体指的是：随时知道战士在哪里、知道战士在干什么、知道战士在想什么、知道战士需要什么，思想工作和管理要及时跟上去。父母在对孩子的管理上，尤其是对未成年人管理上，应强化责任心，在管理孩子的"细""严""实"上下功夫。针对未成年人出了家门进校门，"两点一线式"的生活特点方式，学习借鉴一些实用、管用经验方法。如一些家长总结的管理孩子经验口诀："善讲方法多用心，耐心细致勤询问。异常行为早发现，始终处在视野内。"还有一些单亲家庭、离异家庭、再婚家庭、隔代抚养家庭，更应加大管理力度，切实解决不敢管、不愿管、不会管的现实问题，通过认真细致扎实有效的管理，确保孩子始终在有效的管理视野内，对孩子的管理不失控。

（三）及时纠治不良行为。青少年正处在成长发育阶段，生理发育很快，但心理和思想发展却相对较慢，容易受到外界各种因素的负面影响，一些不良倾向和行为被沾染、被学习模仿。这些不良倾向和不良行为，若不能及时发现，得不到及时纠治，导致其肆意发展而走向歧途。

一是及时发现问题。发现问题是解决问题的前提条件，觉察不到问题的存在，解决问题就无从谈起。现实生活中，"不出事不知道，一出事吓一跳"的现象普遍存在。为避免这种现象的发生，父母应善于发现问题，及时觉察孩子的不良行为。青少年走上违法犯罪的过程遵循一般事物的发展变化规律，从不良习气和行为的沾染，到思想和行为的发展变化，通常都会经历"从量变到质变"的发展变化过程。在这一过程中，其外在的征兆也表现在日常的言行中，父母只要用心思、讲方法便能觉察感知到。通过对孩子的关心、关注、观察，及时地沟通交流，多进行有效的情感互动，对学校教师、同学、朋友经常性地询问和了解，真知、深知孩子在家庭、学校和社会上的现实表现，切实掌握孩子的真实状况，及时发现孩子的异常行为和不良倾向，为纠治问题打好基础。

二是正确面对问题。发生在孩子身上的不良倾向和不良行为被父母觉察到后，既不能大惊小怪草木皆兵，盲目地乱扣帽子，上纲上线；又不能粗暴处理野蛮对待，以打一顿、骂一通等方式草草了事；也不能漠然视之不管不问，对问题视而不见、充耳不闻；更不能遮遮掩掩包庇纵容，为问题找理由和借口，袒护开脱。这些错误的面对方式，不仅不利于问题的解决，还会直接或间接助长不良倾向和不良行为的肆意发展和向违法犯罪的方向上演变。对待孩子的不良倾向和不良行为，应保持足够的冷静与克制，认真调查了解问题的起因性质。通过深入细致的调查了解，分清是思想问题还是心理问题、是偶发问题还是经常性的问题、是一般问题还是较为严重的问题、是个人自身问题还是受他人挑唆影响问题，对问题进行客观的剖析判断，给问题定性。

三是积极纠治问题。积极纠治不良倾向和不良行为是有效预防青少年违法犯罪的重要手段措施，是将问题"禁于未发，止于未萌"的关键。纠治不良倾向和不良行为应突出针对性、及时性、科学性和实效性。在针对性上，针对发生在孩子身上不良倾向和不良行为的具体问题，就事说事。通过具体问题具体对待的方式，剖析问题找根源、认识问题找差距、分析后果知危害。针对问题不以偏概全、不全盘否定、不缩小扩大，力求客观。在提高对问题的认识上聚焦用力，让孩子认识问题，自觉改正。在及时性上，发现问题第一时间介入干预、第一时间纠治引导，力求问题不过时，防止问题随着时间的推移而淡化、遗忘。抓解决问题的最佳时机，不让问题拖延发展。在科学性上，讲方法、讲技巧、讲智慧，采取易于被接受、便操作、效果好的方式、方法，让纠治问题更自然顺畅。在实效性上，防止无效的训斥、唠叨和空洞乏味的说教，善于抓时机和抓重点、找痛点和拐点,让纠治问题接地气、务实效。

预防青少年违法犯罪,关系青少年的健康成长,关系千万家庭的幸福,关系国家社会的稳定发展,重要性、紧迫性毋庸置疑。家庭、学校和社会应针对当前青少年违法犯罪的严峻形势,强化担当意识,不断增强使命感、责任感、危机感,通力协作、积极主动作为,发挥各个层面的主体作用,竭尽全力遏制青少年违法犯罪行为的发生,打好预防青少年违法犯罪的主动仗,护航青少年健康成长。

第二节 严防自杀问题

自杀问题是一种社会现象,与人类社会的发展如影随形,是一个人们不愿面对,却又不得不面对的社会问题。据世界卫生组织(WHO)统计,自杀高居人类意外死亡之榜首,每年世界上有逾百万的人自杀身亡,而自杀未遂的人数则可能是自杀死亡者的10—20倍。全世界每40秒有一人自杀死亡,每3秒有一人自杀未遂,自杀死亡者总数甚至超过全球武装冲突或交通事故的丧生者总数。自杀已经成为现代社会严重影响人类健康和寿命的主要问题之一。按世界卫生组织定义,自杀是指自发的、故意的自我伤害行为,行为者本人完全了解或期望这一行动的致命性后果。自杀一般经历三个阶段:自杀意念形成阶段、内心生死矛盾冲突阶段、自杀行为选择阶段。自杀行为本身不是一种心理障碍,但通常是潜在的心理障碍的特征表现。通常对死亡的确切概念直到12岁左右才形成,因此,12岁以下儿童自杀死亡十分罕见,自杀率随着年龄的增加而增加,1—16岁的自杀率为0.6/10万,15—24岁自杀率为12.8/10万。自杀是中国15—34岁年龄组人群中的第一位死亡原因。① 自杀并非突发行为,一般而言,自杀者在自杀前处于生死矛盾冲突阶段时,从其行为与态度变化中可以看出蛛丝马迹。注意捕捉预兆,对有自杀风险的人及时进行危机干预,可有效防范

---

① 刘世宏等:《心理评估与诊断》,上海教育出版社,2017年,第230—231页。

自杀。

近年来,青少年因各种原因自杀的消息屡屡见诸媒体,成为全社会关注的热点问题。生命是极其脆弱的,对于那些尚在豆蔻年华却徘徊在生死边缘、孑然无助的自杀者而言,生死就在一瞬间。遽然飞逝的生命,成为过早凋谢的花蕾,留下的仅仅是如流星般的划痕,对于芸芸众生而言只是转瞬即过的短暂记忆。但对于自杀者及他们的亲人而言,失去的却是整个世界。这种僭越了自然法则以极端方式结束自己生命的行为,不仅仅给亲人带来挥之不去的伤痛,更会使一个个家庭遭受毁灭性的打击,成为人类的悲剧。关注自杀问题、防范自杀问题,迫在眉睫,刻不容缓。

一、青少年自杀的主要成因

从近几年媒体报道的青少年自杀的情况看,每起自杀事件的原因各不相同,导致青少年自杀问题发生的原因复杂多样。既有个人的主客观原因,又有家庭的家教方式、方法失当;既有学校因素的教育引导失常,又有社会因素的不良影响。各种复杂成因叠加交织,导致青少年走上自杀的不归路。

(一) **个人因素:受挫无力,悲观失望**。人来到这个世界上,注定不是一帆风顺的,经历伤痛、挫折、坎坷、失败等现实困难在所难免。因个人的成长环境和生活经历不同,个体在面对困难挫折时也会表现出较大的差异性。在现实生活中,一些看似微不足道的现实问题,却会成为一些人难以逾越的沟坎,甚至成为走上自杀不归路的动因。

一是不堪重压。常言道"人无压力轻飘飘""有压力才有动力",殊不知当给予个体的压力超过他的承受能力极限的时候,就有可能导致"人仰马翻"的尴尬局面。当下,父母、老师无不把提高孩子的学习成绩作为第一要务,学习、作业、补课、预习……不停地加压加码,学习的任务之重,超乎人们的想象。而有些父母更是给孩子制定了向更高、更难奋进的目标计划,如:"班级前三名、年级前十名……"作为父母与老师深知孩子的不易,但在分数、排名面前无可奈何,选择非理性地给孩子加压、加码。当孩子不堪重负时,就有可能被压塌、压垮,以致悲剧发生。

二是遭遇挫折打击。青少年在成长道路上难免会遭遇到这样或那样的挫折、失败或打击。如遇到学习成绩下滑、交际困难、情感失意、校园欺凌、游戏沉迷等现实问题时,他们常常会陷于自设的壁垒中纠结徘徊,当一次次的努力尝试无法改变现状或无力解决问题时,就会进入到自我否定的怪圈,自我价值会因不断的自我否定受到了严重伤害,在无力、无助、无望、无奈的状态下,以自杀来逃避现实的意念便滋生蔓延。在南京市心理危机干预中心做的"生命态度问卷"调查中,46.36%的人承认自己在成长过程中因遭遇挫折而"曾经有过自杀的想法"[①]。

三是身体、心理病痛折磨。一方面是身患躯体疾病。由于长期受病痛的折磨,生活的勇气和自信会不同程度受到打击,当不堪忍受病痛折磨时,会选择轻生逃避现实。另一方面是心理问题淤积成疾。社会物质生活水平不断提高,但青少年的身心健康状况却令人担忧。青春期是青少年心理问题的高发期,由于心理相对脆弱,极易因受各种因素的影响和干扰产生心理失常行为。长期的心理失常会导致个体出现焦虑、抑郁等心理问题,在淤积沉淀下会发展成为严重的心理疾患,而严重的心理疾患是导致自杀的重大危险病症。受长期的身体和心理病痛折磨,导致个体产生"生而无趣"的失落感,为摆脱病痛折磨,便采取最极端的方式——自杀来逃避现实,为维护生命的尊严做最后的抗争。

四是脆弱敏感。对于脆弱敏感,网络有个流行语"玻璃心",专

---

① 张纯:《学生自杀事件的原因分析及应对策略》,《江苏教育》2018年第16期。

指心理素质差,受挫能力弱,心理像玻璃一样易碎,内心太过脆弱敏感,经不起批评或指责。这类人由于成长环境等原因,过度自尊、自恋,安全感和归属感缺失,极少甚至没有受到过较大的挫折打击,对自我价值的认同高度依赖于他人的评价和反应。有时一句不经意的无心之语,都可能导致他们激烈的反应,甚至受到伤害。一旦受到挫折或批评指责,容易情绪失控走向极端。

(二)**家庭因素:亲子疏离,家教失当**。家庭是孩子的第一所学校,父母是孩子的第一任老师。然而现实生活中,父母肩负着养家育儿的生活重担,不但要应对激烈市场竞争,还要积极适应快节奏的工作生活,为了生计而奔波。顾此失彼,父爱、母爱的缺失或缺位,导致"重生养,轻教育"现象在相当一部分家庭中客观而真实地存在。青少年的自杀意念往往是情绪冲动的表现,并且这种冲动可能与负性的教养方式联系更密切。

一是父母因精力不济无暇顾及孩子,导致亲子关系疏离问题突出。当父母忙完一天的工作拖着疲惫的身躯回到家中,还要打起百倍的精神照顾老人,陪伴孩子,进入家庭教育的"主战场"。此时的爱心、耐心与信心均受到不同程度的影响,甚至会因为孩子的种种问题而大动肝火,在无意间伤害了亲子关系,导致孩子怕父母,感受不到父母的关爱。由于儿童青少年正处于获得亲密感的关键时期,无法与同伴亲人建立良好的亲密感就容易出现人际关系压力,人际关系压力带来更严重的后果是产生自杀意念。消极、否定的家庭教养方式是孩子与父母之间形成关系压力的原因,家庭矛盾的增多以及过度干涉、否定会让孩子排斥家庭环境而导致归属感缺失,父母的拒绝否定会让孩子形成自我否认的认知模式。[1]

---

[1] 吴元贞等:《儿童青少年抑郁情绪及自杀意念与父母教养方式及压力性生活事件的关联研究》,《临床精神医学杂志》2024年第3期。

二是父母掌控执念过重,造成教育方法失当的问题突出。初为人父母,常常会滋生掌控孩子的执念,甚至把孩子视为自己的"私有物品"。在对孩子的教育中,缺乏对孩子个体的应有尊重,缺乏平等有效的沟通与交流。常常是以居高临下的方式,习惯使用父母的权威,以命令、强迫等方式,让孩子完全按自己的意念行事。教育孩子往往是温情沟通少,指责批评多。较少顾及孩子的内心真实感受,以致孩子对父母的教育方式、方法不认同,有些孩子索性表面敷衍内心逆反,甚至仇视自己的父母。当孩子在现实生活遇到问题,急需父母的安慰或帮助时,而父母却不问青红皂白粗暴指责批评,会让孩子瞬间感到失望、沮丧甚至绝望。情绪和抗争意识随着批评与指责被激化点燃,极易一时冲动而走向极端。

三是"隔代抚养"问题突出。近年来由于农村青壮年大量外出、夫妻离婚率上升、父母非正常死亡及其他原因,致使家庭的正常抚养链断裂,并出现了大量由第一代抚养第三代的"隔代抚养"家庭。在这类家庭中,虽然物质条件基本上能够满足正常需求,但由于父母长期不在身边,父爱、母爱长期缺失、缺位,造成孩子精神和心理关怀的缺失。孩子如"没人要"的孤儿一样,感受不到正常家庭带来的温暖关怀与爱护,自我价值不同程度受到伤害。爷爷、奶奶或外公、外婆往往只负责"养",而没有能力"管"与"教",造成正常家庭教育的断裂。有些孩子偏离正常的成长轨道,爷爷、奶奶或外公、外婆无力干预,只能任由孩子"自由"成长,导致孩子孤僻任性,一些坏习惯和问题也得不到及时有效的纠正。"隔代抚养"带来的一些负面因素,直接或间接地为自杀提供了动因。

(三)学校因素:缺乏关爱,引导不力。 学校是青少年接受教育和影响的主阵地,学校老师是教书育人的主体主导者,在学生们的心目中有着至高无上和无可替代的地位和影响力,学校教书育人的导向和学校老师的言行均会对学生产生不容忽视的影响。

一是教育的主导思想偏离。当前,素质教育已经全面推行,但应试教育的负面影响却不同程度地影响着学校的办学治校方向。激烈的竞争机制使得学校和老师不得不把分数、排名、高考、名校这一系列的关键词作为学校和老师追求的终极目标。为了业绩、排名、奖励,学校和老师把主要精力放在学生成绩的提升上,对于学生正常的兴趣爱好、价值取向、生理和心理健康需求放在次要位置,甚至漠然视之。这种不顾一切的奔赴,势必造成教书育人主导思想的偏离。为追求升学率,教师与学生成了追求高分的机器,一味地加压、加码给学生带来巨大的精神压力和负担,不堪压力与重负的学生发生极端行为甚至自杀也就越来越多。

二是生命教育缺失。我国在中小学中开展生命教育起步相对较晚,《国家中长期教育改革和发展规划纲要(2010—2020年)》要求学校要进行生命教育。在2021年的全国两会上,全国政协常委、副秘书长,民进中央副主席朱永新在《关于在中小学系统开展生命教育的提案》中指出:"当前生命教育定位不明,课程量设置不足;生命教育内容碎片化,不能涵盖全部学段,无法满足学生生命发展的需要;生命教育的资源不足,学校、家庭和社会整合不够;生命教育教学模式固化,教学水平落后,生命教育教师培训不足。"当前,生命教育正在被重视和落实,但系统性、全面性、针对性、实效性还有较大的提升空间,关于认识生命、珍惜生命、尊重生命、热爱生命的教育引导现实而急迫。

三是个别教师言行失当。学校教师在校园有着绝对的话语权,其一言一行均会对学生产生不可估量的深远影响。教师在校园与学生的相处中,对学生不能一视同仁虽属个别现象,但直接或间接带给学生的伤害和打击不容忽视。一些教师对学习成绩优秀或有"关系"的学生,会不由自主地"高看一眼",在态度上也多会

"温柔以待"。而对学习成绩差、表现不佳或自己不喜欢的学生,往往是漠然视之"冷若冰霜",有时甚至刻意批评指责和打击。教师以批评的方式教育学生,帮助学生纠正错误无可厚非。但是,这种在态度上、行为上、语言上的"差别"对待,尤其是一些过度或不当的言行,不仅会挫伤学生的积极性和自信心,还会给学生心理上造成伤害,甚至会引发学生的自伤、自残、自杀的极端行为。

(四) 社会因素:不良文化,消极影响。随着改革开放的不断深入,一些与我国传统文化和社会主义核心价值观格格不入的不良文化、价值观念、生命认识等消极负面的毒素无孔不入地充斥在社会的方方面面。处于成长期的青少年,由于分辨能力相对较弱,容易被影响和误导。

一是个人价值认知的矛盾冲突。近年来,社会上的文盲大亨、一夜成名的网红明星、辍学发财的老板商贩等不靠学习而获得"成功"的人物被热捧。一些媒体将明星大腕塑造成"天赋异禀,不用学习"的典型,有些家长也津津乐道于"知识桎梏想象,闯荡加速成长,成功与学历无关"等"典型"事例。"学习无用"的思潮不同程度地冲击影响着在校苦读的青少年。既然学习不是走向成功的唯一途径,为什么还要再背负沉重学习任务努力学习呢? 这些错误的认知,让青少年对个人价值的认识、学习的重要性产生怀疑、迷茫和困惑。"努力学习"与"学习无用"矛盾冲突为厌学、厌世埋下动因。

二是社会环境不良影响。2023 年 6 月 29 日,江苏苏州吴中区木渎镇一男子因家庭琐事站在商场楼顶徘徊欲轻生。众多围观者只是见怪不怪地围观拍照,其中有一个路人不仅未劝阻,还起哄喊"不跳不是人"。这些人对生命的漠视让这一男子陷入更深的绝望,最终跳楼身亡。这种不尊重生命、漠视生命的事件,还在一幕幕上演,被宣传渲染,被歪曲报道,被当成娱乐事件津津乐道。诸如此类的社会问题和为吸引眼球被恶意炒作的负面新闻,带给青少年的影响恶劣而深远。他们会因这些不良影响而改变对生命的认识和尊重,成为新一代漠视生命的围观者,甚至遇到问题效仿自杀者一死了之。

三是网络世界的诱惑引导。随着网络的兴起和智能手机的普及,人们获取信息的渠道也发生了革命性的变化,智能手机作为网络的终端已经成为人们工作生活离不开的重要工具。然而,一些网络上流行的非主流价值观、消极言论和充满血腥暴力漠视生命的游戏不同程度地冲击影响着青少年的信仰、行为和社会态度。学校教师和父母难以有效控制和引导青少年网络社交行为,自杀现象在网络媒体上的过度报道对青少年的影响直接,青少年由于网络游戏和社交导致的自杀悲剧也不断上演。

二、青少年自杀的行为特征

青少年的自杀行为多非偶然,既有其内在的特殊动因,又有外在的征兆表现。一起自杀行为,从意念产生到自杀的实施,通常经历"有想法、有讲法、有做法"的三个阶段。在这三个阶段中,自杀者的内心会有一段时间的痛苦、纠结、徘徊过程。因个体与遇到的现实问题不同,表现出的自杀征兆各异。

(一) **纠结反刍**。在日常生活中,当遭遇挫折打击,如考试失败、社交困难、情感失意、重大过错等负性生活事件之后,一些人常常陷于纠结自责之中,久久不能摆脱事件的影响。会不断地想"为什么这种事情会发生在我身上",或者不停感慨"实在不应该""我很无辜、绝望",类似的想法在脑海中反复盘旋,挥之不去。此现象在心理学中称为反刍思维[①]。反刍思维通常被定义为对负性事件

---

① 王妍:《反刍思维:类型、理论解释与展望》,《社会心理科学》2015年第10期。

和它背后的意义、原因、后果的反复思考。人在思维方式上,与动物的反刍咀嚼类似,有些人因经历负性事件影响重大,纠结其间不能释怀。不断在自我斗争、自我惩罚,感觉自己没用,大部分的时间都在后悔、懊恼,不停地回顾所经历的负性事件的原因和结果,负性事件及其对自己的消极影响在心目中、脑海里循环往复难以自拔。这种思维方式会导致个体过度关注自身的消极情绪及相应事件,从而深陷精神内耗的漩涡中,不仅会消耗个体的能量影响个人的情绪,还直接影响伤害自我价值、自信心,透支心力,导致心理和精神被负面情绪所控制。

(二) **言行异常**。自杀者在实施自杀前,对外界往往采取封闭的态度,自杀准备常常是在秘密状态下悄悄完成的。他们不愿向父母、教师和同学坦露心迹,担心动摇自己的决心。有时为遮人耳目,甚至故意做出一些平静如常的举动,以迷惑周围的人。其反常举动一般都是瞬间的、若明若暗的,粗看正常,细看反常。自杀行为虽然有较大的隐蔽性,但自杀者内心斗争激烈,艰难选择与痛苦徘徊过程,又必然显露出一定的迹象。往往表面看似平静如常,实则外在表现通常会有细微的征兆可察、端倪可寻。在言语上,突然间唉声叹气,流露出"活着没意思""没有我你们会更好""活着就是累赘""真的累了""没有人可以帮我"等之类的反常语言,就有可能是自杀的先期征兆。在行为上,有条理地安排后事、将自己的贵重东西送人、饭量突然大减或食欲不振、无端出现彻夜难眠、暗自垂泪、抽闷烟、喝闷酒、写日记、留遗言、焚烧书信、处理钱物等异常行为,均可能是自杀前的异常表现。言行异常用四句话总结归纳:遇到大事受打击,异常道别似木鸡。精心洗漱理物品,欲言又止还东西。

(三) **脆弱敏感**。大凡自杀者,一般情感都较脆弱,心理承受能力差。由于长期生活在顺境中,较少经历较大挫折与失败的历练,经不起较大困难的考验与挫折的打击,情绪波折起伏变化落差大。同样一件不如人意的事情,对普通人而言,短时间纠结沮丧很快便能自我平复和释怀。而对于脆弱敏感心理承受能力差的人而言,就是天大的事,疑虑重重,忧心忡忡,情绪一落千丈。同时会产生较强烈的适应性障碍,反应强烈难以接受。特别当期望的事情化为泡影,或者受到挫折打击和失败,并且得不到他人的同情、安慰、劝解和帮助时,则容易情绪失控萌发自杀念头。

(四) 精神萎靡。受到挫折打击或经历失败,正常的人通常会有一蹶不振和精神状态不佳的表现,这属于正常反应。而因遭受挫折打击或经历失败后,长时间处于精神萎靡不振,甚至出现神情呆滞、精神错乱、表情麻木、眼神空洞、精力涣散,甚至流露出万念俱灰无助或绝望的神情,表露出对任何事物均提不起兴趣,不再在意过往关注的得失成败,这种精神状态则是较为严重的创伤后应激反应。这是一种自我价值、生命价值受到严重伤害的自然表现,他们因受到严重伤害而质疑生命的价值和存在的意义,失去了生活下去的动力和希望,进而以极端方式结束自己的生命。

(五) 心理失常。人们常常用"神经病""精神病""神经症"来形容心理失常者,它是一种因心理问题而导致的异常行为。心理失常分严重心理失常和轻微心理失常。严重心理失常是指行为人对自己做出的事与所想的事不受大脑控制,影响适应社会生活以及认识事物的能力。轻微的心理失常则是行为人能清楚地感觉到自己心理的不正常,行为能力大多能够自我控制。比较常见的心理失常是在感知过程中有错觉和幻觉,在记忆过程中有遗忘症,在思维过程中有妄想和某些语言、逻辑的障碍;在生活中常表现出焦虑、抑郁、恐惧等较严重的病态行为。上海长征医院心理科副教授、副主任医师潘霄认为,青少年因心理失常问题在做出极端行为前,通常经过情绪低落期、求援窗口期、绝望期和绝望之后的实施期四个阶段。青少年自杀前的心理失常行为通常有以下几种外在表现。一是抑郁表现。出现情绪低落、思维迟缓、行为减少；二是突然变化。本来内向或外向，性格突然转变；三是突然离家出走，不告而别；四是有自伤、自残行为，比如用刀划自己手臂，拿头撞墙等表现；五是突然无端出现不舒服。尤其是内向敏感型青少年，不愿意沟通，潜意识压抑负能量导致头疼等身体不舒服；六是厌学，不做作业，成绩快速下降。如果同时具备多种以上表现，则表明青少年已患有严重的心理健康问题，极易走上轻生之路。

（六）情绪失控。情绪失控就是个体受到较为严重的刺激后，情绪不受控制的一种表现。由于受生活环境、家庭教育、遗传基因等方面的影响，一些人情绪容易失控、激动、暴躁、焦急、易怒。尤其是在受到较大的精神压力或经历挫折失败等外界因素刺激时，个体会表现出呼吸急促、心跳加快、面红耳赤、躁动不安、失声痛哭、大喊大叫等超乎寻常的外在表现。情绪失控常常导致失去理智、冲动、不计后果自伤、自残和自杀等极端行为。

三、青少年自杀的防范对策

禁于未萌，止于未发谓之防，凡事预则立，不预则废。家庭、学校与社会各司其职高度关注积极作为，是有效防范青少年自杀的前提和基础。作为父母更应增强防范青少年自杀的危机意识，下好抓早抓小的"先手棋"，打好防微杜渐的"主动仗"。做到有问题早发现、早干预、早处置，搞好预防预测，料事在先，打好提前量，才能有的放矢，有效防范。

（一）加强生命教育，打牢思想基础。生命教育，是直面生命和人的生死问题的教育，是一切教育的前提，同时也是教育的最高追求。生命教育在于使人们学会尊重生命、理解生命的意义以及生命与自然的关系，学会积极地生存、健康地生活与独立地展现生命价值，达到自我实现及关怀他人的目标。未成年人作为家庭的希望、社会主义事业未来的建设者和接班人，其生命安全不仅寄托着父母的期望，更是关乎国家前途和民族命运。加强对未成年人的生命教育，不仅可以避免未成年人伤害他人或自身行为的发生，而且可以帮助未成年人树立科学的生命观，引导他们认识生命、珍惜生命、尊重生命、热爱生命。家庭、学校与社会各自担负着不同环境下的生命教育任务，作为父母，给孩子上好生命教育的"第一课"责无旁贷。

一是在交流中认识领会。现实生活中，一些父母无视或漠视孩子对生命的认识和探索，甚至对孩子认识和探索生命的行为刻意回避和搪塞。比如："我从哪儿来？"这就是每个孩子对生命认识与探索的起步。而一些父母往往是刻意回避，对此类的问题讳莫如深。用"你是捡来的""地里刨出来的""长大了就明白了"等话语搪塞孩子，让孩子更加迷茫困惑和不解，以致孩子对生命的探索和认识受挫。父母在与孩子的共同生活中，应积极帮助孩子客观认识生命，领悟生命孕育的艰辛与不易、十月怀胎与一朝分娩的痛苦，正确引导回应孩子对生命的认识与探索，从小就让孩子认识生命的不易与珍贵。

二是生活中引导启发。生活中，父母善于通过个人的切身体会与感悟，亲人、朋友及身边人的成长经历和故事，把"人为什么活着"这个问题给孩子讲清楚。比如，用类似尼克·胡哲的故事正面激励。1982年12月4日，胡哲出生于澳大利亚墨尔本。他天生没有四肢，只有左侧臀部以下的位置有一个带着两个脚指头的小"脚"。尽管身体残疾，但父母并没有放弃对他的教育。胡哲的父亲是一名工程师、母亲是一名护士。在他六岁时，父亲教他如何用身体仅有的"小鸡脚"打字。而母亲则为他特制了一个塑料装置，好让他学会"握笔"写字。八岁时，胡哲的父母把他送入小学。因身体残疾,胡哲饱受同学的嘲笑和欺侮。十岁时,他曾试图在家中的浴缸溺死自己,但没能成功。在胡哲19岁的时候,他打电话给学校,推销自己的演讲。被拒绝52次之后,他获得了一个5分钟的演讲机会和50美元的薪水,开始演讲生涯。2003年,胡哲大学毕业,并获得会计与财务规划双学士学位。2005年,出版DVD《生命更大的目标》。同年,胡哲被提名为"澳大利亚年度青年"。2008年,胡哲担任国际公益组织"Life Without Limbs(没有四肢的生命)"总裁及首席执行官,同年出版DVD《我和世界不一样》。2009年,出版DVD《神采飞扬》。在2008—2009年间,胡哲两次来到中国演讲,在清华大学、首都师范大学和复旦大学举行演讲。2010年,出版自传式书籍《人生不设限》。胡哲的成功源于对生命的热爱,父母应善于用此类的正面事例,引导孩子认识生命的价值和意义,让生命之重和生命无价认识入脑入心,从内心深处尊重生命、热爱生命、珍视生命。及时纠正对生命价值和意义的错误认识和片面理解,摒弃"生而卑微,命有贵贱"的错误思想,自觉端正对待生命的态度。

三是在实践中体会感悟。实践是最直接有效的教育,父母应更多地给孩子创造关爱生命教育的实践机会。通过实地参观一些生命教育场馆、参加关于生命教育的主题研学、进行针对性的劳动锻炼、参与关于关爱生命的教育讲座等实践活动,让孩子在实践中拉近生命至上理论与现实的距离,进一步体会生命价值,感悟"人怎么活着才有意义",思索成为"我自己"和实现"我之为我"生命价值的重要性。自觉尊重生命、热爱生命、珍视生命,展现自己生命的亮丽,为社会、为人类焕发出自己独有的生命光彩。

(二)加强心理疏导,预防心理疾患。青少年自杀问题成因复杂多样,因不良心理问题淤积成疾,已经成为青少年自杀的重要原因。社会的高速发展,对青少年的成长进步提出了更高更强的现实要求。青少年面对激烈的竞争，背负着来自各方面的沉重压力，极易产生心理问题，这些心理问题有些相对较轻的，可以通过自身的防御机制，自我疏导克服解决。而有些心理问题，因个体的防御机能差异，个体无力解决时，就有可能淤积成疾，当得不到及时有效的干预时，就有可能导致自杀行为的发生。作为父母，应积极发挥家庭教育的重要作用，高度关注孩子的心理健康问题，力所能及地给孩子提供心理上的指导、支持与帮助。

一是学习认识心理问题。父母在家庭教育中，应重视心理知识的传授。一方面，把自己掌握的心理知识在与孩子的共同生活中，通过沟通交流、示范引导、指导帮助等方式，向孩子普及心理学的一些基本的常识，让孩子了解认识心理常识，自觉增强心理健康意识。另一方面，父母与孩子一起学习心理知识。毕竟有些父母对心理知识的理解掌握有限，为帮助孩子掌握一些必要的心理知识，父母应放下身段，与孩子一起当心理知识学习的"小学生"。通过读书、听讲座、学习讨论等方式，与孩子一起学习提高，在与孩子的共同学习中，帮助孩子正确认识心理问题，自觉增强心理防范意识。

二是掌握心理调节方法。父母通过与孩子共同学习、示范引导和耐心的传、帮、带，帮助孩子掌握一些简单实用和易于操作的自我心理疏导减压方法。倾诉交流法：找一个可信赖的朋友、家人或心理咨询师，将自己的感受和想法说出来，通过言语表达来减轻心理压力；转移注意法：通过参加体育运动、看电影、参加户外活动等方式转移注意力释放压力；身心放松法：通过深呼吸、听音乐、静坐、肌肉放松等方式缓解情绪释放压力；自我暗示法：如果发现自己出现焦虑、易怒、抑郁等心理问题时，可以给予自己积极的心理暗示，也可以选择做让自己开心的事，使自己心情舒畅；哭泣减压法：在适当的时候和环境下，允许自己哭泣，这是一种自然而直接的情绪释放方式;适度宣泄法:找到自己合适的直接或间接宣泄方式,如:用呼喊、运动、大吃、打击假人等方式适度宣泄不良情绪,放松心情。

三是提升自我心理疏导能力。生活中,父母应充分利用各种时机,针对孩子受挫能力弱、情绪不稳定、心理脆弱、易受伤害等实际情况,有意进行心理问题的适应性训练与实践。首先,通过父母经历体会与身边人应对心理问题的成功案例分享,引导孩子客观认识心理问题,正确应对心理问题。其次,通过有意设置心理问题应对话题,与孩子探讨遇到心理问题时的应对方法,让应对方法、对策、预案在探索中确立,在讨论中深化,在不断的学习中入脑、入心。再次,利用合适的场景,针对孩子受挫能力弱、心理脆弱、易受伤害等实际问题,进行必要抗挫折能力训练和面对心理问题的适应性训练和实践,通过训练和实践增强心理承受能力,提升应对心理问题和自我疏导减压的能力,学会及时适当宣泄不良情绪,调节心理压力。

(三) 提升干预能力,消灭隐患苗头。人的生命是极端脆弱的。对于那些徘徊在生死边缘、孑然无助的自杀者而言,生死就在于一瞬间。他们在自杀前往往呈现出痛苦纠结、彷徨无助、犹豫不定的痛苦表现,作为父母此时若能及时发现,果断干预,给予温暖与关怀、支持与帮助,或许就能让自杀者重新燃起生的希望。

一是善于从异常中发现端倪。事物的发展变化通常会经历从量变到质变的发展变化过程,自杀问题也少有例外。一般的自杀行为发生前,从自杀的动机产生后,到自杀行为的实施,往往都要经历一个激烈的矛盾冲突过程,发生从量变到质变并向外界发出暗示和信号,表现出异常的言行征兆。父母在与孩子的共同生活中,多用爱心、耐心、细心进行亲子互动、沟通交流、关心关注,注重拓宽发现问题的渠道,掌握发现问题的方法,提升发现问题的能力。通过看、听、问、谈、想及时发现问题。看：观察平常表现，做到见微知著一叶知秋，于大同处见不同，细微处见异常。一个正常的人突然神情恍惚、寝食难安、焦躁不已，则他肯定是遇到了问题；听：听声音、听言谈、听议论、听异常声音。平时孩子声若洪钟，而今天却少气无力，懒得说话，可能受到刺激导致情绪波动。问：多问老师与同学，在多问中了解掌握孩子的真实表现；谈：多与孩子谈心沟通交流，在谈心中促感情，在谈心中知问题；想：对一些异常现象想一想，弄清异常原因。

二是能正确应对。父母发现孩子的表现异常，或有强烈的自杀意念和明显的自杀征兆时，切忌大惊失色不知所措。应保持足够的冷静与克制，竭尽所能按下自杀行为的"暂停键"，避免激化矛盾，让事情朝不利的方面发展。按"保持冷静耐心听，情感互动知病情，心理抚慰快跟上，稳定情绪细纠正"的方法步骤慎重处理。第一步是保持冷静耐心听。保持足够的冷静和耐心，打开孩子的心扉，认真听其倾诉。第二步是情感互动知病情。通过深入细致有效的沟通交流，切实了解掌握孩子遇到的现实问题。第三步是心理抚慰快跟上。及时给孩子以心理安慰、安抚，平复孩子的情绪。第四步是稳定情绪细纠正。通过心理安慰、安抚把孩子的情绪稳定下来后，根据孩子遇到的实际问题，给孩子提供支持与帮助。必要时请专业机构帮助支持，解决问题。

三是防住重要关口。自杀问题的发生，通常会呈现一定的规律性。防范自杀问题应掌握这些特殊的规律，重点时机重点防，关键问题关键抓。首先，抓住防范重点问题。心理问题和身体病痛是导致自杀问题发生的重要原因，因此父母在平时要高度关心、关注，及时疏导、解难、帮困，防止心理问题和身体疾患不受控制，发生极端问题。在防范关键时机上。遇到困难和挫折、遭受打击和失败往往会成为青少年过不去的坎。对孩子有可能遇到的重大困难挫折，即将面对的打击和失败，父母应给孩子减压、减负，让孩子有心理准备。在遭受打击和失败后，及时关心、支持、帮助，平复受挫后的情绪，帮助孩子接受现实，重塑信心和希望。其次，抓住防范重点时段。青少年自杀问题往往发生在开学之初、期中考试前后和学期之末。因为开学之初是学生即将开启不愿面对的沉重学习模式之时；期中考试前后和学期末是考试、排名等关乎学生"脸面"的问题的重要时机，对学生而言是一道道心理沟坎。此时，父母应做好帮助孩子卸包袱的工作，耐心疏导，积极鼓励，让孩子勇敢面对。

自杀问题事关青少年的生命安全、事关千百万家庭的幸福希望、事关国家社会的建设发展，是"人命关天"的大事。青少年在走向自杀的十字路口，有迷茫、有徘徊、有犹豫、有呼救，父母、教师和社会大众应高度关心、关注、关爱青少年的生命安全问题，强化使命感、责任感、紧迫感和危机感，及时伸出援手，帮助青少年系牢生命纽带，避免悲剧发生。

第三节　保护人身安全

近年来,随着社会的快速发展,人们的生活水平在不断提升的同时,也面临着前所未有的各种风险因素的侵袭与挑战。自然灾害、公共安全、交通安全、食品安全、网络安全等危及人们生命的安全问题多发频发,尤其是对中小学生的危害侵袭防不胜防。据统计,我国每年约有 1.6 万名中小学生非正常死亡,平均每天约有 40 名学生死于食物中毒、溺水、交通安全等事故。[①] 屡屡发生的各种各样的安全问题,给孩子、家庭、学校、社会造成了无法弥补的损失,让一个个家庭陷入痛苦的深渊。频发的伤亡事故,给我们敲响了警钟,提升未成年人守护安全的能力,以应对危害因素的侵袭刻不容缓。

一、安全问题发生的主要原因

当下,人们的生活环境日益复杂,各种风险和安全隐患也日益增多,潜在和显性的各类风险与灾难不但会威胁到人们的生命安全,还会导致社会稳定受到影响和冲击。造成安全问题发生的原因多种多样,既有自然环境、社会环境、生活环境等外部因素,也有家庭和个人的内在原因。

(一)风险因素增多。我们生活在高速发展的新时代,在享受

---

① 周文静:《珍爱生命,做自己的安全指挥官》,《湘潭日报》2021 年 8 月 19 日。

社会高速发展带来的一系列便利的同时,也承受着因社会高速发展而带来的负面影响。环境恶化、空气污染、环境安全等问题接踵而来,车、水、电、火、毒、网等与人们密不可分的环境条件正在发生着日新月异的变化,在便利人们生活的同时,其带来的风险因素也不同程度地影响着人们的各种安全。车,日益增长的车辆与不断拓宽的马路,都改变不了交通安全隐患的飙升。驾车者与乘车者自上车起就等于签订了"生死契约",斑马线无异于"生死线",一个个玩着手机不看路的"低头族"成了道路交通安全的"高危族";水,水火无情,每年的溺水事故防不胜防,占未成年人非正常死亡之首;电,用电安全应人人皆知,因电导致的安全问题却频繁发生。电是老虎,稍有不慎便会起火或触电身亡。虽然各种安全措施不断发明,极大降低了因电导致的伤亡率,但电的隐患却始终存在;火,一旦发生火灾,不但会殃及池鱼,还会发生重大集体死伤事故。古今中外,皆重视火灾的治理,然隐患常在,火灾频发,成了人们挥之不去的魔咒;毒,用来治病灭害,却屡屡被使用不当、保管不力伤人害人,屡禁不止;网,因其便捷高效的特点,快速发展成了人们离不开的重要工具。但其泛滥成灾的有害信息、无处不在的网络陷阱,让人谈及色变,其安全状况令人担忧。这些风险因素与时代的发展共生共存,对人们的安全影响直接深远,尤其是对未成年人的现实影响和危害,有时竟成为不能承受的生命之痛。

(二)家庭监管不力。当下,家庭对孩子的监管呈现两个极端现象。一个极端是行为监管过度。从家门到校门都有家长陪同,甚至到了高中或大学也由家长一路"护送"。本该孩子独立完成的事,父母全部"包办",导致孩子过分依赖父母家人,遇到问题根本不知如何应对。另一个极端是无暇顾及或不管不问。父母因工作之故无暇顾及孩子的现象在城市属个别现象,而在农村却较为普遍。当下的农村,一些年轻的父母为了生计进城打工,留下年幼的孩子让老人照顾，老人由于年龄、身体等诸多方面的原因，对孩子的监管力不从心，导致孩子被"自由放养"，极易因监管不力而发生安全问题。

（三）**安全教育缺失**。对中小学生的安全教育，家庭、学校和社会均有不同的职责分工。而现实生活中，却因种种原因作用发挥不明显，安全教育缺乏针对性和实效性的现象突出。在家庭教育中，父母不懂不会和无暇顾及的现象突出。一些父母往往是把孩子应该面对的安全问题一揽子"包干"或"替代"，以全程看护、过度保护的形式确保其安全。事实上，这种重保护、轻教育的安全教育模式恰恰适得其反，导致孩子在遇到困难和挫折时不会灵活应对和处理，孩子的安全意识与自我保护能力不升反降。还有一些父母由于自己不懂不会，一些应对安全问题应知应会的常识、方法、经验，无法传授给孩子，对孩子的安全教育只停留在"注意安全"的提醒上。一些隔代抚养家庭，老年人只能给予孩子生活上的照顾，安全教育基本上是不落实。在学校安全教育中，形式单一、内容空洞、针对性和实效性不强的问题突出。不容否认，学校比较重视对学生的安全教育，从小学开始就针对青少年开展安全教育且从不间断。由于教育针对性和时效性的缺失，操作性不强和系统性不够等问题突出，导致学生无法共鸣、听不进去，安全教育成了每学期"例行公事"式的空洞说教，而中小学生自我保护意识也长期处于缺位状态。在社会的教育引导上，重视不够宣传力度欠缺的问题明显。社会的教育监管作用发挥不够明显，充分创造全社会共同关爱中小学生生命安全的氛围，和利用各种资源、媒体进行正面教育宣传的力度不够，社会的教育功能尚有较大的提升空间。

（四）**应对能力较弱**。在现实生活中，遇到一些突发性的灾害时，如地震、火灾、踩踏等突发事件，本该正确面对果断处理，将灾害降到最低,甚至可以避免灾害带来的伤害。而由于个人缺乏应对灾害的能力和不当应对,不该发生的悲惨却发生了。现实生活中,由于孩子缺乏安全常识、缺乏应对经验、缺乏信心勇气、缺乏过硬素质导致应对安全问题的能力相对较弱,以致本可避免的悲剧上演。一是缺乏安全常识。由于家庭教育和学校教育中,对安全常识的普及力度不够,加上孩子平时不注重对安全常识的学习,导致面对事故等突发事件时,不知如何应对。二是缺乏应对经验。平时对待发生在身边的安全问题不重视,总觉得离自己较远,与己无关,不吸取经验教训。尤其在平时组织的应对安全问题的预演中,不认真、当儿戏,导致一旦发生了安全问题就茫然失措。三是缺乏信心勇气。由于平时就胆小怯懦缺乏足够的自信心和勇气,遇到突发事件,就胆战心惊畏惧不前,坐失应对安全问题的良机。四是缺乏过硬素质。良好的身体和心理素质是应对安全问题的必备条件,而有些孩子平时不注重身体的锻炼,身体素质差、心理脆弱,以致在"关键时刻"无力应对。

二、安全问题呈现的突出特点

中小学生安全问题多发频发,呈现出一定的规律性和显著的特征。在时间上、类型上、群体上、趋向上和公共安全问题上都有不同的表现和侧重。

(一)节假时段集中高发。节假日历来是安全事故高发期,社会环境因素复杂、人员流动大、户外活动多,交通安全、食品安全、消防安全、环境安全等隐患苗头密集呈现,容易发生安全问题。大数据显示,大多数的重大安全问题均发生在节假日,涉及中小学生安全问题有近半数发生在节假日。中小学生放假走出校园,放飞心情,"补偿性""预支式"的身心放松休息意愿强烈,容易麻痹大意、家庭失管、行为失控,导致安全问题的发生。一是麻痹大意。

在节假日，无论是父母家人，还是中小学生，都容易因受节假日的影响滋生麻痹懈怠心理，放松、休息、活动、团聚成为生活的主题，而必要的安全意识往往被冲淡，甚至抛之脑后。二是家庭失管。处在节假日期间的孩子，管理的主体是父母或监护人，而父母对节假日期间孩子的管理，也趋于松散。在管理孩子的过程中，有一种"让孩子放松一下"的心理。父母与监护人的放松要求与管理，给了孩子较大的"自由空间"和自由支配的时间。一些家长因工作忙碌或外出旅游等原因，无法做到对孩子的全天候监护。当孩子的这种"自由"不受控制时，就容易发生对安全问题的"越界"行为，导致安全问题的发生。三是行为失控。节假日期间，中小学生容易因父母及监护人管理放松，而对自己一些不良行为肆意放纵。比如，平时不能玩的手机可以尽情玩了，平时父母不让碰的网络游戏也在假期不设防，平时不让去的不安全因素较多的场所也被统统开了绿灯，而孩子自律意识和自我保护能力相对较弱，一玩起来就容易行为失控，导致安全问题的发生。

（二）溺水与交通安全问题居高不下。在我国，溺水、道路交通伤害、跌落、中毒等是构成青少年伤害的常见类型。据有关部门统计，当前中小学生发生安全问题主要以溺水和交通事故为主，两类事故发生数量占全年各类事故总数的50.89%，造成的中小学生死亡人数超过了全年事故死亡总人数的60%[①]。溺水与交通事故成了0—14岁非正常死亡的第一和第二号杀手，溺水死亡居第一，交通事故居第二。关于溺水，人民网舆情数据中心发布《2022中国青少年防溺水大数据报告》，数据显示，我国每年约有5.9万人死于溺水，其中未成年人占据95%以上，溺水已成为近年来青少年意外伤害致死事故的"头号杀手"。溺水事件中，溺亡率高达

---

① 教育部：《2006年全国中小学安全形势分析报告》。

89%。乡村是溺水事件的高发场合,留守青少年是高发人群。从性别来看,超八成溺水青少年为男性。正因为防溺水是人命关天的大事,联合国大会于2021年通过决议,将每年的7月25日定为世界预防溺水日①。关于交通安全,道路交通伤害是我国14岁以下儿童的"第二杀手"。2018年5月30日至6月1日,"儿童与道路交通安全"研讨会在中国人民大学公共传播研究所召开。来自中国疾控中心的统计数据显示,道路交通伤害是我国15—44岁人群第一死因,是1—14岁人群的第二位死因。在该会议上,世界卫生组织(WHO)驻华代表方丹分享了WHO的一组数据:"从全世界范围看,每年有18.6万儿童死于交通事故,其中发展中国家是发达国家死亡人数的三倍。"公安部交通管理科学研究所的副研究员高岩分享了国内儿童交通事故现状的数据:"近10年,全国儿童(0—15岁)因交通事故死亡3.2万人,占全国死亡总数的5.2%;另有14.2万名儿童受伤,占受伤总数的6.1%。也就是说,每20个交通事故死者中就有1名儿童。此外,在出行方式的分析中,乘车成为儿童交通事故伤害死亡总数中占比最高的出行方式,且乘坐机动车的儿童成员死亡数是非机动车的3.2倍。"②

(三)农村与低年级的中小学生居多。在安全问题发生的群体上,农村与低年级的中小学生居多是普遍现象。农村的中小学生发生安全问题的几率,远远高于城市中小学生。根据中华人民共和国教育部官网提供的数据显示,从全国各地上报的各类中小学校园安全事故中,27.68%发生在城市,72.32%发生在农村。农村中小学的安全事故发生数、死亡人数和受伤人数都明显高于城市,分别是城市的2.9倍、3.9倍和4.2倍。农村中小学安全事故

---

① 人民网舆情数据中心:《2022中国青少年防溺水大数据报告》。
② 《近十年3.2万儿童死于交通事故,专家:应加快安全座椅立法》(2018年6月1日),环球网,https://china.huanqiu.com/article/9CaKrnK8Xof。

发生的主要原因是办学条件差、基础设施不完备,学校食堂、饮用水、厕所、宿舍等生活与卫生基础设施条件简陋,存在很多卫生安全隐患。另外,师生安全意识淡薄、安全教育滞后、学校安全管理存在明显漏洞也是导致事故发生的重要原因。相对于高年级的中小学生,低年级学生更容易发生安全事故。从教育部官网提供的数据看,全国各地上报的各类中小学校园安全事故中,43.75%发生在小学,34.82%发生在初中,9.82%发生在高中。小学、初中、高中事故发生数比为4.5∶3.6∶1,死亡人数比为6.6∶4.8∶1,受伤人数比为7.4∶4.7∶1[①]。相对于高年级学生,低年级学生的生活经验和安全知识都比较欠缺,安全意识相对淡薄,自我防护能力也比较弱,这是导致低年级学生安全事故多发的主要原因。

(四)新型安全问题突出。随着社会的发展进步,一些新型的危害青少年安全的因素和方式也相伴而生。网络的负面影响突出。随着网络的高速发展,作为网络终端的智能手机和平板电脑被迅速普及,在方便人们的同时,其负面的影响也日益凸显。尤其是一些有害的网络信息、网络陷阱、网络游戏,常常让一些中小学生身陷其间不能自拔,甚至走上违法犯罪道路。因不良信息的诱导、网络诈骗、网络游戏等涉网问题而走上违法犯罪道路的青少年正在逐年增多,这成为一种侵害青少年安全的新趋向。高新技术成了侵害工具。一些犯罪团伙,紧跟时代步伐,利用高新技术实施犯罪,并且针对未成年人思想和心理不成熟、分辨能力弱的特点,把未成年人作为主要侵害目标,利用声音合成、AI换脸等技术,伪造身份,针对青少年进行诈骗侵害。例如,浙江绍兴上虞区警方破获的案件中,犯罪嫌疑人利用AI技术制作虚假视频、散布谣言,在

---

① 教育部:《2006年全国中小学安全形势分析报告》。

网上发布未经核实的虚假视频共 3 000 多条,致使不少青少年上当受骗。侵害手段花样翻新,防不胜防。近期,在网络上流行一种专门针对青少年的新型犯罪方式。视频中一个犯罪分子,假装问路,让涉事不深的学生看手中的书本,在不知不觉中闻书本上的"迷药",以达到对学生人身控制的目的,幸好被好心的路人发现,及时制止,犯罪分子才未得逞慌忙逃窜。诸如此类的犯罪花样层出不穷,让涉世未深的青少年防不胜防,一不留神就有可能受到不法侵害,后果难料。

三、安全问题防范的基本对策

未成年人的安全危害正在引起全社会的关心、关注,已经成为一个重大的社会问题,对未成年人的安全守护、提升孩子守护安全的能力不仅仅是学校的义务,更是父母的责任。强化安全意识、学习安全常识、进行安全训练是有效预防和应对安全问题的关键。

(一)强化安全意识。安全意识是指通过感性认识和理性认识的结合,对客观的外在事物进行安全状态评判后,为了保障自身和他人生命财产安全而保持的一种戒备和警觉的心理状态。现实中,缺乏必要的安全意识是发生事故的罪魁祸首。近年来,交通安全事故、溺水事故、饮食安全事故、火灾事故、用电事故等频发,这些事故发生的原因多样,其中个人的安全意识不强是一个最重要的原因。因此,强化青少年的安全意识是一个急迫而现实的问题。学校每年都会对学生进行强化安全意识教育,作为父母应充分发挥家庭教育第二课堂的作用,在学校对孩子进行安全教育的基础上,进一步教育孩子认识安全的重要性,强化孩子的安全意识。法国的教育家让·雅克·卢梭主张教育要"回归自然",倡导在对孩子安全教育时最好的办法是让孩子在经验中去吸取教训。他在

《爱弥儿》一书中这样写道:"我非但不小心谨慎地预防爱弥儿受伤,相反,他要是一点伤都不受,不尝一点痛苦就长大的话,我反而会感到苦恼不已。遭受痛苦,是他应该学习的第一要事,也是他最需知道之事。"让·雅克·卢梭这种"回归自然"的教育理论,对于我们教育强化孩子的安全意识有一定的启发和帮助。在安全可控的情况下,让孩子切身体会和感悟安全的重要性,比无趣单调的说教更有效。教育中,善于利用真实的案例、触目惊心的事故现场、现身说法的真实感受,让孩子直观感受生命的脆弱及安全的重要性。还可以通过直观生动的安全实验、安全事故的现场复盘、生活中安全意识不强导致的严重后果等现场体验,让孩子在切身感受中受教育,在耳濡目染的引导启发下长见识,在潜移默化教育中感知安全意识的重要性,不断增强安全意识。

(二) 安全常识的学习。在家庭教育中,父母应帮助孩子学习掌握一些应知应会的安全常识,避免孩子因无知而付出惨重代价。当灾难来临时,学生如能具备一定的安全常识,知道在灾难面前如何自救与互救,清楚如何保护自己,就多了一份面对灾难的果断与自信,会极大减少灾难所带来的伤害。因此,让孩子学习掌握一些基本的安全常识是不可或缺的现实需求。对安全常识的学习掌握,应牢记应知应会的、熟知重点关键的、掌握一般了解的。常用的安全常识通常有交通安全常识(包括交通法规、交通标识、行路、骑车、乘车、乘船等)、消防安全常识、饮食安全常识、紧急避险常识、溺水自救常识、用电安全常识、煤气安全常识、心理健康常识、财产安全常识、网络安全常识等(见上篇第五节"守安全底线")。

(三) 安全能力训练。教育部 2014 年 2 月专门发布《中小学幼儿园应急疏散演练指南》,要求中小学校每月至少要开展一次应急疏散演练,幼儿园每季度至少要开展一次应急疏散演练。这种学校组织的应急疏散演练是提升孩子应对灾难的安全能力训练。父母应教育引导孩子充分认识具备安全知识技能的重要性和必要性,认真积极参加学校、社区等以单位名义组织的安全知识和生存技能演练,让孩子在实践中学习提升应对自然灾害和突发事件的能力。在家庭教育中,父母应发挥家庭教育的主导作用,利用一切可调动的资源,创设不同的安全问题场景,对孩子应对安全问题的能力进行刻意的训练,以提升孩子应对安全问题的能力。

一是父母应学习掌握应对灾难和突发事件的常识,提升应对能力。现实生活中,有不少的父母本身就不具备应对灾难和安全问题的能力,对逃生知识和抢救技能一知半解,甚至还比不上孩子掌握了解的安全常识多。一个"门外汉"去指导教育另一个"门外汉",就容易误导孩子,在真实面对时容易造成不可挽回的错误和损失。父母对安全问题应高度重视,先学先会,或者与孩子一起学习共同提高,提升应对灾难和突发事件能力。当遇到落水者,父母就知道是鼓励孩子见义勇为,还是在自我保护的前提下"智慧救援";遇到歹徒是宁死不屈、斗争到底,还是要学会妥协、保全性命、等待救援。这些都需要父母对孩子进行正确的指导教育。

二是抓住训练的重点。增强孩子的安全意识和疏散避险能力,要遵循"生命至上,安全第一"的基本原则。突出训练的重点。练态度。应对安全问题的态度决定应对的成效,生活中遇到有关安全问题的场景,与安全相关的问题,刻意训练孩子的关注度,提醒孩子高度重视,并时刻绷紧安全这根弦。练反应。注重训练提升孩子应对安全问题的反应能力,通过日常遇到安全问题及时果断应对,通过反复训练形成条件反射,确保火灾时的果断反应,立即停止一切活动,把握火灾初起阶段的有利时机迅速转移至安全区域。练冷静。遇事头脑冷静清醒,不慌不乱,是应对安全问题的关键。生活中,父母应有意培养孩子这种遇事冷静的习惯和能力,通过日常生活和创设情景等方式,让孩子反复训练体会。通过训练培养让遇事冷静成为一种固定的习惯思维模式。练路线。灾难发生时,逃生路线的选择,直接关系逃生的成功与否。在日常生活中,有意培养训练孩子遇险选择正确路线的能力,学会利用平时积累的安全常识正确分辨逃生路线,确保在灾难面前会选择正确路线转移。练速度。遇到灾难问题,迅速果断转移至安全地域,速度与时间有时就是机会与生命。险情发生—心理反应—冷静思考—避免拥挤踩踏选择转移方向—转移至安全区域,这整个过程可以通过反复训练,以达到缩短时间、提升速度、赢得先机的目的。

三是对孩子的安全训练应力求形式多样。目前学校组织的安全演练主要采取"老师教、学生听""老师说、学生做""集体演习"等较为单一的形式。家庭教育中,父母对孩子的安全能力训练也与学校的做法不相上下。这种"单相输出"只能使孩子掌握应急皮毛,并不能真正地掌握应急求生技能。学校开展疏散演练常年从教室向操场疏散,每年都这一套,父母对孩子的安全能力训练也常常是"提醒式"的说教,孩子早没了新鲜感,疲于应付收效甚微。对孩子安全能力的训练,要尽可能设计多种可能性,形式多样,特色鲜明才能收到实效。以地震为例,地震发生该怎样逃生自救,室内和室外要怎样不同应对,埋在废墟里该怎样保存体力等待救援等等。突发情况的特殊性,也决定了安全能力训练的形式要不断丰富与创新。

安全无小事,生命重于山。防范安全问题的侵袭,是护航生命的一种现实需求,学校、家庭、社会都有不同的责任和义务。作为父母,除了要高度重视孩子的安全能力提升外,还应在日常生活中与孩子一起学习安全知识,提升应对安全的能力,给孩子做好守护安全的榜样,时时处处讲安全,把安全融入日常生活中。必要的时候,还可以发动全家一起制定安全预案,设定日常生活中可能遇到的安全问题,制定详细的处置预案,让孩子对安全问题预有准备,一旦遇到类似的安全问题,应对处理思路清晰,临危不乱,正确应对。

第四节　远离校园欺凌

2016年4月,国务院教育督导委员会办公室印发的《关于开展校园欺凌专项治理的通知》明确指出,校园欺凌是发生在学生之间蓄意或恶意通过肢体、语言及网络等手段,实施欺负、侮辱造成伤害的事件,损害了学生身心健康,引起了社会高度关注。2024年新修订的《中华人民共和国未成年人保护法》第九章《附则》中第一百三十条对"学生欺凌"进行专门的解释:"学生欺凌,是指发生在学生之间,一方蓄意或者恶意通过肢体、语言及网络等手段实施欺压、侮辱,造成另一方人身伤害、财产损失或者精神损害的行为。"校园欺凌行为具有多样性、反复性、随意性、突发性、隐蔽性等突出特点,成因复杂,危害极大。当前我国和全球的校园欺凌现象都十分严峻,各国政府和各国际组织也纷纷出台相关法律法规、政策及文件以应对校园欺凌,积极防范和打击校园欺凌已经成为全世界的一种共识。面对校园欺凌,作为父母应积极作为,认清表现形式、成因和危害,以正确的方式、方法防范和应对校园欺凌。

一、校园欺凌的形式

校园欺凌分为直接欺凌和间接欺凌。直接欺凌是指采用公然、明显的方式进行欺凌,包含言语欺凌、肢体欺凌等。间接欺凌是指以较不易被发现的方式进行欺凌,通常借助第三方进行欺凌,包含社交欺凌、网络欺凌等。

（一）**言语欺凌**。生活中,事物往往都具有两面性,语言亦是如此。它既可以温暖人、鼓励人、帮助人,又能攻击人、挖苦人、贬抑人。中国有句俗语"良言一句三冬暖,恶语伤人六月寒",心怀善意的良言能传递温暖和关怀,使人如沐春风,倍感激励,相反,恶语相向的辱骂、羞辱、嘲笑讽刺、起外号、诽谤、挑衅,或贬抑评论攻击个体的家人、体貌、言行、表现或其他,这些极具攻击性的恶言恶语给被欺凌者带来人格和自尊心的巨大伤害。这种伤害直接且影响巨大,伤人内心,让人窒息愤怒,其伤害性甚至会超过身体暴力带来的"外伤"。

（二）**肢体欺凌**。欺凌者倚仗着身体强壮、群体强大等力量对比悬殊的优势,以肢体冲突的暴力方式进行以大欺小恃强凌弱的行为。表现为身体强壮的个体对身体弱小或性格胆怯的个体,群体对个体,大群体对小群体进行赤裸裸的拳打脚踢、掌掴拍打、推撞拉扯、抢夺和破坏物品等身体动作行为,有些欺凌者甚至使用管制刀具、棍棒等攻击被欺凌者,强脱衣物、逼迫下跪或做出违背被欺凌者意愿的行为。这些欺凌原因都非常简单,有的是看不惯被欺凌者的行为、有的是某些事意见不统一或有争端、有的是认为对方不听话,而有些欺凌就没有任何理由,就是想找茬打架。

（三）**财产欺凌**。财产欺凌是以损坏个人物品、财产和强索钱财的欺凌行为,财产欺凌经常与"动手动脚"的肢体欺凌和"恶语伤人"的言语欺凌同时发生。一方面,欺凌者为打压被欺凌者彰显自己的"强大",以暴力手段故意毁损被欺凌者的个人物品。如,撕烂衣物、毁坏文具、污损书本等,通过制造暴力声势满足凌压别人的心理需求。另一方面,欺凌者不仅索要金钱,而且还会向被欺凌者索要个人物品。从而达到满足物质方面的需求和以剥夺为目的、获得优越感的精神需求。如,不但向被欺凌者索要零花钱、香烟、零食等物品,还向被欺凌者索要游戏装备、名牌物品等。这种财产欺凌不但给被欺凌者造成不同的经济压力，更重要的是使被欺凌者长期遭受精神的折磨。

（四）社交欺凌。青少年在走出家门后，无疑要面对具有一定社会属性的校园天地。在同学之间的交往中，由陌生到熟悉，"物以类聚，人以群分"的现象逐渐凸显。一些"志同道合"的不良少年在班内或班级之间结成帮派团伙，对看不顺眼或不听话的同学进行社交欺凌和情感疏离，他们联合起来形成一股势力，对欺凌对象孤立、打击，不断压缩受害人的社交空间。这种欺凌方式比较复杂，经常会与散播谣言等网络欺凌和言语欺凌行为结合实施，由于它扰乱了被欺凌者与其他同学的正常交往，造成受害者人际关系受损，使受害者的生活与学习处于"孤苦伶仃"的境地。而长时间被隔离在同辈群体之外让受害者无法进行自我价值的认定，不仅会影响受害者的正常发展，还会给其带来很严重的失败感，会让其陷入自我怀疑和自我否定的"漩涡"中。

（五）网络欺凌。随着网络的迅猛发展，网络已经成为青少年学习交友的重要平台。同时，也为欺凌者提供了一个"与时俱进"的暴力平台。欺凌者为了使欺凌行为更直接和更具有影响力、伤害力，把欺凌行为从线下搬到线上。他们在网上造谣生事、威吓、羞辱和攻击对方，在论坛中胡说八道混淆视听。为达非人目的，甚至以"张冠李戴"或"移花接木"手段，把被欺凌者的照片或信息移植在其他不良事件中，或在这些照片旁加上诽谤性文字，公开侮辱受害人。为了扩大网络谣言的影响力，还纠集网络上的同伙或"水军"肆意歪曲事实和发帖攻击受害人，让受害人声誉扫地。这种网络欺凌行为既能躲避家长和老师的监管视野，又钻了网络监管的空子，刻意逃避法律的惩罚与制裁。网络欺凌行为正以便捷、高效、隐蔽的暴力手段成为欺凌者欺凌他人的"法外之地"。

二、校园欺凌的原因

产生校园欺凌的原因复杂多样,既有来自欺凌者和被欺凌者个体的认识偏差、心理失常、行为失控,又有来自家庭教育的缺失、漠视、迁就、纵容,还有来自学校监督管理不力和来自社会的不良因素影响。

(一)个人认知偏差。欺凌者和被欺凌者在对事物的认知上同时存在严重误区。一方面,欺凌者的社会目标、价值观念、法治思维严重偏离正轨,甚至存在严重缺陷,带来认知上的盲目与偏激。由于欺凌者被认可的心理需求与现实条件受限的矛盾突出,而盲目的过高自我评价和现实冲突加剧,导致另辟蹊径补偿替代心理需求行为的发生。欺凌者往往把支配和控制他人看作社会生活的现实需求,偏激地认为,要想不被人欺凌,就必须去欺凌和控制别人,或者认为通过攻击和欺凌别人可以使自己显得很强大和有存在感,从而获得同伴的崇拜,满足被认可、被尊崇的心理需求。另一方面,被欺凌者对欺凌行为认识不足,甚至被迫认同大欺小、强压弱的不平等现象。较低的自尊和懦弱胆怯的心理,造成被欺凌者往往采取躲避、逆来顺受、不敢反抗、得过且过等消极行为应对欺凌。这种错误认知直接影响制约着与同伴的交往方式、对待欺凌的态度以及问题解决策略。在特定的环境情境下,极易成为被欺凌的对象。

(二)家庭教育缺失。当前家庭教育受应试教育的影响巨大,相当一部分父母把更多的精力放在孩子的学习成绩上,把学习成绩作为评判孩子的唯一标准,忽视传统美德教育,对不良行为漠然视之,不是望子成人,而是成"龙"成"凤"。一方面,对自家孩子欺凌别家孩子的行为采取娇惯、包庇、纵容的方式对待,缺少换位思考,没有从内心深处看待欺凌他人的行为。有些家长甚至有"胜者为王""只有处处占上风,才能更好地立足于社会"的不良心态,在思想上对孩子的欺凌行为不重视、不制止、不干预、不喊停,采取出了事不配合的态度,直接或间接助长了孩子的欺凌行为。还有些孩子因长期脱离父母的监管,爷爷、奶奶或外公、外婆过度溺爱,或家庭暴力等因素对孩子的负面影响巨大,导致孩子成为欺凌的主体。另一方面,父母对孩子关心、关爱不够,父母给予孩子更多的感受是缺乏温情的控制和高压管教,缺乏与孩子的有效沟通交流。当孩子在遭遇欺凌时不敢、不愿向父母诉说,害怕受到父母的批评与责罚。还有些父母对孩子受欺凌的问题没有足够重视,片面地认为只是同学间的寻常矛盾,采取迁就、息事宁人等消极做法,导致孩子对待欺凌行为因得不到家长的支持而选择逃避或容忍。

(三) 学校监管不力。学校和教师在学生的学校生活中扮演着重要的角色,学校和教师对待欺凌事件的态度、处理欺凌事件的方法会直接对校园内的欺凌行为产生重要影响。校园欺凌行为多发生在校园内,有些欺凌行为就发生在老师的眼前,而老师和学校的做法常常是以"大事化小,小事化了"的原则处理,力求校园欺凌事件的处理"不出班级""不出校园",往往是叫来双方的家长,自行解决,以息事宁人的方式、方法避免事态扩大,避免影响学校声誉。这种处理的方式、方法,使欺凌者得不到应有惩罚,从而直接或间接助长了欺凌者的肆意妄为和嚣张气焰。而被欺凌者因诉求得不到正当的回应,甚至还会遭到欺凌者的恶意报复打击而导致惶惶不可终日,进而无奈选择放弃追究欺凌者的责任,忍气吞声继续被欺凌。当前信息技术迅猛发展,老师管教学生的一言一行极易被传播、被放大、被攻击,有些老师因言语失当被牵连受处理。老师不敢管、不敢问,生怕惹祸上身的态度,让学生对老师失去了应有的信任,进而形成恶性循环,同时也助长纵容了校园欺凌行为。

(四) 社会负面影响。社会是个大熔炉,其文化传播和教育渗透的功能明显。一方面,传统大众媒体(包括电视、电影与游戏)中的暴力性内容对学校欺凌的发生有着重要影响。在许多影视文学作品、音像制品、网络、电子游戏中,到处都充斥着血腥暴力的场景。这些血腥暴力的场景被过度渲染,是非概念含混不清,缺乏对青少年的正确引导。媒体中的暴力和攻击性内容本身为青少年提供了暴力与攻击行为的模仿榜样,这些暴力行为和暴力行为者在影视作品中往往以"正义的化身"出现,对青少年产生潜移默化的影响,使其产生盲目崇拜的心理和逆反情绪,导致其心理障碍和暴力倾向,从而产生欺凌他人的现象。另一方面,一些社会的负能量影响不容忽视。一些欺凌的旁观者,在"事不关己,高高挂起""多一事不如少一事"的不良风气影响下,对校园欺凌行为视而不见、充耳不闻,只做冷漠的旁观者,社会责任感缺失,助长了不良风气的传播,纵容了校园欺凌行为的发生。

三、校园欺凌的危害

或大或小的校园欺凌事件,不仅带给被欺凌者身心、学业、社交等现实伤害,还会给欺凌者自身和旁观者造成不同程度的伤害和不可预料的严重后果。同时,欺凌行为还会严重破坏学校和家庭的正常秩序,蔑视道德规范,挑战公序良俗,践踏法律,恶化校园风气和社会风气。

(一) 伤害身心健康。校园欺凌行为是一种直接影响伤害个体身心的暴力行为,不仅带给被欺凌者身心上严重的伤害,还给欺凌者自身带来不同程度的伤害。首先,严重伤害被欺凌者的身心健康。肢体欺凌会直接导致被欺凌者因殴打致伤、致残,身体受到伤害。相对于身体伤害更严重的是心理上的伤害,被欺凌者极易产生恐惧心理,由此带来严重的心理阴影或心理障碍,自信心、自尊心受挫,健康的人格受损,懦弱与自卑感进一步增加,继而产生消沉抑郁、创伤后遗症、忧虑、失眠、胃痛等应激反应,甚至会走上自残、自杀的道路。还有些被欺凌者心理扭曲,自己也成为欺凌者,再去伤害其他学生。其次,欺凌行为会造成欺凌者的骄横跋扈、恃强凌弱、敏感多疑、固执偏执、狭隘易怒等不良人格特质,进而产生扭曲心理和人格分裂现象。欺凌行为直接导致欺凌者现实中角色错位,价值取向和行为方式偏离正轨,心理失常及行为失控。欺凌者在给他人带来伤害的同时要承担欺凌行为带来的后果,接受相应的惩罚。欺凌行为对欺凌者自身影响深远,甚至可能成为其后续走上违法犯罪道路的主要动因。

2024年7月14日凌晨,20岁的美国男子托马斯·马修·克鲁克斯,在宾夕法尼亚州巴特勒县一处房屋的屋顶上,用一把AR半自动步枪,对着与他相隔150米左右、正在进行竞选演讲的美国前总统特朗普开了枪。随后,特朗普的右耳受伤,克鲁克斯则被美国特勤局的狙击手直接击毙。据曾与克鲁克斯做过中学同学的杰森·科勒就透露,两年前才从高中毕业的克鲁克斯曾是校园霸凌的受害者,曾因为长相和穿搭在学校里遭到过无情的欺凌,而且这样的欺凌"几乎每天都在发生"。科勒说,这导致克鲁克斯经常遭到排斥,午餐时往往一个人孤单地坐在角落里。克鲁克斯被欺凌导致心理扭曲,与他刺杀特朗普的疯狂念头和行为,或许有着某种联系。据了解,欺凌在美国的校园中相当普遍。美国司法统计局和美国国家教育统计中心数据显示,在2019—2020学年,在学校遭受过欺凌的12至18岁的中学生占比高达22%。另据美国民调机构皮尤研究中心于2022年对有18岁以下子女的家长进行的一项调查,校园欺凌已成为美国家长最担心的第二大问题,仅次于"担心孩子会患上焦虑症或抑郁症",而"担心孩子会遭到枪击"排在第六①。因被欺凌导致心理扭曲,进而走上犯罪道路的例子不胜枚举,并且呈逐年攀升的态势。

(二)影响正常学习。遭受欺凌的青少年常常伴有或轻或重的应激反应,有些青少年因被欺凌而时刻生活在恐惧中,短时间内无法平复内心的恐惧与害怕。即便在家中远离校园时,被欺凌者脑子里会止不住反复浮现被欺凌的场景。在校园,眼里所见是欺凌者蔑视和威胁的眼神,心里想的多是如何面对再次的欺凌。大脑被欺凌占据,精力被严重分散,无法集中精力专心学习。有些学生因被欺凌而产生害怕进校园,恐惧与欺凌者共同学习生活,以致旷课、逃学,甚至辍学等行为的发生。甚至有些学生由于受到严重伤害不得不住院治疗或者休学,正常的学习被迫中断。在日本,校园欺凌已经成为一个严重的社会问题,每年有许多学生自杀,并衍生了一个独特的现象"不登校"(学生除了因病或经济原因外,一年中超过30天未去学校的情况)。日本文部科学省的调查数据显示,2022年,日本中小学生"不登校"情况与霸凌等校内暴力行为件数创下历史新高。2022年,日本小学生和初中生中,"不登校"人数激增至299 048人,比2021年增加了54 108人,占在籍学生总人数的3.2%。"不登校"人数之多、增幅之大均刷新了历史纪录②。而校园欺凌则是导致日本中小学生"不登校"的重要原因。

(三)破坏校园氛围。校园本是成就优秀品质和高贵灵魂的地方,是获取知识和缔结友谊的殿堂,是传播真、善、美的场所。而校园欺凌行为的发生,使宁静的校园氛围被破坏,和谐安宁的校园环境被污染。看似不起眼的一起校园欺凌事件,极易被敏感的学生高度关注,这种负面新闻常常以惊人的速度在学生间传播,对学

---

① 许洁英:《美国校园欺凌缘何泛滥》,《光明日报》2024年9月19日。
② 师艳荣:《日本为何治不了"不登校"教育顽疾》,《环球时报》2023年12月29日。

生的影响巨大。首先,导致学生的安全感和信任感缺失。校园欺凌让学生感受不到学校的安全,因为害怕成为下一个受害者而感到紧张和不安。当学生目睹或经历欺凌行为时,他们对同学、对老师和对学校的信任会受到影响,进而影响到团队协作。其次,滋生不良情绪和影响学生心理健康。欺凌行为的发生,会导致压抑氛围,致使学生出现焦虑、抑郁等心理健康问题,这些心理压力和不良情绪,会直接或间接影响学生身心健康。再次,道德风气受损。校园欺凌反映出学校在培养学生的道德观念和社会责任感方面存在缺陷。这种行为如果不被及时纠正,可能会导致整个学校的道德风气受损,对整个校园环境和氛围造成长期的负面影响。

(四)践踏法律法规。《中华人民共和国未成年人保护法》等相关法律法规,从立法的角度关心、关爱未成年人,为未成年人的合法权益提供了法律支持与保护。然而,校园欺凌者倚仗自身强壮和团伙力量,无视法律、法规和校规、校纪,公然挑战公序良俗,触碰法律、法规等红线铁律,践踏法律、法规的神圣与尊严,直接或间接侵犯受害者的人身安全和心理健康,侵犯了未成年人的合法权益,影响学校的教学秩序和社会稳定。欺凌行为不但给被欺凌的个人和家庭带来伤害和痛苦,还会对其他学生造成负面影响和伤害。严重的校园欺凌行为涉及刑事责任,欺凌者将会面临法律制裁,给欺凌者个人和家庭带来沉重的负担,甚至灾难。

四、校园欺凌的纠治

校园欺凌行为的发生,给被欺凌者和欺凌者个人及家庭均带来不同程度的伤害和负担。作为父母,高度关注欺凌问题,及时发现发生在自己孩子身上的欺凌行为,收集欺凌的有效证据,依法、合理诉求,正确果断处理欺凌问题,还给孩子一个公道,抚平孩子的伤痛,是有效防范和制止欺凌行为的关键。

(一)高度关注,及时掌握。校园欺凌的危害大,影响深远,一旦孩子被欺凌或欺凌他人,对双方个人和家庭造成的伤害无法估量。作为父母应高度重视校园欺凌问题,客观认识校园欺凌现象,认清校园欺凌的表现形式和现实危害,掌握校园欺凌的成因、特点和规律,积极增强防范的意识。现实生活中,孩子受到欺凌或欺凌他人,往往会产生很多的顾虑。一方面,担心害怕父母知道孩子受欺凌或欺凌他人后会生气、动怒,影响正常工作生活,因而不愿将欺凌问题上升到家长层面。另一方面,担心害怕父母的过度关注带来无休止的追问、盘问和批评教育,使本来就受伤的心再一次被触及,或害怕父母的干涉引发更大的麻烦。因而刻意向父母隐瞒和回避欺凌问题。父母在平时的生活中应更多地关心、爱护孩子,要学会洞察孩子心理,善于通过沟通交流与观察发现孩子的异常表现。通过耐心、细心与专心,舒缓孩子的情绪,打消孩子的顾虑,努力让孩子敞开心扉与父母沟通交流,父母才能及时发现孩子被欺凌或欺凌他人的问题。

(二)收集证据,做足准备。发现孩子被欺凌或发生欺凌他人的问题后,父母要高度重视。本着实事求是的态度,切实弄清事情的来龙去脉。一方面,作为被欺凌者的父母,发现孩子被欺凌后,切忌情绪失控,失去理智,不问青红皂白在匆忙间去向欺凌者或学校兴师问罪。应努力克制情绪冲动,保持足够冷静。及时通过多方面客观详实的调查了解,弄清欺凌的前因后果,印证还原事实真相。通过录音、录像、拍照固定欺凌造成的伤情或现实伤害后果,及时搜集固定孩子被欺凌的客观真实证据,为合理诉求和处理做足准备工作。另一方面,作为欺凌者的父母,同样应保持清醒的理智,切忌动辄吼叫打骂和惩罚。在详细调查了解掌握自家孩子欺凌他人事实经过的基础上,切实掌握对被欺凌者造成的伤害和带来的后果。积极配合学校和对方家长的调查了解,在调查了解认定事实的过程中,不包庇、不袒护、不推诿,实事求是地认识和对待孩子的欺凌行为。

(三) 解决有道,依法处理。孩子被欺凌或欺凌他人的问题得到妥善圆满的处理解决,是欺凌和被欺凌双方父母和校方一致的愿望。作为被欺凌一方的父母家人,寻求帮助和解决问题的诉求应避免情绪化,切忌以报复的心态去学校吵闹谩骂和有过激的言行,使本来"有理"的受害方,因过激的言辞和行为变得"无理"和被动,致使问题的解决处理向不利的方向发展。代表受害方的父母家人,应保持冷静理智的态度,以解决问题为目的,依法、依规合理诉求,力求言辞有理、有节。提出的要求合法、合情、合理,避免过分的要求和不当的言辞。能让对方和第三方感同身受,理解和支持,以利于问题得到公平、公正妥善圆满解决。作为欺凌一方的父母家人,应切身换位思考,体谅对方的心情和所受到的伤害,以自己一方的真诚态度表达歉意,担起父母与欺凌者各自应负的责任,主动接受应受的惩罚。让孩子在付出应有的代价和教训中受到教育,避免类似的问题再次发生。

(四) 教育引导,远离欺凌。现实生活中,导致被欺凌的主要原因是心理懦弱、自卑,胆小怕事不自信和不善于处理人际关系所致。因此,父母在平时的家庭教育中,应加强对孩子的教育引导,帮助孩子树立自信心,强大内心,学会应对欺凌,避免被欺凌受伤害。首先,父母应给予孩子足够的关心、关爱。通过改善家庭环境、融洽亲子关系、注重有效陪伴、加强沟通交流等实际举措,让孩子感受家庭的温暖和父母亲人的关爱。让孩子在家庭的关爱滋养中,摒弃懦弱与自卑,培养阳光、自信、勇毅、坚强的品质。其次,教育引导孩子善于处理人际关系。处理人际关系是一门高深的学问,有技巧、有章法。父母应在生活实践中通过传、帮、带,让孩子学做人、学做事、学说话,把说话不伤人、说话讨人喜、做事有分寸和把身边有朋友作为努力方向,学会交际、善于交际。再次,教育孩子掌握应对欺凌的正确方法。遭遇欺凌要勇敢说不,认清欺凌的"得寸进尺"现象,不迁就、不纵容。面对肢体欺凌,恪守"自身安危第一"的原则,想方设法避免肢体冲突,及时向学校家人反馈,正确制止遭遇的欺凌行为,远离欺凌的伤害。

　　校园欺凌行为,古今中外概莫能免。政府从立法上干预,社会给予高度关注,学校加大防范力度。这些卓有成效的积极举措正在有效地压缩校园欺凌行为的空间。而父母的关注重视与言传身教,是有效防范和遏制校园欺凌行为的关键。因此,作为父母把对孩子的关心、关爱落实到行动中,积极发挥作用,抓住经常性的教育环节、及时发现环节、依法干预制止环节,将欺凌现象消灭在自己的视野内,遏止在萌芽中,让孩子健康成长,远离欺凌伤害。

中篇 防治重点问题

第五节 关注心理问题

身心健康是学生全面发展的前提和基础,心理健康是青少年健康的重要组成部分。2023年4月,教育部等十七部门联合印发《全面加强和改进新时代学生心理健康工作专项行动计划(2023—2025年)》;教育部决定从2024年起将每年的5月确定为"全国学生心理健康宣传教育月"。加强青少年心理健康教育已成为当前全社会的共识。青少年正处于生理和心理的快速成长发育期,极易因受各种因素的影响和干扰产生心理问题。青少年阶段是学习成长的复杂期和多变期,学习环境变化、人际交往拓展、学习内容增加、学习任务加重、学习方式转变等接踵而来。这些压力和问题导致一些青少年适应较慢或不适应,出现了焦虑、抑郁等心理问题,不同程度影响着青少年的学习与生活,影响着青少年的身心健康。作为父母,第一时间发现,高度关注,针对青少年面临的压力和现实心理问题积极干预,提供力所能及的关心和帮助现实而迫切。

一、心理问题的主要诱因

青少年已进入生理发育的青春期初期,正处于生理和心理发育成长的特殊时期,人生观、价值观和世界观尚未完全形成,心理状态还不稳定,极易受到外界的各种影响。当前,青少年生理成熟趋早与心理发展相对滞后的矛盾、心理压力过大与心理承受能力过弱的矛盾、期望值过高与心理准备不足的矛盾相对突出。当青少年面对各种压力和一些不良因素影响的时候，往往会导致心理失常问题的发生，进而影响到学习和生活。导致心理问题的诱因是多方面的，既有学习压力方面的因素，也有环境、经济、人际交往和家庭等诸多方面的原因。

（一）学习压力。青少年时期的学习任务和压力呈阶梯状、阶段性的模式递增，小学阶段表现得尚不太明显，到了初中、高中阶段，学习任务与压力成倍增加。学习时间、学习内容、学习环境、学习要求都较小学阶段有着极大的差别。尤其到了高中阶段，学习任务较小学与初中阶段呈几倍增长，学习方式也由老师、家长的督促学习变为靠自觉主动学习。一些青少年一时不适应，或者对老师的教学方式不认同，甚至抵触，因而造成学习成绩大幅下滑。当一些青少年对学习上遇到的困难和压力不能正确处理和面对时，焦虑、抑郁、紧张的负面情绪就随之而来，容易导致心理失常。近期一则名为"孩子因学习压力过大而导致崩溃"的短视频在网上被疯狂转发。画面显示，一名青少年（女）凌晨做完作业后，精神失常，仰天大笑，继而失声痛哭，边哭边说："我终于做完作业了！"这一幕令人心酸心痛！这不是个别现象，而是大多数孩子负重前行完成家庭作业的缩影。沉重的书包、一道道永远做不完的作业、严重缺觉疲惫的孩子、老师严肃的责问、家长的催促等，这一幕幕呈现的不仅仅是压力，而是一种近乎病态的学习方式。有网友评论："孩子不是输在起跑线上，而是累倒在起跑线上！"

（二）环境不适。进入中学阶段中，尤其是高中阶段环境不适应较为突出。笔者对近1000名高中学生进行了问卷调查，结果显示，有34.94％的被调查对象因学习环境不适应引发心理问题。从初中进入高中，对于大部分学生来说，他们面临着陌生的校园、生疏的新群体。尤其是选择住校的学生，多数学生首次远离家门，离开长期依赖的父母以及其他的亲人、朋友和熟悉的环境,开始独立生活,所有的事都要自己来决定和解决。所有这些都会给每个学生带来不同程度的环境应激反应。当初离开家门的新鲜感渐渐消失,接着就会产生离开父母家庭的各种不适应,这些不适应得不到及时解决,有些学生就会出现失眠、食欲不振、注意力不集中,环境适应困难,以及烦躁、严重焦虑不安等,甚至可能出现擅自离校的冲动行为。有些学生家离学校较远,上学路上的时间往返甚至超过 3 个小时,但仍然选择每天走读回家,其实质就是对新环境的难以适应。

(三)经济压力。家庭贫困的青少年与家庭条件较好的青少年在共同学习生活中,开始意识到经济条件不同带来的差异。无论是生活水平还是消费观念,这种差距都会造成部分经济条件较差青少年的心理落差。比如,家庭条件较好的青少年,上学或放学有父母家人豪车接送,关怀备至。日常用品和吃穿多为令人羡慕的奢侈品,花起钱来随心所欲,大方潇洒,充满自信。而一些条件相对较差的青少年,常常受家庭困难和经济压力的限制,当看到、听到、感触到这种现实的差距后,自然而然产生现实感触后的心理失落,和怕同学看不起、怕同学冷嘲热讽、怕同学嫌弃自己"抠"的心理负担,继而造成精神上的困惑或心理上的自卑。虽然这些经济条件不好的孩子积极向上、独立性强、勤劳俭朴、学习刻苦,但家庭条件和经济条件的差距会让他们滋生出一种自我保护的心理需求,不同程度地限制了他们的人际交往,在长期的自卑和压抑中容易出现心理失常的问题。

(四)人际关系。从笔者对近 1000 名高中生问卷调查了解的情况看,与同学间相处较好的占 57.83%,相处一般的占 26.51%,相处不太好的占 13.25%,很不好的占 2.41%。这组数据证明有相当一部分青少年人际关系的处理不是很理想。进入中学阶段,青少年面临着一种全新的人际关系。而在中学阶段之前人际关系相对单纯，或许成绩好就会赢得大家的青睐。但是进入中学后的人际交往开始变得复杂、广泛、独立性更强、开始具有社会性。青少年也开始更加在意别人的认同，和获得良好的人际关系。而获得好的人际关系，需要一定的技巧，这不是每个青少年都能处理好的。在处理各种人际关系的过程中，有相当数量的青少年会产生各种各样问题。一旦在这一过程中受挫，就可能表现为自我否定而陷入苦闷与焦虑之中，进而整日忧心忡忡、情绪低落，出现严重的心理焦虑和躯体不适与障碍，心理承受能力愈发脆弱。如不及时疏导、调适，往往会产生心理失常等严重后果。

（五）家庭变故。家庭变故是指正常的家庭突然发生重大改变的现实问题。如亲人离世、父母离异、家庭破裂、经济困难或者遭遇其他重大打击等家庭问题。家庭变故对于从小生活在温暖呵护顺境下的青少年的打击和伤害是无法估量的，影响也是深远的。遭遇家庭变故打击的青少年会因家庭变故而情绪长期剧烈波动，伴随着安全感缺失、失落感倍增，恐惧、焦虑、失落、无助等心理问题会长时间出现，心理失常也随之而来。有些青少年精神与心理受到严重打击，会反复产生幻觉、闪回等较为严重的心理问题。甚至，产生悲观厌世情绪，导致极端行为的发生。笔者的问卷调查结果显示，14.46%被调查对象是家庭变故的原因，导致生理和心理均遭受重大影响和打击，学习和生活同步受到重大的影响。

二、心理问题的现实危害

有心理问题的青少年被恐惧、焦虑、失落、无助、沮丧等情绪笼罩，这种心理状况如果长期得不到有效的干预和解决，会肆意发展恶性循环，不但会危害青少年的身心健康，还会对青少年正常的生活、学习、社交等造成不容忽视的影响。这种长期的心理问题会使青少年囿于其中，成为健康成长的严重阻碍和一道沟坎。

（一）**影响身心健康**。青少年处在生理、心理的发育成长期，面对激烈的竞争、超负荷的学习压力、家庭的变故、经济状况的同比差距、人际交往的困惑等问题，本就茫然失措难以应对，甚至无所适从。由于疏导不及时干预不得力，继而产生这样或那样的心理问题，这些心理问题长期得不到有效的干预和解决，在生理和心理的成长道路上极易出现偏差，偏离正常的生理、心理发育成长轨道，必然会对青少年的身心健康造成一定的影响或者伤害。根据现代医学研究，绝大多数有心理问题的人员如果得不到及时的疏导和干预，长期郁积，必然会反射到个体行为上，直接导致身体上的不适，如失眠、食欲不振、头痛、胃痛等。长期下来，这些问题可能会导致身体健康状况恶化，出现各种躯体性症状。同时，对心理的影响更为严重。如易怒、焦虑、抑郁等，严重的还可能导致精神疾病，甚至可能导致厌世轻生以致自杀。

（二）**影响学习进步**。从笔者对青少年的问卷调查的情况看，有 22.62% 的被调查对象对现在的学习生活状态不满意，有 10.71% 的被调查者有厌学的现象。而这部分被调查者中有约 76.19% 的青少年有或轻或重的心理问题。这些不同程度的心理问题，对青少年学习的影响不一。有些较轻微的心理问题通过个体的自我防御机制，依靠自我调节，可以在较短的时间内得到恢复。而有些心理问题，青少年无力应对，当得不到及时有效的干预解决时，会郁积发展，让青少年困在心理问题这道沟坎上走不出来。这种心理问题一旦发展到这一地步，必然会影响到青少年的学习进步，学习的积极健康心理受到影响，学习的主观能动性大打折扣。受心理问题的影响无法集中精力专心学习，导致分心走神，且对学习兴趣降低。有些心理问题严重到一定程度会导致逃避现实，抵触家长、老师和同学，对身边人的规劝视而不见，甚至对抗。

继而厌学、颓废、堕落,甚至逃学,与积极向上的学习生活背道而驰,走进自我否定的恶性循环。

(三)影响人际交往。 存在心理问题的青少年,常常伴有恐惧、暴躁、焦虑、抑郁、自闭等心理状态,这种心理状态常常让他们感到紧张、不安、沮丧、无助、无力和自卑,从而导致情绪和行为的失控,使他们难以与他人通过正常沟通交流建立正常的人际关系,导致社交恐惧。他们害怕与人交往,过度担心他人的反应,担心在与人交往中因出丑或被嘲笑而受伤害。出于对自己的保护,采取封闭自己,拒绝交往的方式消极逃避现实问题。另一方面,心理问题带来情绪和行为失控,其中负面情绪会占据主导地位,这些负面的情绪不仅会影响到身边的同学和朋友,颓废的状态和极端的言行有时还会伤害到身边的亲人。让与他交往的人感到不适,不理解甚至吃惊,从而刻意躲避与疏离,以敬而远之的方式对待。长此以往,正常的人际关系和交往会因心理问题而受到影响和伤害。

(四)导致极端行为。《2022国民抑郁症蓝皮书》的数据显示,中国患有抑郁症的人数约为9500万,其中18岁以下的青少年患者占总人数的30%。《2023年度中国精神心理健康》蓝皮书中,高中生、初中生和小学生的抑郁检出率分别为40%、30%和10%。据《中国国民心理健康发展报告(2019—2020)》显示,2020年,我国青少年抑郁检出率为24.6%,重度抑郁为7.4%,并且检出率随着年级的升高而升高[1]。整个抑郁症群体里,多达一半是还在校园里学习的学生。而从近年来发生在青少年群体极端行为的案例中来看,有近一半以上的极端行为与抑郁等心理问题密不可分,抑郁等心理问题已经成为导致青少年发生极端行为的主要成因。当他们无力承受这种压力和精神折磨时,往往采取自杀等极端方式

---

[1] 徐志文:《我国中学生心理健康研究综述》,《山西科技报》2024年7月5日。

逃避现实与压力。

三、心理问题的干预方法

对青少年心理问题的干预是指针对青少年心理状态的客观情况,积极采取有效措施进行干预或改善心理问题,调动个体自身潜能,帮助个体重新建立或恢复心理平衡,以防止个体的心理问题继续发展恶化。有效干预青少年心理问题,父母的作用无可替代。及时发现孩子的心理失常问题,准确界定心理问题的性质,果断干预制止心理问题的恶化发展,及时给予关心、关爱,积极发挥家庭干预心理问题"前沿阵地"的作用,是父母应尽的责任和要求。

（一）**及时发现问题**。发现问题是解决问题的前提条件,青少年心理问题的发现识别是有效进行干预的前提和基础,只有及时发现,掌握实情,才能针对问题有效干预。首先,父母要高度重视心理问题。平时多学习了解一些心理常识,能认清心理问题的征兆表现和现实危害。其次,在善于观察中发现问题。按照唯物辩证法的原理,客观事物都是可以认识的,任何事物的发展变化都是有征兆可察,有端倪可寻的。父母要通过"五看"发现问题:一看言谈举止,有无反常现象;二看饮食睡眠,有无超常变化;三看喜怒哀乐,有无异常情绪;四看同学交往,有无特殊反应;五看学习劲头,有无分心走神。及时从异常现象中发现问题,将有异常心理征兆纳入视线。再次,积极让孩子参加心理测查。学校、街道、社区每年都会对特定的人群组织心理健康测查,通过正常的心理测查,及时掌握孩子的心理健康状况,及时发现问题,做到心中有数。

（二）**切实弄清成因**。发现言行异常或有心理问题征兆的青少年,父母既不能大惊小怪盲目定性,又不能漠然视之不理不睬。有些父母发现孩子言行异常,便惊慌失措,为引起他人重视,片面夸大,盲目给孩子冠以心理失常的帽子。而实际情况可能仅仅是孩子在学习生活中遇到一些小挫折，根本上升不到心理问题的层面，只需安抚，或通过自身的防御机制即可很快恢复正常。而这种盲目的做法，反而会激化心理问题，延长恢复的时间。还有一些家长，对孩子表现出的异常言行，不重视、不关心，甚至采取不理不睬的做法，导致问题的郁积恶化，错失干预的时机。遇到孩子有心理问题征兆时，父母要保持冷静，及时对问题追根溯源，弄清问题的起因性质，找准问题的"症结点"，为下一步干预处理提供依据。调查了解要耐心、周到、细致，在平静、理智，甚至是悄无声息的情况下进行。通过调查了解，切实弄清发生异常现象的起因、事情的前后经过、量变的程度、问题的性质、发展的趋势等客观真实情况。在具体、全面、深入调查的基础上，进行定性、定量和因果分析。通过定性分析，确定异常行为与心理问题的关联度，是偶发性或一般性的心理问题，还是已经发展到一定程度的较为严重的心理失常问题。通过定量分析，对某种异常行为的发展变化程度进行客观的估量。通过因果分析，弄清发生异常现象的客观原因，找出问题的症结所在，并推断其发展的趋势和结果。当没有能力对异常行为进行客观判定时，可以寻求专业人员的帮助，力求原因清、性质明、结论准，为后续的干预打下基础。

（三）**积极科学干预**。对于一般性或轻微的心理问题，父母要利用自身特殊的身份地位，积极给予孩子正确的支持与帮助。首先，认真倾听孩子的心声。有心理问题的孩子往往会关闭沟通交流的闸门，自我封闭起来，逃避现实问题。父母与孩子生活在一起，了解孩子的性情脾气与喜怒哀乐，用足够的耐心与孩子沟通交流，打开与孩子沟通交流的闸门，通过认真倾听孩子的心声，无条件地接纳孩子的负面情绪。让孩子在倾诉中发泄减压，缓解紧张情绪。其次，力所能及地帮助孩子减压。孩子的心理问题多来自学习、生活等方面的压力，父母应针对孩子出现的问题，适当放低对孩子学习和其他方面的要求,接受孩子的平凡与普通,不再苛求孩子事事争先,放下那份对孩子的掌控执念,以顺其自然的平常心看待孩子的成长进步。再次,营造轻松愉悦的生活学习环境氛围。家庭对孩子而言是爱的港湾,身心的放松地。温暖的家庭氛围、和谐的亲子关系、轻松愉悦的沟通交流、充满爱的关怀等,能有效治愈孩子的焦虑,缓解孩子的心理压力,能让孩子放下心理包袱,在轻松愉悦中忘掉烦恼忧愁。对于较为严重的心理问题,父母没有能力进行干预时,应及时果断送医治疗,尽量让孩子第一时间接受专业的诊治。

(四)加强心理教育。在家庭教育中,要增加心理健康教育内容。而现实中的家庭教育,往往会忽略对青少年的心理健康教育。父母通常以自己不懂、不会、不专业为由,将心理健康教育这一重要的内容忽略,或推给学校老师帮助完成。而家庭教育中,父母对孩子的心理健康教育与影响是学校老师无法替代的。在家庭教育中,父母通过与孩子的共同学习和指引帮助,教会孩子客观认识心理问题,掌握一些应知应会的心理基础知识,学会应对心理问题,掌握自我疏导减压的方式方法。引导孩子合理宣泄释放压力,调节情绪,正确对待成长中遇到的困难挫折。积极支持孩子参加心理健康知识讲座、心理培训、心理沙龙、心灵茶座等活动,提升孩子心理自助及助人能力。

心理问题给青少年的身心健康带来不可估量的现实危害,高度重视,积极干预,已经成为大多数人的共识。心理健康的状态是一个动态的变化过程,心理失常与心理正常是相对的,偶尔出现一些不健康的心理和行为是不可避免的,有心理问题并不等于有心理失常,更不等于患了心理疾病。不能仅仅根据一时一事,或依据单纯的心理测查结果,就简单盲目地下一个严重心理问题的结论,更不能根据个人的主观想象乱扣心理问题的帽子。作为父母应多学习掌握心理知识，谨慎客观对待心理问题。努力做到早预防、早发现、早干预，为存在心理问题的青少年提供积极的支持和帮助，有效避免心理问题的升级恶化。

第六节　注重孝道传承

俗话说:"百善孝为先",孝居百善之首,是中华民族的传统美德,深深根植于中华儿女的血脉之中,被世代赓续传承。尊重长者、孝敬父母天经地义,已经成为衡量个人道德的准则之一。孝敬父母体现的不仅仅是一个人对父母的关心,同时也更能体现出是否具备关心他人的能力。倘若连自己的父母都不关心,何谈关爱亲朋及身边人。当下,面对激烈竞争的社会,一些父母愈发重视对孩子知识技能的教育,却忽视孩子品德与孝道的传承。尤其是在家庭教育中,往往是以"成绩""分数""排名"论高低,其他与学习考试无关的一概被父母"包办""代办"或忽略不计。孩子像一个只会学习考试的"机器"被牵引前行,其结果可想而知。孩子极易被培养成为一个自私自利且冷漠无情的人,成为一个只会享受关爱,不愿甚至不会付出爱心的"巨婴"。这样的孩子不知感恩,不懂孝敬,无视父母长辈的付出。把父母当保姆,衣来伸手,饭来张口,对父母的无私给予视若自然与应该。而造成孩子这样的结果,主要原因是家庭环境和教育的影响,是源自父母的"培养"。这种家庭教育方式,偏离了科学教育的正轨,不利于孩子的健康成长和全面发展。因此,作为父母应厘清家庭教育的正确目标和方向,及时纠偏,正确引导,重视德育为要的家庭教育,突出孝敬为先的传承赓续,助力孩子德智体美劳全面发展。

一、反思纠偏

为人父母养育孩子没有天生的行家里手,都是在不断学习、总结、反思中提高,在不断发现问题修正方向中进步。在以成绩、分数、排名论高低的今天,父母极易被孩子的成绩、分数、排名所捆绑,造成一味追求成绩、分数、排名,而忽视了对孩子品德的教育培养。教育家陶行知先生说:"道德是做人的根本,根本一坏,纵然你有一些学问和本领,也无甚用处。并且,没有道德的人,学问和本领愈大,就能为非作恶愈大。"父母当下对孩子品德教育的缺失,带来的后果有时是不堪设想的,甚至会毁了孩子的一生。

我们今天对待父母的态度,也许就是孩子以后对待我们的态度。古往今来,普天之下的父母对自己的子女都寄予厚望,百般呵护、无私给予,都希望孩子能顺利成长、成才。而作为孩子也会秉持着父辈的孝道传承,以实际行动回报父母的养育之恩。无数的事实案例告诉我们,父母必须树正家庭教育理念,遵循品德为先做人为要的根本原则,培塑孩子的良好品行,重视孝敬文化的传承。不断反思纠偏,身体力行为孩子做出榜样,放下那份一味追求分数、排名的执念,纠正不良做法,让家庭教育回归德、智、体、美、劳全面发展的正轨。

二、文化滋养

中华传统文化博大精深源远流长,尤其是孝文化作为中华民族传统文化的精髓,已经成为中华民族世代相传的优良传统与核心价值观。在几千年以前,孔子就提出"夫孝,德之本也"[①]的孝敬理念,被历代王朝推广尊崇。在周朝,每年举行一次大规模的"乡

[①]《孝经·开宗明义章》。

饮酒礼"活动,旨在敬老尊贤;东汉时期,皇帝带头倡导养老敬老之礼;明律中,凡不顺从父母致使父母生气的事皆视为忤逆,可告于官,要打板子直至判刑;清朝年间还举行过大型的尊老敬老活动——"千叟宴"。这些历代王朝倡导的孝敬活动进一步促进了孝文化的传承延续。孝文化通过几千年的传承发展,已被视为人性、根本、至德,彰显出强大的生命力,成为古代文明延续至今且经久不衰的一大奇观,业已成为了深入中华民族血脉的和谐文化、特色文化和道德规范。《孝经》《弟子规》《孟子》《论语》等经典著作如璀璨的文化星河,一些经典片段成为历经千年的至理名言,散发着智慧的光芒。《二十四孝》的精选历史孝敬故事更是被奉为传承孝道的教科书,精选的不同孝道典范人物成为后人学习的榜样和目标,被代代颂扬和效仿。还有众多流传在民间的孝道文化同样也熠熠生辉,被传承发展。如山东曲阜孔庙的《劝孝良言》。

劝孝良言

十月怀胎娘遭难,坐不稳来睡不安。

儿在娘腹未分娩,肚内疼痛实可怜。

一时临盆将儿产,娘命如到鬼门关。

儿落地时娘落胆,好似钢刀刺心肝。

把屎把尿勤洗换。脚不停来手不闲。

每夜五更难合眼,娘睡湿处儿睡干。

倘若疾病请医看,情愿替儿把病担。

三年哺乳苦受遍,又愁疾病痘麻关。

七岁八岁送学馆,叫儿发奋读圣贤。

衣帽鞋袜父母办,冬穿棉衣夏穿单。

倘若逃学不发奋,先生打儿娘心酸。

十七八岁订亲眷,四处挑选结姻缘。

养儿养女一样看,女儿出嫁要妆奁。
为儿为女把账欠,力出尽来泪流干。
倘若出门娘挂念,魂梦都在儿身边。
千辛万苦都尝遍,你看养儿难不难。

这些传统的文化精髓,既是祖先智慧的结晶,又是中华民族繁衍生息的精神财富。这些优良的传统文化既有教育人、塑造人、熏陶人的功能,又有滋养人、影响人、帮助人的作用。作为父母应进一步学习认识这些优良传统文化,善于用这些优良的传统文化教育熏陶滋养孩子。通过不同的方式让孩子领略这些传统文化精髓,悦纳吸收传统文化中的营养精华,达到增智获益,规范言行,并积极传承发展的目的,让孝文化在代代相传中发扬光大。

三、父母示范

几年前,中央电视台播出的一则公益广告打动了千千万万个父母。广告视频中,一位刚下班的年轻妈妈,忙完了家务,又端水给老人洗脚,老人对她说:"孩子,歇会儿吧!别累坏了身子。"她笑笑说:"妈,不累。"年轻妈妈的言谈举止被只有三四岁的孩子看到了,孩子一声不响地端来一盆水。年幼的孩子吃力地端着那盆水,摇摇晃晃地向妈妈走来。盆里的水溅了出来,溅了孩子一身,可孩子仍是一脸的灿烂。他把水放在妈妈的脚下,为妈妈洗起了脚。广告画面定格在这儿,广告语是:"父母,是孩子最好的老师。"成功的家庭教育往往不是严肃的告诫、喋喋不休的训导,也不是长篇大论的理论、成体系的课程,而是隐藏在家长的行为、举止、言谈与礼仪风范的影响中。孩子是父母的影子,孩子的行为能清晰地反映出家长的行为准则,因此要让孩子具有良好的品质,父母如何"教"是次要的,怎么"做"才是主要的。父母要做孝敬长辈的榜样,因为孩子对待父母的态度,直接受父母对待长辈态度的影响。有这样一则故事,引人思考。有一对中年夫妇对年迈的父母很不孝顺,他们把老人撵到一间破旧的小屋里居住,每顿饭用小木碗给老人送一些剩菜剩饭。一天,他们看到自己的儿子在雕刻一块木头,就问孩子刻的是什么,孩子说:"刻木碗,等你们年纪大时好用。"这对中年夫妇猛然醒悟,扔掉了那只小木碗,把老人请回正屋居住。孩子因此转变了对父母的态度,从此一家三代和睦生活。可见,父母的言行对孩子的影响有多大。孝心就是这样示范传递的。因此,培养孩子的孝心、爱心,父母要以身作则,给孩子做出榜样。

四、榜样引领

现实生活中,榜样往往具有极强的感召力和影响力,能给予孩子较直接有效的影响和引领。首先,要帮助孩子寻找和确定孝敬老人的楷模和典范,这些供孩子学习和效仿的楷模和典范既可以是身边的现实典型,也可以是古今中外的孝敬典范。这些典型最好是与孩子年龄相仿,成长经历相近,便于孩子认同与效仿。其次,带领孩子认真学习典型的先进事迹。通过看、听、问、谈、比,学习了解先进典型的事迹。看,即通过多种方式看先进典型的先进资料,直观感受典型事迹带来的视觉冲击。听,即听先进典型的感人故事和事迹介绍,深入了解掌握典型的可敬、非凡与优秀;问,即与先进典型或父母老师交流询问心中的疑问、困惑;谈,即谈对学习认识先进典型的感悟、感受,以及体会心得;比,即比照先进典型查找自身差距,在与先进典型的对比中找到自身的问题与不足,明确学习努力的目标方向。通过认真学习先进典型的事迹,切身感受先进典型的优秀、非凡,找到自身的差距与问题,从而达到内心深度认同,并把选定的典型作为自己学习的榜样。再次,制定向典型学习计划。学习先进典型要落实到具体行动上,对照先进典型与自己的差距，制定向先进典型学习的内容、方法、时限、目标等详细的计划书，并对照计划逐一实施。通过用榜样引领的方式、方法，让孩子深切感受孝文化的魅力与博大精深，学有榜样，赶有目标。

五、点滴养成

孝心是一种发自内心对父母长辈的感激之心，这种孝心是从一点一滴的小事着手塑造和培养起来的。生活中，我们却经常看到这样的场景：父母做好饭后，一遍遍不厌其烦地叫孩子吃饭，孩子却表现得十分不情愿，甚至还怪父母催得急；孩子吃完饭后，马上扭过头去看电视或玩手机，父母却忙碌着收拾碗筷；家里有好吃的东西，父母总是先让孩子品尝，孩子却很少请父母先吃；孩子一旦生病，父母便忙前忙后，百般关照，而父母身体不适，孩子却很少问候。所有的这些，虽然看似平常，但孩子却在这平常中习以为常，安享父母看似自然与应该的付出，对父母本该有的孝心与关心，就这样被父母以"孩子还小""孩子主要任务是学习"等自以为是的做法"剥夺"了。因此，父母应注重孩子平时感恩付出的点滴养成。在孩子懂事时就让孩子为父母拿水果、递筷子；大一点，让孩子为父母削水果、盛饭、端茶递水、做家务、减轻父母家务负担；有意识让孩子为父母洗洗脚、捶捶背，让孩子体会父母的辛苦，体会父母挣钱养家的不容易，体会父母对他的爱，体会父母也同样需要他的关心和爱。当孩子一些家务做不好或不会时，父母要耐心地指导帮助；当孩子做得好时，要多表扬鼓励。孩子只有在切身实践和体验中才能体会到父母的辛苦，体验到为父母付出的快乐。当孩子的心中逐渐产生"父母养育了我，我应当感恩回报父母"的意识时，孩子对父母的关心、体贴与爱护也伴随着感恩意识的觉醒而自然到来。

孝敬父母长辈是人类各种美好品德中最为重要的品德，是做儿女天经地义的事情。羊羔有跪乳，乌鸦知反哺。大地乃万物之源，父母是生命之本。父母给予了我们生命，养育我们长大成人，子女回报父母的养育之恩，是亲情，是感恩，是大道，是至德。孝道在心，不看表面，不听高调，无关金钱，只论作为。继承孝道，传承孝道，发扬孝道是一代又一代中华儿女无可推卸的责任和义务。

常思自己过，
及时纠偏差。
教子多示范，
榜样力无穷。
文化常滋养，
点滴重养成。

第七节 干预拖延行为

拖延行为是指个体在有时间和精力的情况下,把日常事务或任务不断向后延迟的一种非理性行为。一些专业人士把这种行为定义为"非必要,后果有害的推迟行为"。拖延行为是一种复杂的心理现象,是个体不能很好地协调个性、认知、动机与情境等综合因素的结果,与人的情绪、意志、情感等因素密切相关。生活中的拖延现象随处可见,拖延行为普遍存在于各行各业人群中。作家总是在被出版社催促多次后才交稿;减肥的人总说下一顿饭就开始减肥;家庭主妇总是想下个礼拜再打扫房子;学生总是要被父母一次又一次催叫多遍才肯起床、洗漱、吃饭,总是要等到睡觉前才开始做当天的作业……拖延行为严重困扰人们的工作和生活,已经成为各行各业人们的一大难题。尤其是处在成长发育阶段的孩子,各种观念和习惯正在形成中,拖延行为极易被沾染,一旦养成固化的习惯,则会成为习惯性的"顽疾",造成对时间的浪费,做事效率低下,甚至会影响孩子的身心健康。因此,作为父母应尽早关注孩子拖延问题的防范与纠治,帮助孩子认清拖延行为的危害,找准拖延行为形成的主要成因,有针对性地进行防范与纠治。

一、认清拖延行为的现实危害

拖延行为表面看起来平淡无奇波澜不惊,看似行为慵懒的小节，有时被视为无足轻重的积习弊病。甚至，有些人视偶尔拖延是人皆有之的小毛病，不必多虑和大惊小怪。殊不知，拖延行为极具欺骗性、迷惑性和传染性。偶尔的拖延并不可怕，可怕的是有了偶尔一次的拖延，就容易产生第二次、第三次的拖延，拖延一旦发展成习惯行为，对人们的危害现实而直接。

(一) 浪费时间生命。古人云："一寸光阴一寸金，寸金难买寸光阴。"鲁迅先生也曾说"浪费别人的时间，等于图财害命。"时间的珍贵对于每个人而言都是相同的，堪比金钱与生命，是不可再生的宝贵资源。尤其是当下的社会高速发展，日新月异，人们惜时如金，争分夺秒地与时间赛跑。天不亮就起来打扫路面的清洁工、为赶时间边吃早餐边挤地铁的上班族、骑电瓶车快飞起来的外卖小哥、挑灯夜战的学生、不分昼夜的出租车司机……这一个个熟悉的场景，一幅幅身边的画面，构成的是惜时如金的时间争夺战场。而习惯性的拖延行为直接对时间造成无谓的挥霍与浪费，一秒一分、一刻一时就在拖延行为中毫无意义地流失。给拖延行为算一笔账，如果一个人习惯性地每天拖延浪费 1 个小时，一年就是 365 个小时，按人的平均年龄 80 岁计算，减去学龄前 6 年，退休后 20 年时间，就有 19 710 个小时（约 821 天），在拖延中被浪费。因此，拖延不仅仅是对时间的浪费，更是对生命的浪费。

(二) 拉低速度效能。当下社会已经跨入高速发展的信息化时代，高新尖技术、人工智能技术横空出世，给竞争激烈的人才市场和竞争日益惨烈的商业市场添了一把火。商场如战场，战场无亚军，效率成为制胜的关键，而人才却是效率高低的决定因素，优秀的人才总能在速度和效率上占得制胜先机，而习惯拖延的人因效能低下只能黯然离场。众所周知 2020 年初发生在我国的那场灾难性的疫情。武汉成为疫情初发的重灾区，病人无处救治，缺少救治的场地一时成为困扰政府的急难事。临时建设一座标准化的疫情防治医院成为头等大事。任务落在武汉市城建局肩上,武汉市城建局当即召集中建三局等单位的精兵强将,筹建疫情临时医院。承建单位2020年1月23日接受任务,1月24日,武汉火神山医院相关设计方案完成,1月29日,武汉火神山医院建设进入病房安装攻坚期,2月2日(初九)上午,有1000张床位的武汉火神山医院完工交付使用。同时,雷神山医院同时展开建设。2020年1月24日(除夕当晚)展开设计,1月26日开始进场施工,2月4日完成土建工程,2月8日(正月十五)交付使用,有1600张床位。这就是我们眼中的中国速度,成为中国建筑史上的奇迹。无疑是给喜欢拖延的人群上了一课,关键时刻,速度与效率决定成败。而习惯性拖延则是速度与效率的杀手锏,直接拉低速度与效能。可想而知,一个习惯拖延的人,在激烈的人才竞争和近乎惨烈的商战中,注定要吃败仗。

(三)滋生不良情绪。不良情绪是指因外界事物未能符合个体的需要,个体所产生的伤心、失望、悲观、冷漠、自卑、抑郁等主观感受。由于受拖延惯性的影响,一些习惯性拖延者没有或很少有机会获得高效做事成就感的体验,于是滋生出难过、紧张、焦虑、忧郁等不良情绪。这些不良情绪的存在,容易导致个体的心理活动失衡,做事时分心严重,不能投入到正常的工作学习中去。这些有习惯性拖延行为的人活得很辛苦,晚上不想睡,早上起不来,一整天都无精打采。间歇性懒惰打败了计划,总是想着还有时间慢慢来,等别人一催,就又开始着急,又或者害怕失败而焦虑,因浪费时间而悔恨。反反复复内耗不止,意志和精神不同程度受到伤害,对生活逐渐失去掌控感。不良情绪不能得到及时引导和化解,进而不断滋生蔓延,不仅工作学习效果大打折扣,而且还会出现头痛、食欲变差或暴饮暴食、失眠、神经衰弱等情况,进一步损害其身心健康,更有甚者会走上违法犯罪的道路。

(四)影响人际关系。在家庭中,作为父母对孩子的拖延行为最初还能保持理性劝导,随着孩子拖延行为的加剧,往往是斥责,或大吼大叫,粗暴制止。长此以往必定会伤害到家庭和睦,影响亲子关系,造成孩子的叛逆与自闭,有些孩子索性关闭与父母沟通的大门。在学校同学间,因为习惯性拖延孩子会被贴上"不守时""没信用""做事拖拉"的标签。而被贴上这样的标签会让同学朋友"敬而远之",尤其是同学朋友中那些积极进取、发奋向上的同学,则会对拖延者的一些陋习避之不及,拖延行为直接成为与同学朋友交往的障碍,从而妨碍了正常的人际交往。

(五)错失重要机会。有的人一生会遇到不少的发展良机,而这些发展良机稍纵即逝,而拖延则最容易丧失这些稍纵即逝的机会。有一个叫李明的年轻人,他梦想成为一名专业摄影师。李明拥有一台中等水平的相机,但他总想着要购买一台更高级的设备来提升自己的摄影技术。一天,他得知了一个消息,城里最著名的摄影工作室将要举办一场大型摄影比赛,获胜者将获得一笔丰厚的奖金和专业摄影师的培训机会。李明知道这是一个千载难逢的机会,他决定参加比赛。不过,他总是对自己说:"还有时间,先不急,等买了新相机再说。"日子一天天过去,李明总是找借口推迟购买相机的时间,总以"工作太忙"为借口。就这样,李明一直拖到比赛报名的最后一天。他终于下定决心去购买新相机,却发现自己的积蓄因为之前无谓的花销而不够了。李明懊悔不已,但为时已晚,他已经错过了报名时间。最终,李明因为拖延错失了实现梦想的机会。李明的拖延教训是深刻的,拖延是自我发展的大敌。它不仅阻碍我们把握当下,还可能让我们失去重要的机遇。有拖延习惯的人始终在机遇来临之前拖延,而机遇总是留给有准备的人的。

二、导致拖延行为的客观成因

拖延行为的形成原因多种多样,既有社会层面的不良诱因,又有来自家庭教育父母行为方式欠妥使然,更多的是拖延个体自我管理能力缺乏、心理问题、情绪问题、认识问题等诸多因素叠加形成。常见原因主要体现在家庭教养失当、时间管理失控、心理状态失衡、生活环境失常几个方面。

(一) 家庭教育失当。父母的家庭教育观念和教养方式,对孩子的情感、认识、道德、社会行为等方面均有重要的影响。两种极端的教育方式对孩子的不良影响重大。一种是父母过分干涉孩子的生活与学习,严格限制孩子的教育方式。父母为孩子设定许多规则,并监督孩子严格遵守,依靠权力而不是道理迫使孩子顺从。这种被压服的顺从,仅局限于表面,会造成孩子对规则和任务的逆反心理。从而以拖延行为来对抗父母的命令,期望这样可以逃避惩罚进而达到保护自身的目的。同时,这种过度的干涉,会养成孩子的依赖心理。如起床、洗漱、吃饭、完成作业、睡觉等日常行为,孩子知道最终会有父母的催促和提醒,所以这些事情在等待父母的提醒中拖延。另一种是不管不问的教育方式。这种教育方式导致孩子自由散漫我行我素,行为不受控制和约束,遇到自己厌烦的任务或不愿做的事情时自然而然地选择拖延。

(二) 时间管理失控。时间作为一种资源,既具有不可存储性,也具有可伸缩性。以学习为例,大凡学习效果良好的学生,大都具有较为高效的时间管理特点,时间管理是取得成功的关键。美国著名的管理大师杜拉克说:"不能管理时间,便什么也不能管理","时间是世界上最短缺的资源,除非严加管理,否则就会一事无成"。荷兰心理学家弗朗斯·德瓦尔发现,花两年时间完成论文的研究生总能给自己留一点时间放松、休整。那些花三年或者三年以上写论文的人几乎每分钟都在搜集资料和写作。所以,绝大多数时候,办事时间拖得越长,办事效率越低。因为不珍惜时间,导致对时间的挥霍浪费,总在"明天还有时间"的自我欺骗中,疏于对时间的管控,造成"时间管理"成为一些习惯性拖延行为的主要原因。

(三)心理状态失衡。知识经济时代竞争日趋激烈,孩子的生活、学习负担与心理压力越来越大,在学习与生活中不可避免地要经历许多困难情境。如考试、竞赛、排名、升学等,而这些情境均伴随有失败的可能。这种挫折的经历体验极易滋生羞愧、耻辱、自尊受伤、不自信等消极情绪。伴随着消极情绪而来的往往是失败恐惧、完美主义、价值认同偏离等心理问题。这些问题如果得不到及时疏导干预,日积月累,则会对孩子的学习生活产生巨大的消极影响。比如,完美主义是每个人都可能追求的境界,但往往在很多时候是无法做到完美,这种对完美的渴求导致对自己要求过于苛刻,使得过分关注未能做好的事情而忽略已经取得的成就。当过度追求完美而不顾及严重后果时,就出现了实践中的完美主义,就会导致抑郁、社交隔离、失眠、强迫行为等消极后果。而拖延行为恰恰能暂时缓解他们面临的这些压力,以致形成恶性循环。

(四)生活环境失常。环境具有熏陶人、影响人、教育人的功能和作用,尤其是家庭环境对孩子的影响直接而深远。父母及家庭成员有意无意的习惯性拖延行为,会直接影响到孩子的不良行为,被孩子理所当然地效仿和继承。比如,父母的习惯性迟到、不守时,承诺事情的无限期推迟、无故变卦,家庭成员的磨蹭、低效等,均会让孩子习以为常。在这种环境的熏陶影响下,孩子自然会养成拖延习惯。还有一些家庭氛围恶劣,父母三天一大吵,两天一小吵,家庭如战场,家庭缺少应有的宁静与和睦氛围,使孩子长期生活在恐惧中,这种干扰与影响让孩子无法专注和集中精力做事与学习,导致逃避式拖延行为的发生。

三、纠治拖延行为的方法对策

生活中的习惯性拖延者表现的形式大同小异,形成的原因各不相同。纠治拖延行为,应分清拖延行为的形成原因,找准问题的症结所在,有针对性地精准干预,在增强针对性和实效性上下功夫。

(一)纠正教育方式。父母的教育方式对孩子的习惯养成起着潜移默化的影响,一些不当的教育行为直接或间接造成孩子拖延行为。现实生活中,父母往往忙于生计、疲于工作,对孩子的教育往往缺乏足够的耐心,不自觉地习惯于对孩子发号施令。甚至是粗暴干涉,用威力压服。这种粗暴的干涉和不管不问的两个极端,均会导致孩子滋长拖延行为。父母应经常反思自己对孩子的教养方式,及时纠偏纠正。积极营造家庭平等和睦氛围,采用尊重、沟通、温暖、接纳等积极的教育方式,对孩子更多地给予温和、理解、支持、鼓励,尊重孩子独立和自主,让孩子对父母的教养方式深度认同,心悦诚服。这种健康的教育培养出孩子自信、阳光、愉快,拖延行为也因父母良好的教育方式被积极克服。

(二)强化引导干预。在生活中,父母要引导对有拖延习惯的孩子认识时间管理的重要性,让他们对自己时间管理现状进行正确的评价,正视时间管理。学会有效切割任务,各个击破。以"微习惯"的思维方式克服畏难情绪及时行动,通过从难度小的任务做起,让孩子体验成功的快乐,从而树立起信心;以制订目标计划的方式细化时间管理,让孩子在规定的时间内完成规定任务;及时监督反馈,用奖惩跟踪问效。及时表扬鼓励积极行为,对严重的拖延行为实施必要的惩戒;及时帮助孩子学会分清任务的轻重缓急,善于抓住主要矛盾,提高时间的利用率;设置任务时限,养成快速做事的节奏感;有意提升抗干扰能力,不受外来干扰的牵绊,不在无谓的人和事上浪费时间。通过耐心的引导干预,着力培养该做的事情要马上行动的作风和"今日事、今日毕"的良好习惯。

(三)加强情绪调控。积极情绪是当个体需要得到满足时所伴随的情绪体验,例如喜悦、自豪、感激等情绪;而消极情绪是个体应对生存威胁时所产生的情绪反应,它与特定的行为相关。例如愤怒产生攻击的欲望、恐惧则产生逃避欲望等。积极情绪能够激活一般性的行为反应,如高兴、喜悦伴随无目的激活,兴趣伴随注意定向等。积极的情绪更容易提高学习兴趣,增加对探索知识的好奇心,或者提高自我决定的外部动因,这些都会促进个体积极主动行为,从而减少拖延。那些处于消极情绪的个体更容易产生拖延行为,因为消极情绪是不愉快的情绪体验,个体就会逃避造成这种情绪的事件,从而产生拖延行为。所以家庭中,父母应注重营造快乐的氛围,让孩子在快乐的氛围中成长生活,用积极情绪影响自己感染别人,在愉快中成长生活,自觉降低拖延行为。

(四)积极改善环境。父母应高度重视家庭环境对孩子的影响,和谐健康积极向上的家庭环境和恶劣的家庭环境均会对孩子产生直接而深远影响。积极向上的家庭环境能有效传递正能量。父母及家庭成员的守时、高效、不拖延等积极正能量的行为方式,对孩子有着直接有效的教育引导作用,让孩子在潜移默化中学习效仿和继承。和谐的家庭环境有利孩子的健康成长,和睦的家庭氛围、和谐的家庭关系带给孩子的是温暖祥和,养成孩子自信、阳光与自律。反之,带给孩子的则是恐惧、逃避和拖延。安静的家庭环境会减少不良因素对孩子的干扰影响,利于孩子的专注和集中精力做事与学习。因此,父母应重视健康家庭环境的营造,力所能及地给孩子创造利于健康成长的家庭环境和氛围。

"明日复明日,明日何其多。我生待明日,明日成蹉跎。世人总被明日累,春去秋来总如期。朝看水东流,暮看日西坠。百年明日能几何?请君听我明日歌。"这是明代诗人钱福创作的《明日歌》,警示世人珍惜当下,拒绝拖延。孩子是未来、是希望,防范和纠治拖延应从孩子的日常点滴抓起,从当下做起。家庭教育是纠正和防范拖延的前沿阵地,父母肩负着不可推卸的责任。高度重视拖延的防范与纠治,认真学习研究这一社会性的难题,不断实践探索治本之策,方能让孩子远离拖延。

中篇　防治重点问题

第八节　防止沉迷游戏

沉迷游戏是指一种持续或反复地使用电子或视频游戏的行为模式,表现为游戏行为失控,游戏成为生活中的优先行为,因过度游戏而忽略其他兴趣爱好和日常活动,不顾不良后果,并持续较长时间。① 据新华社报道,2023 年 8 月 28 日,中国互联网络信息中心在京发布第 52 次《中国互联网络发展状况统计报告》。报告显示,截至 2023 年 6 月,我国网民规模达 10.79 亿人,较 2022 年 12 月增长 1109 万人,互联网普及率达 76.4%;各类互联网应用持续发展,即时通信、网络视频、短视频用户规模分别达 10.47 亿人、10.44 亿人和 10.26 亿人;数字化产品及服务加速发展,促使网民数字技能水平稳步提升,至少掌握一种初级数字技能的网民占整体比例为 86.6%,60 岁及以上网民、农村网民等重点群体逐步掌握数字技能。截至 2023 年 8 月,以手机游戏为主的网络游戏成瘾人群逐年递增,其中,青少年为手机游戏的重灾人群,比例超过 2018 年统计的 30.5%,也就是约三个青少年中,就有一个"网瘾少年"。② 2019 年 5 月 25 日,世界卫生组织正式将沉迷游戏(医学称"游戏障碍")作为新增疾病,纳入"成瘾行为所致障碍"疾病单元

---

① 王美华:《孩子游戏成瘾,"解药"在哪里?》,《人民日报·海外版》2023 年 8 月 11 日。
② 中国互联网络信息中心(CNNIC):第 52 次《中国互联网络发展状况统计报告》(2023 年 8 月 28 日)。

中。对于游戏障碍的诊断有着相当严格的标准。现行标准中一共列出了9种症状,一般要满足其中5项,才可考虑后续判断。

1. 完全专注游戏;
2. 停止游戏时,出现难受、焦虑、易怒等症状;
3. 玩游戏时间逐渐增多;
4. 无法减少游戏时间,无法戒掉游戏;
5. 放弃其他活动,对之前的其他爱好失去兴趣;
6. 即使了解游戏对自己造成的影响,仍然专注游戏;
7. 向家人或他人隐瞒自己玩游戏的时间;
8. 通过玩游戏缓解负面情绪,如罪恶感、绝望感等;
9. 因为游戏而丧失或可能丧失工作和社交。

符合其中5条标准后,还需要判断持续时间,通常需持续至少12个月才能被诊断为游戏成瘾,如果症状严重,持续时间可以缩短。研究显示,10—25岁是人的大脑发育、学习成长、人际关系建立的关键时期,是发生游戏沉迷的高风险期,游戏障碍者以男性、儿童青少年人群为主。

一、游戏沉迷的主要原因

移动互联网高速发展以及智能手机的迭代更新,使得手机普及率不断提升,使用手机上网便捷而高效,以智能手机为载体的手机游戏也迅速发展。中国互联网络信息中心调查显示,截至2020年3月,手机网络游戏用户规模已达5.29亿[1]。随着手机网络游戏的大肆兴起,越来越多的人热衷甚至沉迷于手机网络游戏的虚拟世界中。尤其是一些青少年对手机网络游戏推崇备至、迷恋忘

---

[1] 中国互联网络信息中心:第45次《中国互联网络发展状况统计报告》(2020年4月28日)。

返。手机网络游戏哪来的"魅力"与"法力"让这些青少年染指即迷,一迷即痴,深陷其间不能自拔。其原因复杂多样,既有青少年个人内在的问题成因,又有家庭、学校、社会等一些外部因素的影响。

(一)**情感疏离,爱的缺失**。在以排名、分数论高低成败的当下,一些父母更多地关心孩子的排名与分数,片面强调学习成绩,重视督促孩子学习任务完成,忽略了亲子关系的培养,造成父母与孩子情感疏离。给孩子的感受是父母只关心学习成绩,只爱自己的学习成绩,给自己的爱是没有温度的爱。尤其是当前一些农村家庭的孩子,父母长年在外地打工,孩子交由爷爷奶奶或外公外婆照看。孩子一年与父母见不了几次面,导致孩子感受不到父母的亲情与爱,造成孩子情感归属与爱的缺失。而这种本能的需求得不到满足时,作为一种自救性行为,可能就会去网络游戏里寻求。而网络游戏恰恰可以产生良好的情感代入体验,游戏中的角色会被青少年赋予情感化、拟人化的形象,青少年容易与游戏中的角色产生一致性共鸣。而这种情感的沉浸体验给予青少年全新的心理感受,尤其是一些在现实生活中无法得到满足但在游戏里能获得随机性体验感受、被关爱的感受、自由的感受、愉快的感受、有力量的感受等,在一定程度上给了他们情感归属与爱的补充。

(二)**成长受挫,渴望认同**。美国的心理学家马斯洛提出的需求理论中,自我实现是人最高的追求,是人潜能、天赋、才能的充分实现,这种需求是人的正常心理需求。而现实生活中,父母对孩子的期望和要求被无限放大,有时孩子即使考试考了99分,可能也要被问责那丢失的1分,这种被无限拔高的目标现象在中国家庭教育中比比皆是。而更多学习成绩一般的孩子,在日常中往往是被批评斥责,孩子的上进心、自信心和自我实现的成就感会因受到打击而缺失。而网络游戏为青少年提供了自我实现的虚拟途径,网络游戏的虚拟性、可塑造性为青少年提供了新的自我身份,在其虚拟世界中,玩家享有更高的自由度与掌控感,更容易经历高峰体验,产生喜悦与兴奋,获得自我实现的体验感。在游戏里的每次通关、打怪、称王,都会使青少年体验到愉悦感和幸福感,得到一定的自我成就感,从游戏中认同自我的价值,并从中获取自我实现。这种感受会使他们沉浸其中,去追求更多的自我实现体验。以致有些青少年甚至会分不清楚游戏和现实,沉沦于虚拟世界。

（三）逃避现实,释放压力。当面对现实问题困难无力、无助时,逃避现实问题和困难往往会成为青少年沉迷于网络游戏的主要原因。一方面,对于从小生活在父母百般呵护下的青少年而言,习惯了温暖舒适的生活环境,较少经历或遭遇较大的挫折困难。而一旦遭遇家庭、环境或个人等重大变故,如亲人离世、父母离异、家庭破裂、经济困难或者遭遇其他重大变故等现实问题,对于生活在顺境中的青少年的影响和打击是巨大的。正处于生理和心理快速发展阶段的青少年,本身就对外界事物敏感,极易受到外界各种因素的影响。而这些家庭、环境或个人遭遇的重大变故的现实问题,会让青少年措手不及无所适从,不知如何应对而一筹莫展。无力感、失落感倍增,从而导致情绪剧烈波动,悲观情绪肆意蔓延,情绪长时间处于不稳定状态,继而产生焦虑和安全感缺失。青少年会选择通过手机游戏转移注意力,缓解自身的焦虑和不安全感。在游戏中他们能暂时回避现实问题,体验到现实生活中所没有的快乐与成功,由此逐步恶性循环,导致手机游戏沉迷。由于平时学习任务重、压力大,学习成绩不理想,以致背上沉重的思想和心理包袱。为了逃避和缓解学习压力,他们会考虑将其转化到虚拟世界中,以期获得压力缓解。加之学校和家长的压力,会使青少年因害怕、恐惧而索性选择放弃那不可能完成的学习任务,选择得过且过。因此有一部分青少年就会选择通过手机游戏来逃避和缓解来自学习方面的压力,在虚拟的游戏世界中体验在现实中体验不到的快乐。此外,一些在现实生活中因性格孤僻等原因,导致交往困难的青少年容易在网络游戏中逃避现实交往,释放因交际困难带来的压力。他们在网络游戏中能找到知己和倾诉对象,寻得帮助和安慰,这是使其对网络游戏成瘾的原因之一。

(四) 游戏吸引,刻意迎合。网络游戏被青少年喜爱迷恋甚至深陷其间不能自拔,自然有网络游戏的"不同寻常"之处。丰富多样的游戏内容、富有创意的选题、身临其境的感受、即时交互的特点、新鲜刺激的场面、色彩斑斓的画面、精妙绝伦的攻防等,带给人们全新的、富有刺激的、身临其境的体验与感受,让人爱不释手,难舍难离。网络游戏的设计研发者们,紧随时代步伐,大批量投入资金和技术人才,着力研究迎合受众的客观需求,不断推陈出新。每年各个网络游戏公司都会推出自己的新产品,老产品也会不断地升级,这样游戏才不会被淘汰,才更容易被受众接受,也更具有生命力。一些游戏公司为了迎合青少年的猎奇心理,甚至用低级庸俗画面吸引青少年,把一些暴力色情元素植入游戏,以增强游戏的吸引力。此外,手机游戏的运营商通过花样翻新的针对性宣传推广,直接增加了青少年群体对手机游戏的黏性,加之青少年自律性差,更容易导致他们产生游戏沉迷行为。

二、游戏沉迷的现实危害

网络游戏让父母和学校"谈虎色变",被视为"电子海洛因",一旦沾染沉迷,不但影响身心健康,还直接影响学习,影响人际交往,甚至会因此走向违法犯罪的道路。

(一) 危害身心健康。沉迷游戏中的青少年,经常通宵达旦玩游戏,动辄 2—3 小时,有时长达 6—10 小时,更有甚者会连续奋战 12 个小时以上。长期的睡眠不足和长时间的精力高度集中、大脑极度亢奋,导致心跳加快、血流加速、视觉疲劳、肌肉酸痛、失眠、大脑发育受损、激素分泌失衡、免疫能力降低等多方面的身体伤害。另外,长时间保持一种坐姿,容易造成脊椎骨损伤、压迫内脏等一系列对孩子们健康成长有严重危害的影响。此外,青少年时期是心理和生理快速发展变化的关键时期,极易受到干扰和影响。长期在网络游戏中娱乐,会产生精神依赖,导致植物神经紊乱,严重时可能会导致精神分裂和心理失调。长期网络暴力游戏逼真的体验使青少年崇尚暴力、追求武力,习惯于打打杀杀的血腥场面。思想、情绪、心理随游戏的激烈打斗剧烈变化无常,往往产生焦虑、紧张、忧虑、孤僻、冷漠等等心理障碍,对青少年的心理健康造成伤害。例如:2004年12月,13岁的天津少年张某在连续玩《魔兽争霸》36个小时后,以标准的飞天姿势,从楼上坠下,去追寻他心目中的英雄尤第安、复仇英雄和守望者。他们已经分不清现实社会和虚拟环境,不成熟的心理很容易受网络游戏的影响和伤害。

(二)**影响学习进步**。在对中小学生的调查问卷中,"你玩网络游戏后,是否无心上学、听课、学习?"和"你的学习成绩怎样了?"有14.4%的学生认为自己参加网络游戏导致自己无心上学、听课、学习,有46.9%的学生认为自己参加网络游戏有时会导致自己无心上学、听课、学习,也有19%的学生没有对此问题做正面回答,说明他们的心中觉得有所顾忌,而31.3%的学生说,他们参加网络游戏后,学习成绩下降了。[①] 有80%的网络游戏痴迷者成绩处于中下水平。这说明了网络游戏对青少年的学习和生活造成了很大的影响。青少年一旦沉迷网络游戏,就会花费大量的时间和精力在网络游戏上,就不能保证正常的学习和休息时间。即使在

---

① 李永亮:《青少年沉迷网络游戏的危害及教育对策研究》,山东师范大学硕士学位论文,2010年。

学习时也不能集中精力,学习质量和效果难以得到保障,从而导致学习成绩下降,严重者甚至会产生学习障碍。据分析,这些同学之所以成绩下降是因为太过于沉迷在游戏中,几乎无时无刻不想着游戏中的情节,一心扑在游戏上,导致上课听不进老师讲课,下课更无心完成作业,以至于成绩下滑。

(三)**歪曲价值取向**。青少年时期,人生观、价值观和世界观正处于形成阶段,网络游戏中"金钱至上""暴力至上""胜者为王"的价值观念和思维模式常常充斥其间,甚至被反复宣扬。尤其是一些国外的游戏,所宣传的文化与价值取向与我国倡导的先进文化、主流文化及社会主义核心价值观有较大的差异,甚至背道而驰。而"三观"尚未真正形成的青少年,很容易被游戏中的价值观误导,在游戏中不知不觉接受了游戏人物的价值观念,在游戏内推崇,在游戏外效仿。通过游戏,这些价值观逐步渗入青少年的头脑中,进而使其形成一种扭曲的思维方式和价值观。例如,网络游戏中"暴力文化"与"黄色垃圾"随处可见,这些不良文化极易给青少年的思想行为带来不良的影响,歪曲了青少年对是非的判断标准。另外,青少年在互联网上通过国外的网络游戏频繁接触西方国家的宣传论调、文化思想等,这使得他们头脑中沉淀的中国传统文化观念和我国主流意识形态形成冲突,使青少年的价值观产生倾斜,甚至盲从西方。

(四)**诱发违法犯罪**。一些网络游戏打着免费的旗号诱使青少年玩,但在玩的过程中其过关升级需要游戏者不停地购买装备,每增加一种本领或获得一种装备,都要金钱铺路,否则,在游戏中就地位最低,任人宰割,寸步难行。这就抓住青少年寻求新奇刺激、争强好胜的心理,迫使他们不停地往游戏里投钱,随着上网时间的增多,费用也在不断增高,使得青少年整天想着怎样去筹钱而无心学习。有的是向同学借、向家长骗甚至抢劫和偷窃来解决上网费用的问题。这也成了青少年发生犯罪问题的一个重要原因，从开始的小偷小抢，到后来恶性案件，一发而不可收拾。有资料显示，目前中国市场销售的网络游戏有大约95%是以刺激、暴力、打斗为主要内容，在游戏里所有的问题都可以通过武力来解决，当青少年熟悉这种解决问题的方式后，在现实中遇到困难冲突，便会采用这种熟悉的方式来解决。在我国，因沉迷游戏缺钱充值而偷盗、抢劫、杀人的恶性案件已经发生多起。

三、游戏沉迷的防范纠治

青少年沉迷游戏的行为，从表面看是一种影响身心健康的不良行为，究其深层次的原因是现实关系出了问题，正常需求得不到满足，应对现实困难和压力的能力受到限制，导致沉迷游戏不良行为的发生。因此，防范和纠治青少年沉迷游戏，必须针对沉迷游戏的不同客观成因和真实状况，科学精准干预，方能提供有效帮助，达到克服和走出沉迷游戏的目的。

（一）理性认识，准确判定。一些家长一提到手机网络游戏便"谈虎色变"，把手机网络游戏视为"洪水猛兽""电子鸦片""毒品海洛因"，紧张恐惧之情溢于言表。而这种超乎寻常的表现，缘于手机游戏危害的道听途说，和缺乏对手机游戏的客观认识了解。爱好游戏是人类的天性，手机网络游戏应人们的现实需求而产生，不但可以供人们消遣娱乐，还能起到放松心情、缓解压力、学习知识、培养思维、提高智力等作用。祖先造"过错"一词，形象指出凡事皆有利弊，看似有利于人们的事物，一旦"过"了，即结"错"果。手机网络游戏亦是如此，它的趣味、新鲜、刺激迎合了人们的现实需求，因而备受推崇和喜爱。而这种喜爱过度盲目，则导致游戏行为不受控制，影响工作、生活和学习，成了危害人们身心健康的"恶魔"。因此，首先，父母要理性客观认识了解手机游戏，才能科学防范和纠治游戏。其次，父母应客观真实了解掌握孩子手机游戏行为的状况，准确判定手机游戏行为的程度。既不能草木皆兵，也不能等闲视之。喜欢玩游戏不等于游戏成瘾，一些孩子仅仅是喜欢手机游戏，并未达到沉迷游戏的医学认定范围。有些只是父母过度紧张，因而夸大其词，希望引起重视。沉迷游戏的判定必须严肃认真实事求是，严格按照沉迷游戏的认定标准科学判定，必要时可请专业人员判定，避免从没有根据的主观臆断得出结论。因为准确的判定，是有效防范和纠治的前提。

（二）**用爱温暖，弥补需求**。孩子游戏成瘾往往是在现实生活中感受不到父母家庭的关爱，情感被疏离，是向家长发出的呼救信号。当孩子对爱与情感的本能需求没办法得到满足时，作为一种自救性行为，可能就会去网络世界里寻求代偿。因此，增进亲子关系，满足孩子对爱的需求，是防范和纠治沉迷游戏的"良药"。处于青春期的孩子看似不爱跟父母沟通交流，但他们脆弱敏感的内心更需要父母的关心与呵护。多给孩子有质量的陪伴，尝试放下一些无关紧要的事，在孩子需要的时候，陪伴在他（她）身边，给他（她）温暖和安全。多跟孩子有效地沟通交流，把孩子当成朋友，善于倾听孩子的心声。在与孩子沟通的过程中，不批判不评价，只表达自己的想法和感受。多给孩子理解帮助，当孩子生活和学习中遇到学业上的压力、考试失败、同伴关系矛盾等问题时，应感同身受理解帮助，无条件接纳他们的埋怨和负面情绪，帮助他们渡过难关。善于用赏识教育鼓励孩子，尽量避免"伸食指"式的指责批评，多用"竖拇指"式的鼓励夸奖。由此来激发孩子的进取动力，肯定孩子的价值。这些看似寻常又显得微不足道的行为，就是父母对子女的爱，正是孩子缺失的需求。

（三）**疏堵结合，科学管控**。手机网络游戏能被青少年喜爱乃至沉迷，是人们喜欢游戏的天性所致。适可而止的手机网络游戏并无不妥,不但能调整紧张的情绪、消除疲劳,还能拓宽视野、学到知识、提升智力。但手机网络游戏一旦沉迷,为了玩游戏而玩游戏,以牺牲正常的学习或工作为代价,这就与以消遣为目的初衷背道而驰,成为阻止和遏制的对象。但粗暴地断网、断费、没收手机式的阻止和遏制方式,更容易引起青少年强烈的好奇心和顽固的叛逆行为。如此一来,孩子的手机游戏行为由"地上"转入"地下",导致孩子想尽一切办法、不计一切代价、不顾任何后果去玩手机游戏,甚至会疯狂病态地玩手机游戏,孩子玩得更累,父母的管理干预更难。而对手机游戏采取疏堵结合,允许孩子有选择地玩、有节制地玩,则有利于手机游戏的有效管控。父母帮助孩子选择游戏,指导孩子将游戏进行分类,筛选出健康益智、娱乐性强、孩子喜欢的游戏,根据学习任务,给孩子安排一定的游戏时间(一般每天不要超过40分钟),渐次管理控制孩子的游戏行为朝健康可控的方向发展。建议有时间的父母陪孩子一起玩游戏,成为孩子游戏中的"战友",增强与孩子的互动,与孩子在游戏中同进同出,管理节制孩子的游戏行为,避免沉迷行为的发生。通过疏堵结合的管理方式,让孩子在认真完成学习任务的前提下,有节制地玩手机游戏,满足心理需求,并渐次节制和淡化。

(四)转移兴趣,分散注意。从沉迷手机游戏孩子的兴趣爱好来看,大多兴趣爱好单一,习惯于室内活动,较少参与户外活动。空闲时间除了玩手机游戏,就很少有其他的兴趣与爱好。孩子完成学习任务后,一有闲暇时间,就会习惯性地拿起手机,进入游戏。因此,拓宽孩子的活动空间,培养健康向上的兴趣爱好是让孩子放下手机的实践经验。根据现实情况,帮助孩子培养一种他真正感兴趣的爱好,如阅读、绘画、书法、乐器、发明创造等。一旦有一两项爱好兴趣,在空闲的时间里,孩子就会放下手机,去做让他感兴趣的事情。学习之余,拓展孩子的活动空间,给孩子安排丰富多彩的娱乐活动。比如周末带孩子去郊游、看电影、去博物馆,长假去旅游。就是在平时也可以在孩子完成学习任务后,鼓励孩子跟父母或朋友一起去运动。让这些健康向上的活动把孩子的空闲时间填满,而孩子大多天生是好动的,充满好奇心的,去参加丰富多彩的户外活动能有效分散转移孩子的注意力,从而达到使其远离手机游戏的目的。

防范纠治孩子沉迷游戏的行为,是一项长期艰苦的系统工程,需要父母有百折不挠的坚强决心、恒心和毅力,足够的爱心、耐心和责任心。用爱温暖、用心感化、用情召唤,竭尽所能满足孩子的心理和情感需求,弥补缺失。积极探寻实践防范与纠治的方法和技巧,用智慧、智力帮助孩子摆脱游戏的沉迷,重回正常生活轨道。

第九节　警惕青春叛逆

什么是叛逆？所谓叛逆，顾名思义，就是反叛的思想、行为，忤逆正常规律，与现实相反，违背他人（比如孩子违背父母）的本意，常常做出一些出乎意料之外的事。叛逆是一种"长大了"的感觉，是一种强烈的自我表现欲，在思维形式上属于"求异"思维，希望引起他人注意的表现。叛逆期就是指孩子发生叛逆行为的特定时期。孩子在成长的过程中，一般都要经历三个叛逆期：两三岁时的"宝宝叛逆期"、七八岁时的"儿童叛逆期"、十二岁至十八岁时的"青春叛逆期"。这三个叛逆期分别有不同的特点，反映了三个阶段孩子的个性发展以及心理变化的状况，会对孩子的成长起着不同的作用。青春期是少年向成年过渡的重要时期，孩子的身体、思想和心理发生一系列的变化，这些变化带给父母与孩子程度各异的适应性障碍，导致孩子叛逆行为的发生。面对孩子青春期的叛逆行为，父母虽有心理准备，却往往应对吃力猝不及防。甚至由于不当应对，父母与孩子现实矛盾冲突加剧，对孩子的健康成长带来无法挽回的影响和伤害。因此，这个时期的特殊性，决定了家庭教育的艰巨性。

一、青春叛逆的具体表现

由于个人性格、生活环境、生活经历、家庭教育等情况的不同，处于青春期叛逆行为的表现也不尽相同。有些表现明显、激烈，甚至出现极端行为,而有些则表现不明显,或少有表现和根本没有发生过叛逆行为,从表面上看不出叛逆现象。但是,处于青春叛逆期的孩子一些共性的行为特点鲜明突出。

（一）自我意识觉醒。随着孩子身体的发育及心智的不断成熟,他们开始具有了独立的是非判断力,自我意识和独立意识开始萌发,自我意识的觉醒是他们成熟长大成人的标志。在这一阶段,他们往往会表现出一些异常的行为。一是开始挑战权威。为什么孩子进入青春期就开始不听话了呢？那是因为孩子年幼的时候对事物没有分辨能力,认为父母的意见和要求毫无疑问,是正确的、是绝对权威。因此,对父母的要求或"指令"会顺从,毫不迟疑地落实在行动上。而到了青春期,随着孩子是非判断能力的提升和自我意识的增强,孩子开始用自己的方式去分辨是非和体现自我。而父母的思想观念和行为方式却还停留在孩子少儿阶段,矛盾和冲突就不可避免地发生了。二是渴求独立自主。在父母眼中,孩子永远是长不大的孩子。而现实是随着孩子身体和心理的不断发育成长,他们长大了。他们渴望得到"成人式"的尊重,包括主体地位、个人思想、个人权利、私密空间等同步受到应有的尊重。他们刻意与父母保持一定的距离,开始关起卧室的门、开始写日记、开始与父母的沟通交流"有所保留"、开始有了自己的小秘密和生活圈。原本小时候总爱与父母寸步不离的孩子,现在宁愿在家玩游戏、看手机或者睡觉,也不愿意和爸妈一起出门。但如果有同学或朋友邀约,就可能马上和他们兴致高昂地出门了。他们通过这种行为,以谋求形式上与心理上的独立自主。三是刻意自我表现。随着孩子年龄的增长,细心的父母会发现,孩子突然"讲究"起来。在穿着上,他们开始注重穿着打扮、在意外在形象、讲究服装和日用品的品牌和质量。有些孩子开始追赶潮流和时尚,甚至着奇装异服和怪异造型彰显个性,以引起他人的关注。比如,女孩子会偷偷试用妈妈的指甲油、口红、高跟鞋等物品。在言行上,开始有意约束自己,尤其在意自己在公众场合的言行带来的影响,在意别人的看法。

(二) 情绪波动异常。处在青春期的孩子常常表现出无端的暴躁发火和情绪失常,"阴""晴"转换快,"翻脸"如"翻书",常常发生一些莫名其妙的情绪失常行为,这种情绪的异常波动与青春期不稳定心理有极大的关系。一是敏感多疑。处于青春期的孩子,常常多愁善感,对周围事物的敏感度高,特别在意别人对自己的看法,在意自己在别人心目中的形象和来自外界的评价。一句无心之语就有可能让敏感的心跌荡起伏,猜测、思虑、纠结其间,以致受到影响而心烦意乱。在这期间,一切无关紧要的事,会被排斥、会被忽略、会被无差别地回怼,甚至因受到干扰而大发雷霆。二是情绪变化快。情绪易受影响、喜怒无常是青春期孩子的一个显著特征,他们常常因为一件不经意的小事而即刻发怒,也常常会因一句善意的关心和暖心的举动而瞬间释怀。初中三年级的小王因做好事帮助同学打扫教室卫生,让在校门口接他放学回家的妈妈焦急地等待了半个小时,妈妈一见小王的面便在其他几个同学面前,严厉地批评了小王。一瞬间,小王胸口剧烈起伏,面红耳赤,情绪激动,失声大哭。妈妈了解情况后,主动检讨了自己的武断行为,并对小王的行为进行了表扬鼓励。小王的情绪也立马得到平复,破涕为笑。三是情绪不受控。青春期的孩子情绪本来就不稳定,其自我控制情绪的能力也比较差,易受影响和干扰。有时候很小的一件事也可能引燃他们心中的怒火,负面情绪会瞬间爆发,很容易和家人、同学起冲突。当遭受挫折、打击、失败或批评指责时,更容易导致情绪失控、冲动发飙。处于青春期的孩子往往自尊心和自我意识较强,而心理相对脆弱,承受挫折和打击的能力也相对较弱。尤其是遭受打击、经历失败时,情绪低落、沮丧懊悔。此时激烈的批评和指责无异于进一步否定和打击,往往让处于青春期的孩子难以接受,导致情绪失控,甚至发生一些不理智的极端行为。

(三)"仇亲"现象明显。"仇亲"就是处于青春期的孩子,容易把最亲的人当成"敌人"或"仇人",把自己的负面情绪和压力发泄到最亲的人身上,把父母和亲人当成权威挑战对象、不满发泄对象、无故被怼对象。当孩子长大到十几岁的时候,突然之间就会变得不服管教,甚至与父母就像是仇人相见一般,这一转变让很多父母都始料未及。其实,这是因为孩子进入到了青春期的初始时期——"仇亲期",孩子进入"仇亲期"往往多在13—14岁出现,持续时间往往在1—3年,其表现也比较明显。

一是沟通减少,对抗加剧。步入青春期的孩子,有了自己独立思维和判断是非的能力。一改听话顺从的态度,逐渐减少与父母的沟通交流,转而依赖同龄人的支持和认可。这种转变可能导致亲子关系紧张,特别是当父母尝试维持控制时,对抗随之而来。为了彰显自我,对父母的一些言行开始持否定态度,开始与父母"较真""碰硬",往往采用"顶嘴"和"唱反调"的方式来表达自己的情绪和观点。有时,父母说他一句,他能回怼父母十句;有些事情父母认为不可为,他却非得去尝试,用过激逆反的言行顶撞父母,显示自我。除了以言行顶撞父母外,有些孩子还有嫌弃父母的表现。比如当父母言谈举止出现不当或穿着打扮落伍时,会觉得自己很丢脸。因而就会产生嫌弃的心理,不愿意一起出门,与父母一起出门远远地保持距离,恨不得一人走一条道,装作一副谁也不认识谁的模样。

二是自以为是,盲目自信。孩子进入青春期之后,就不会像小时候一样,遇到问题和困难就依靠和依赖爸爸妈妈,而是会觉得父母的思想观念落后、老套,并认为自己要比父母的想法更超前和科学合理。随着自我认识和独立意识的发展,还不断强调自己是独立的个体，往往就会出现自我认同感较强的心理，陷入盲目自信中，觉得自己无所不能。同时，也急于向父母证明自己已经长大了，应该得到应有的尊重和自由，从而达到摆脱父母束缚、自立和自主的目的。

三是极不耐烦，脾气暴躁。处在青春期的孩子，情绪不稳定，对父母脾气暴躁极不耐烦，常常会把父母当作负面情绪发泄的对象。他们视父母的关心、叮嘱为唠叨，对父母的言行与对自己的干预行为常常持不耐烦的态度，面对父母的谈话，不仅会极其不耐烦地打断谈话，还会直接选择离开。有时，对父母的干预和规劝表示反感，表现出十分明显的抵触情绪。若父母不能顺从自己的意愿，便会变得躁动不安，向父母耍性子发脾气，有时甚至不分场合，出口伤人。

（四）冒险行为增多。青春期是儿童向成人的过渡期，青少年的生理、心理快速发展并趋于成熟。在这个快速且变化显著的时期，相较于儿童和成年人，处于青春期的青少年更爱冒险，经常会做出鲁莽的决定和危险的行为。

一是追求刺激。青少年冒险行为与大脑的变化和发育密切相关。处于青春期的青少年，大脑机能以及大脑对外界的反应模式都呈现出极度活跃的状态，加上身体和心理成长带来的躁动与不安，导致他们对新鲜刺激具有超乎寻常的好奇与追求。尤其是一些冒险行为更具有新鲜感、刺激性、挑战性，偷偷尝试这些被父母严令禁止的危险行为便成了一些青少年追求刺激的不二选择。他们在一次次的尝试体验中获得自我肯定的精神满足，获得独立自主的自豪感和成就感。

二是彰显个性。当下的青少年追求精神自由、特立独行、个性张扬和与众不同，这已经成为一种时尚和潮流。处于青春期的青少年，为引起他人的关注，往往在穿着打扮和言行上刻意显示自己的与众不同,以引起他人的关注或期望得到他人的认同。为了显示自己的与众不同,他们有时会刻意采取一些冒险行为,在同伴面前显示自己的"勇敢"和"有个性"。同时,也把这种冒险行为作为证实个人能力和对外炫耀的资本。他们开始拒绝像儿童时期那样顺从、听话,越是父母认为很危险或不允许的行为,越是要想方设法尝试。通过冒险行为的实施证实自己思想行为上的独立与自主。加之追求个性自由的价值取向、追奇猎新的社会文化环境,都为青少年冒险行为提供了"温床"。

三是跟风学样。随着青少年的生活空间和交往范围的逐步扩大,父母对青少年的影响力减弱,同伴群体和社会的影响力却在增强。青少年更关注和看重同龄人对自己的看法,他们特别忠诚于自己所属的小圈子。他们模仿能力强、对新鲜事物的学习掌握快、相互影响大,对待吸烟、喝酒、欺凌他人、危险行为、成瘾行为、离家出走、自残、自杀企图和死亡游戏等行为,识别与防范能力相对较弱。一旦受到同伴或社会上的不良影响,很容易失去对风险的察觉,在"刺激"与"好玩"的驱使下,跟风学样发生一些冒险行为。

二、青春叛逆的主要原因

青春叛逆是进入青春期孩子萌发独立意识的一种外在表现,是"长大了"的一种标志。进入青春期以后,由于身体、心理的逐渐成熟,"独立"与"自我"意识开始觉醒,思想、心理和言行因受成长影响而发生重要变化。在这一过程中,个人与父母均会产生适应性障碍,学校与社会同步会对其行为产生重要影响。

(一) 个人成长问题。在儿童时期,所遇到的一切问题都几乎完全依赖于父母、长辈。成年后,则更多的时候是自己独立面对一切问题,思想上、心理上和情感上也相对独立和稳定。而青春期介于两者之间,它就像一座桥梁,将不成熟的儿童期和成熟的成年期连接起来。这是一个每个人必然经历的过渡阶段,是从依赖到独立的过程,就像小鸟要离巢一样,孩子终究要脱离父母的庇护,靠自己的力量面对这个世界,撑起一片天空。"过渡"即意味着不稳定,这种不稳定来源于三个方面。

一是生理上的变化带来的困扰。青春期开始后,性激素、肾上腺素、皮质激素等多种激素的水平都发生了急剧变化。在这些激素的作用下,青少年的身体快速成长发育,其心理发育却相对滞后,生理成熟与心理发展相对滞后的矛盾突出。这些生理和心理的变化会让青少年产生迷茫和不知所措,会极度敏感、兴奋,也会莫名其妙的烦躁、焦虑和不安。这些生理变化带给青少年的困惑和困扰不同程度影响着情绪与言行,进而导致一些心理和行为上的失常问题不受控制地发生。

二是心理上的变化导致的适应性障碍。随着心理的趋于成熟,独立意识和自我意识日益增强,"心理断乳"随之到来。摆脱成年人的控制或干预,渴望独立成了青春期的一种重要心理趋向,而原生活状态和对父母、长辈的"唯命是从"势必受到冲击和影响。由于青少年不能很好地控制自己的言行,加上父母一如既往地干预,"顺从"与"反抗"就会自然而然地发生。因此,一些父母会感到莫名其妙而发出感触,"自己的孩子怎么一反常态,忽然间成了不听话的孩子!"

三是亲子关系疏离导致冲突加剧。进入青春期前,孩子往往喜欢黏着父母,与父母无话不谈。而进入青春期后,则寡言少语,开始有了自己的交往圈,有了自己的小秘密。青少年越来越重视同龄人之间的交往和友谊,对与异性交往也产生了浓厚兴趣。父母常常自恃是过来人,有阅历、有经验,常常感到孩子行为鲁莽、天真、不可靠。而青春期的孩子朝气蓬勃,喜欢探索新事物,于是常常感到父母过于谨慎、刻板、乏味,加之父母与孩子在生活态度、行为习惯等方面存在的差异,导致"代沟"现象的产生。随着沟通交流的减少,意见分歧的增多,导致亲子冲突加剧。

四是不同生活经历带来的不良影响。每个人不同的生活经历和阅历,对个人影响重大。比如,个人经历的家庭暴力、失恋的打击、突如其来的灾难、挫折失败等,均会给处于青春期的青少年带来思想认识与心理上的重大影响。有些影响重大,甚至让青少年性情大变,变得粗暴、多疑、怪癖。这种在特定条件下,其言行往往与主观愿望相反,导致常态性的逆向反应,造成逆反心理定势,继而对自己的言行产生极大影响,成为他言行举止的一个基本特征。

(二)父母引导不当。处于青春期的青少年,大多数时间是与父母生活在一起(隔代抚养或家庭结构不正常的例外),约占其全部生活时间的三分之二。父母对孩子的影响重大,尤其是父母的思想、行为、教育引导方式跟不上孩子青春期变化时,更容易导致叛逆行为的发生。

一是思维观念滞后。孩子已经进入青春期,父母还浑然未觉,一如既往地按儿童阶段的教育管理方式安排孩子的生活与学习。当孩子出现"独立"与"自我"意识时,便如临大敌,认为孩子出了问题,忽然变得不听话了。而不是认真地反思自己的行为方式,没有意识到孩子已经"长大了",自己教育孩子的思维观念滞后了,没有跟上孩子成长发育的步伐。"老一套"的教育管理方式已经与现阶段孩子的成长不相适应,是父母的思维、观念和教育管理方式出了问题,而不是孩子的问题。

二是专制型的管教。一些父母在与孩子的共同生活中,习惯把孩子看成私有财产,自认为对孩子具有绝对权威,缺乏对孩子主体的尊重。经常无视子女的自尊心和心理承受能力,习惯以命令的口气要求孩子,以粗暴、野蛮的方式压服孩子,甚至动辄使用武力征服孩子。信奉"棍棒底下出孝子"和"不打不成才"的迂腐教子理念，不讲方法，一味打压。尤其是当孩子有了过失时或犯了错误时，不是与孩子们一起分析错误，商量纠错办法，而是责骂、惩罚甚至殴打孩子，使孩子生活在恐惧的家庭氛围中。孩子在儿童期会因害怕而顺从，到了青春期会产生反感和激烈的抵触。

三是目标期待过高。随着社会竞争的日益加剧，一些父母盲目跟风赶潮，不顾孩子的实际情况，寄予孩子过高的期望，给孩子制定难以实现的成长目标，将孩子看成自我理想的再现，从而不顾孩子的感受和承受能力，盲目攀比，不停地给任务、压担子，企图让孩子按父母的设想去学习生活。但是，孩子到了青春期有了自己的想法和认识，对于父母的希望和期待视为沉重的包袱，心理上排斥来自父母的压力和管束。父母不顾一切的执念和施压行为，极易萌发青少年对立的情绪和行为。

（三）学校关注不够。 学校是教书育人的重要场所，关注青少年的健康成长，教育引导青少年正视和应对青春期出现的问题，不仅是学校的义务，更是一种责任。然而，受竞争、排名和升学率等外部因素的影响，学校对青少年健康成长关注不够的问题不同程度存在。

一是教育不力。无论是学校还是老师，均会把主要的精力用于提升学生的学习成绩上，这些成绩关乎学校的排名、升学率和老师的绩效，而学生青春期的问题是无关紧要的"小事"。学校虽然也定期进行辅导教育，但针对性、系统性、实效性不如人意，成了走过场的"选修课"。学校对青少年青春期的关心、关注与关爱，多是靠班主任一人应对，学校的主导作用尚未真正发挥出来，还有较大的提升空间。

二是引导缺失。面对青少年的叛逆行为，有些老师一味地粗暴批评和指责，不顾学生的感受，不与学生深入沟通交流，缺乏及时的引导教育，容易激起学生叛逆心理。对待学生无视课堂纪律，经常旷课、逃课甚至打架斗殴等行为,老师一般采取"大事化小,小事化了"的做法处理对待,常常是给予口头批评或简单的惩罚,有些老师会把家长叫到学校让家长自己管教。还有些老师习惯采取无视或漠视的态度处理对待,而及时有效的思想引导教育由于种种原因不被重视和落实,以致坐失最佳的教育引导机会,任由学生叛逆心理的滋生蔓延。

三是差别对待。叛逆青少年因叛逆成为老师眼中的"问题学生",这些老师眼中的"问题学生"往往会受到有差别的对待。有些教师比较偏爱学习成绩好、听话的学生,即使这些学生犯了错误也很容易会被老师原谅,批评也是和颜悦色、和风细雨式的。而一些成绩不好,喜欢调皮所谓的"问题学生",老师往往没有好"脸色",以疾言厉色相对,从而导致师生互不接受和学生的消极对立,学生因心里抵触老师而排斥其授课,甚至故意捣乱,与老师作对。

(四) 社会不良影响。社会环境对处于青春期的青少年影响直接,既有正面的教育引导,更有负面诱惑和危害。尤其是社会上的有害信息、不良文化和一些不良行为对青少年的影响甚烈。

一是不良文化侵袭。近年来,随着改革的不断深入,贫富差距进一步拉大,歪风邪气、腐败、不正当竞争等屡见不鲜,"金钱万能论""读书无用论""权力至上论"等消极观念和不良文化思潮不可避免地对青少年产生不良影响,从信念上、思想上和心理上都不同程度影响着青少年的健康成长。许多触目惊心的青少年犯罪的主要原因,正是不良文化影响导致不健康心理和扭曲人格。

二是有害信息危害。当下,处于信息社会的人们在享受信息获取便捷、便利的同时,也正遭受着前所未有的负面影响和危害。青少年处于思想和心理尚未成熟的阶段,辨别分析问题、过滤有害信息和自我保护的能力相对较弱,当面对铺天盖地无孔不入的媒体负面信息、影视中的低级趣味、网络世界的黄色毒害、游戏世界的血腥暴力,他们无所适从。这些有害信息超过了青少年的认识和处理的极限,他们从被动接受到主动涉猎,再到沉迷其间失去自我不能自拔,甚至因此走上违法犯罪道路。

三是不良行为教唆。青少年群体由于独立意识和自我意识的不断增强的特殊阶段,心理上渴望走出家门加入到同学、朋友等同辈群体中,而缺乏识别能力和防范能力的青少年很容易被同辈群体影响。尤其是一些抽烟、喝酒、吸毒等有害行为,在同辈群体中的影响下、教唆下和怂恿下,被接受、被学习、被效仿。这些同辈群体的影响直接而深远,尤其是负面的影响和教唆成为青少年走上叛逆道路的主要诱因。

三、青春叛逆的应对方法

孩子进入青春期的"异常"表现和叛逆行为,常常让父母始料不及,看在眼里,急在心里,茫然不知所措。其实父母不必大惊小怪,及时跟上孩子成长的步伐,转变观念、调整思路、讲究方式与方法,用心、用爱、用正确的行动陪伴孩子向成人过渡。

(一)积极适应,改变观念。面对青春期的孩子,父母应积极适应孩子身体和心理的成长变化,适应孩子逐渐萌发的独立与自我意识,适应孩子的异常行为和叛逆表现。尝试改变自己,悦纳和包容孩子,避免亲子关系受损和矛盾升级。

一是正确认识叛逆行为。孩子青春期的异常举动与叛逆行为,是"独立"意识萌发和"自我"意识苏醒,离开父母怀抱,准备独立面对这个世界的开端,是孩子"长大了"的正常表现。作为"过来人"的父母应预有心理准备,客观看待孩子的成长,正确认识孩子成长带来的变化。避免惊慌失措和归因追错的思想认识,正确面对孩子成长中遇到的各种问题。

二是适时跟上成长步伐。孩子在向成人过渡,童年阶段的教育管理方法、模式已经不适应孩子现阶段的成长。包揽式、保姆式、指令式、服从式等与孩子相处的方式、方法已经成为过去,父母对待孩子的教养方式应与孩子的成长同步更新。教养方式、方法原地的停留必然带来亲子双方的适应性障碍,孩子的努力摆脱与父母的维持干预必然引发矛盾冲突。渴求独立自主的孩子心理上更倾向于像成人一样被对待,他们期望父母在教养方式、方法上及时跟进自己的成长,适应成长节奏,让迈向"独立"与"自我"的成长道路更自然顺畅。

三是及时转变教养观念。受某些陈旧的思想影响,一些家长对孩子缺乏应有的尊重,把孩子当成自己的私有物品,认为自己在孩子面前拥有绝对的权威,无视孩子的感受。在生活中肆意干涉孩子、粗暴对待孩子、强力掌控孩子,以致亲子关系紧张。处于幼年时期的孩子不敢反抗,内心害怕,表面顺从。而到了青春期,反抗意识和行为也会变得更加强烈。无论是处于幼儿阶段、青春期阶段,还是成人阶段,人们都有被尊重的心理需求,包括家庭地位、话语权、隐私权、自由权等。更何况处于青春期的孩子,对尊重的需求更强烈,对平等的要求更迫切,对摆脱父母的掌控更渴望。因此,父母应及时反思纠正自己不当的教养观念,给青春期的孩子更多的尊重、理解、包容和温情以待。

(二) **放下架子,平等沟通**。沟通交流是联络感情、拉近距离、消除隔阂、化解矛盾最直接有效的方式。父母在与孩子的共同生活中,不可避免地因阅历、感受、认识、经验等因素产生矛盾与隔离,或有"代沟"现象的产生。父母善于放下身段与孩子平等沟通交流,是化"对抗"为"对话"的有效途径。

一是放下架子平等对话。沟通交流是一种信息的互动,平等是良好互动的前提和基础。一方的高高在上,极易造成信息的单向输出,导致互动受限交流不畅。生活中,一些父母不注意与孩子沟通交流的方式,在与孩子沟通交流时,往往习惯以长者居高临下式的谈话、教训、质问、告诫。处于青春期的孩子本来就容易情绪失常,紧闭心灵之门,不愿意对父母敞开心扉。而父母居高临下的姿态,往往会被孩子认为缺少沟通交流的"诚意",是不厌其烦的唠叨和啰嗦,因而闭口不言,拒绝交流。

二是认真耐心注重倾听。倾听是交流的核心组成部分,它不仅仅是听到对方的话语,更是一种深层次的理解、共情和回应的过程。认真倾听要求听话者具有一定的耐心,要用心去感受说话者的情绪、需求,并尝试从对方的视角出发,共同寻找问题的解决之道。这种深度的倾听能够建立起双方的真实连接,让交流变得更有意义。父母在与孩子共同生活中,要鼓励孩子分享成长故事,诉说见识见闻,要当一个"合格"的听众,为沟通交流打好基础。避免不在意式的漠视,和习惯性地打断,导致孩子因诉说"碰壁"而失去对父母诉说的热情,进而封闭自己的情感。

三是掌握技巧有效沟通。父母与孩子有效的沟通交流是缓解孩子青春期躁动、焦虑、不安和减少矛盾冲突的有效方法。生活中,父母应注重与青春期的孩子进行有效的沟通交流。善于营造轻松的沟通交流氛围,抓住沟通交流时机,打开孩子的心灵闸门,与孩子一起深入探讨彼此感兴趣的话题。在沟通交流中,应积极鼓励孩子敞开心扉沟通,父母全神贯注认真与孩子交流。在与孩子的沟通交流中,注意"五不":不轻易打断孩子的讲话、不指责批评孩子的意见观点、不情绪化自己的言辞、不分心走神、不夸大或虚构事实。父母表达自己的想法和观点尽可能简明扼要,尽量用"我觉得""我认为"和"你认为呢""你觉得呢"等平等的言辞表达自己的感受和反问。通过深入的沟通交流,就某些共同关注的问题,力求与孩子"同频共振"和"思想共鸣"。

(三)适度放手,学做朋友。处在青春期的孩子,身体和心理开始发育成熟,他们情感和心理的需求也发生重要变化。他们渴望独立自主和走出家门,挣脱父母的掌控,不受束缚地自由成长。面对他们对独立与自主的渴望,父母可以放松紧绷的神经,适度放手,尝试与孩子做朋友。

一是放下掌控的执念。最好的家庭教育应该是父母的教育方式能适应孩子的所需,而不是让孩子来迎合父母的教育方式。对于习惯掌控孩子的父母,几乎不能容忍孩子脱离父母的掌控,担心孩子出问题、出意外,因不放心导致不放手,以致矛盾激增,冲突加剧。孩子成了父母眼中"不听话"的孩子,父母成了孩子眼中"不可理喻"的父母。"可怜天下父母心",天底下的父母对孩子的爱最无私、最伟大。但是,对孩子的掌控意念过重,变成了掌控执念,就会事与愿违。在孩子的青春期,尝试放下那份掌控孩子的执念,除了要关爱孩子的生活需求外,更要用心去感受孩子心理成长所带来的变化,给孩子正确合理的引导。用适度放手代替过度掌控、用商量代替命令、用温情代替粗暴更容易让孩子接受。

二是尝试做孩子的朋友。孩子长大了,让父母感觉离自己越来越远了,这个"远"指的是情感上的疏离和心理上的距离。父母觉得越来越读不懂孩子,孩子也不能完全地理解父母。孩子更愿意找自己的同学和朋友沟通交流,有时又会将心情写在日记本里,不让父母知晓。这是处在青春期孩子的正常表现,因为他们要独立、要自主、要脱离父母的掌控,因而会与父母产生情感上的疏离和心理上的距离。在生活中,父母对孩子而言,亦师亦友。作为"过来人"的父母,在关心孩子学习成绩的同时,多花一些精力和时间关心孩子的心理成长,善于站在孩子的角度看问题,积极感受并理解孩子的想法,真正读懂孩子,悦纳包容孩子,努力重新走进孩子的内心世界,尝试成为孩子生活中无话不谈的"朋友"。

(四)培养兴趣,放松心情。青春期是孩子成长过程中一个关键且充满挑战的时期。在这个阶段,孩子不仅面临着生理上的变化,还经历着心理和情感上的波动,容易对父母和家人产生抵触。健康的兴趣爱好对于减轻压力、放松心情、塑造个性和全面发展至关重要。

一是了解个人兴趣与需求。处在青春期的孩子,追求独立和自我认同感。因此,作为父母或监护人,需要尊重孩子的意愿和需求,认真倾听他的想法和意见,了解其真正感兴趣的领域,并在此基础上提供适当的支持和资源。例如,如果孩子对音乐产生了浓厚的兴趣,父母可以鼓励他们学习乐器,参加合唱团,或者组织他们去观看音乐会。通过提供必要的材料和设备,为孩子提供学习的环境和机会,力所能及地满足孩子的兴趣爱好需求,激发对音乐的热情,培养自信心和才艺。

二是提供多样化的选择和体验。在帮助孩子发展积极的兴趣爱好时,父母应该提供多样化的选择和体验,以满足孩子的兴趣需求。这样可以帮助孩子更好地探索自己的兴趣,拓宽视野,并培养创造力和创新能力。鼓励孩子参加各种不同类型的活动,如绘画、舞蹈、体育锻炼和社交团体等,让孩子通过参加活动结识不同的人,学习不同的技能,并发现自己的潜力所在。同时,多样化的选择和体验也可以帮助孩子摆脱叛逆和对立情绪,找到适合自己的兴趣与爱好。

三是提供支持与鼓励。在孩子发展积极兴趣爱好的过程中,作为父母需要给予孩子一定的支持和鼓励,帮助孩子克服困难和挫折,激发孩子的持久性和毅力。当孩子遇到困难或挫折时,父母应该耐心倾听他的抱怨和不满,理解他的情绪,并给予积极的反馈。同时,父母还可以帮助孩子制定合理的目标和计划,提供必要的指导和支持,帮助孩子克服困难并取得成功。通过这种方式,增强孩子的自我认同感和自信心,激发孩子对兴趣爱好的投入和热情。

四是给予孩子充分的自主权。在帮助孩子发展积极兴趣爱好的过程中,父母应该给予孩子充分的自主权,尊重孩子的自主选择,鼓励孩子独立思考和做出决策。当孩子表达出对某个兴趣爱好的喜爱时,父母不应该强迫孩子追求自己期望的目标。相反,父母应该给予孩子选择的机会,并尊重他的选择。这样可以帮助孩子增强自我管理和自我决策的能力,培养孩子的自信心和自主性。

青春叛逆期是每个孩子成长的必经阶段,是孩子从幼稚走向成熟的特殊期和过渡期。在这一特殊阶段,孩子的成长面临着一些重大的变化和一些不确定的因素。父母作为孩子的引路人,仅有爱与物质的给予是远远不够的。无微不至的关爱、暖心的陪伴、科学的教育、正确的引导和无怨无悔的辛苦付出,才能帮助孩子顺利度过青春期,健康成长"羽化成蝶"。

第十节　纠治厌学躺平

厌学躺平是个组合词。厌学是学生对学习的负面情绪表现，是指学生消极对待学习活动的行为反应模式。厌学主要表现为学生对学习认识存在偏差，情感上消极对待学习，行为上主动远离学习。[①] 躺平，网络流行词，通常理解为对特定的事内心毫无波澜，没有任何反应，不再渴求成功，表面看似是妥协、放弃，但实质是向下无底线突破，选择最无所作为的方式反叛。厌学与躺平结合起来是指学生因为各种原因对学习失去兴趣和动力，进而采取逃避学习、放弃努力的消极态度。人们常把厌学和躺平联系起来，厌学情绪和躺平行为是一对孪生兄弟。厌学情绪是躺平行为的主要原因之一，而躺平行为则是厌学情绪的极端表现。

一、厌学躺平的具体表现

现实生活中，厌学具有一定的普遍性，而因厌学发展到躺平则是个别少数。其表现形式也多大同小异，通常是对待学习上情绪异常、思想消极和行为反常。

（一）对学习失去兴趣。 子曰："知之者不如好之者，好之者不如乐之者。"孔子的这句话告诉我们，兴趣是最好的老师，培养对学习的兴趣和热爱是非常重要的，当一个人对某件事情充满热情时，

[①] 张春杰：《儿童厌学现象分析》，《南昌教育学院学报》2010年第3期。

他会更加投入和专注，从而更容易取得成功和满足感。而现实生活中，受应试教育影响，分数、排名被过度重视，有些父母更是把学习当成孩子的唯一任务，寄予过高的期望，导致教育过于急功近利而偏离正常轨道。拔苗助长、变相增量、无限抬高等脱离实际的教育模式现实而普遍。孩子尚未到学龄就被赋予学习任务，到了学龄更是变本加厉无限抬高学习的任务目标。这些来自学习的压力有时会变成动力，而更多的时候是沉重的压力和包袱，让学习变得索然无味，孩子主动学习兴趣和热情被一步步吞噬。失去了对学习的热情和兴趣，学习就变得消极被动。导致孩子把学习看成是一种沉重的心理压力和负担，产生厌恶情绪、反感或无所谓的心理趋向，甚至表现出逃避学习的极端行为。

（二）消极对待学习。孩子一旦产生了厌学情绪，就会在思想上一反常态，在行为上消极懈怠。有些孩子会表现出对学习的情绪失常，不愿意上学，不愿意进校园、见老师和同学，不愿意父母过问学习上的事情，对父母的询问常保持沉默，或者表现烦躁，或者转移话题；有些孩子无视学习任务，有时甚至有意拖延和逃避学习任务，作业马虎大意，有时不能按时完成家庭作业。有些孩子注意力不集中，即使在没有外界干扰的情况下，也很难将注意力集中到学习上来，极易受到外界的干扰和影响；有的孩子一提及学习便无精打采，上课时常打不起精神，课后却十分活跃，表现为"玩不够"，有时看似在学习，但心思却不在学习上，心里想着其他事。

（三）刻意逃避学习。厌学情绪发展到一定程度，就会刻意逃避学习，选择以躺平的方式对抗学习。一些学生由于学习成绩下降、学习困难、学习跟不上等原因，导致出现对学习强烈的无力感、畏难情绪严重，不能忍受学习的单调乏味或不堪学业困难、考试竞争等重压，时常以各种理由迟到、早退、旷课或逃学。有些学生甚至宁愿躺在家里装病、在校外闲逛或玩游戏，也要离开学校、离开课堂、离开老师、离开作业、离开考试，做一些简单、不动脑力的事，缓解畏难心理，通过逃避学习释放压力，来取得心理的短暂平衡。

（四）沉迷网络游戏。 孩子学习受挫，成为被批评教育的对象，以致在现实生活中找不到自我，就会在其他的事物中寻找自我体验，以满足自己的价值感及成就感，这时候很容易吸引孩子的就是网络世界。网络世界的精彩画面和仿真场景，加上虚幻性、刺激性、体验性和社会性，都更能符合孩子在虚拟网络世界中寻找"自我"的需求，体验自我的价值感及成就感，并一发不可收拾。遇到这种情况时，父母往往会认为孩子由于沉迷网络而忽略了学习，不愿上学。所以父母会以断网、断电、断费、没收手机等粗暴方式阻止孩子上网，试图让孩子把注意力放到学习上。父母和孩子俨然成了矛盾的两端，站在彼此的对立面，互相觉得无法沟通。孩子愈发沉迷于游戏中，拒绝沟通、拒绝学习，甚至选择逃学、旷课和辍学来满足对游戏的沉迷。

二、厌学躺平的主要原因

厌学躺平产生的原因复杂多样，既有个人懒惰、学习困难、不思进取等方面的原因，又有家庭教育失当、学校教育引导不力和社会不良因素影响等诸多方面的原因。

（一）个人学习动力不足。 学生因学习动力不足进而产生厌学行为既是主观原因，又是导致厌学躺平的根本原因。一方面，一些学生对学习目标缺乏清醒的认识，没有强烈的学习动机。他们只是在学校、老师与家长压力下，处于机械与被动的学习状态。他们往往会认为自己是在为父母学习，为了学习而学习，失去了清晰目标学习必然是茫然被动的。另一方面，学不会、跟不上导致自信心受挫。每个人在学习中都会遇到诸多的困难与挫折，有些学生由于学习成绩不理想，本来就跟不上同班同学，而随着课程内容的不断加深，学业越拉越远，学习的成就感消失，挫败感加重，自信心受到打击，负面情绪积累也越来越多，以致主动地放弃了对学习的努力。再一方面，受其他不良因素的牵绊影响。处于成长中的学生，兴趣与爱好具有显著的多变性特点，只要受到较强的外部因素引诱与干扰，就会发生改变，将学习兴趣转移到更有诱惑力的事情上去了。比如，手机游戏，一旦沉迷其间，就极易全身心投入，深陷其间不能自拔，导致厌学躺平。

（二）家庭教育方法失当。家庭是孩子生活与学习的主要环境，对孩子成长的影响至关重要，家庭管教不当极易导致学生产生厌学躺平。在家庭教育中"三过"和"三少"的不当教育方式突出，直接或间接导致孩子厌学躺平。首先，期望过高平常心少。一些父母对孩子寄予过高期望，缺少一颗对孩子教育成长的平常心，总希望自己的孩子超越平凡、胜于普通。对孩子期望值过高，带给孩子的是不堪的压力与包袱，当不能达其所愿，会产生强烈挫败感，导致厌学心理产生。其次，任务过多关心少。在家庭教育中，父母不考虑孩子的感受和承受能力，不关心孩子的正常需求，一味地增加学习任务，抬高学习要求，不切实际拔苗助长、盲目加压。当孩子不堪重负时，就容易厌学逃避，以致事与愿违。最后，批评过多鼓励少。家庭教育中，父母总是希望孩子好上更好，更加出色优秀，往往放大缺点，忽略优点，教育孩子时拿自家孩子的缺点与别家孩子的优点比，批评为主，少有表扬鼓励。久而久之导致孩子认为自己再努力，在父母眼中也是不满意，索性就不再努力。

（三）学校教育引导不力。学校是学生接受教育的主阵地，尤其是青少年阶段正是人生观和价值观形成的关键时期，学校对学生的教育引导影响巨大。一方面，学生受应试教育的影响大，课程设置难度与分量不断加大，学习负担日趋加重，致使学生没有足够可自由支配的时间，来满足兴趣、爱好或特长的需求及个性的发展,从而导致厌学心理产生。另一方面,学校片面追求升学率,只重视尖子生,忽略学习成绩一般或学习困难的学生,致使这部分学生未得到同等的尊重、关心和耐心帮助,自尊心不断受挫,学习消极乃至旷课逃学,直到弃学在外。再一方面,学校当下教学任务繁重,部分老师教学方法相对单调,教学观念落后,为追求高分采用"满堂灌""题海战"的方式狂轰滥炸,致使学生长时间处于疲惫和焦虑的状态,对学习产生厌倦,失去求知的欲望,久之产生厌学情绪。

(四)社会不良风气影响。经济的快速发展,极大地丰富了人民的物质文化生活。但在市场经济浪潮冲击下,经济环境对学生成长产生的影响日趋严重。就业困难、大学毕业就失业现象的存在,使得一些学生认为,考上大学也没有什么用,现在大学生毕业找不到工作或下岗人员多的是,还不如早点回家挣钱。一些学生对升学及就业所产生的困扰与迷惘,使部分学生看不到求学出路,也就缺乏了学习的目标与动力。尤其是充斥于各种媒体中的一夜暴富、文盲大亨等相关报道,以及社会上那些文化水平不高,却通过做个体生意而财源广进的个别"成功事迹",都不同程度地影响着一些学生的价值观。部分学生受社会不良风气影响,盲目跟风唯利是图、金钱至上,致使"读书无用论"呈现蔓延的趋势,对涉世未深的中学生身心健康产生了非常恶劣的影响,既为厌学者提供了诸多素材,又成为其精神支柱。

三、厌学躺平的纠治对策

孩子是父母的希望和寄托,一旦由厌学发展到躺平逃避,带给父母的是震惊、错愕、伤心、失望,甚至是绝望,还有茫然不知所措,致使整个家庭处于崩溃的边缘。这是一个天下父母都不愿面对,却又不得不面对的现实问题。厌学躺平事出有因,是无助、迷茫、无奈之举,是孩子遇到了自己无力解决的现实问题和难关。面对问题,父母应立足自我、反思纠偏、积极作为,针对孩子厌学的不同原因,对症下药,给孩子以关爱、支持和帮助,帮助孩子渡过难关重回正轨。

(一)客观面对反思纠偏。孩子的成长教育如同一场旷日持久的马拉松,出现厌学乃至躺平现象,是孩子在成长中出了问题。或许孩子厌学躺平的背后还有这样一种心声:我很想好好上学,我也很想好好学习,我想做优秀的学生,但是我遇到问题了。面对孩子的问题需要家长客观面对及时反思纠偏。首先,面对孩子出现的厌学躺平问题,父母要保持足够的冷静与克制。切忌不问青红皂白打骂责罚,或以家长的权威去压服孩子,让孩子妥协。而是理智地面对孩子出现的问题,客观地了解掌握孩子出现问题的原因、困难等具体情况,平复孩子的情绪,给孩子以安抚。其次,父母及时反思自身在家庭教育中偏离正轨的行为。如,父母掌控孩子学习的执念过重、对孩子的期望过高、给孩子的学习压力过大、学习要求过于严厉、功利思想过重等问题,切实弄清孩子的真实需求,而不是家长的需要。及时总结原因教训,客观评估由于家长的原因带给孩子的不良影响。最后,有过则改。当下,家长与孩子处在一个双向奔赴的新时代,教育者首先要被教育。家长要善于学习,及时纠正不科学、不正确、自以为是的做法和盲目从众做法,让家庭教育回归理性与科学,放下对孩子掌控的执念,接受孩子的平凡。同时,家长要给孩子更多的关心、关爱。多从孩子的健康成长角度考虑,多关心、多理解、多尊重、多沟通,在关键时刻给温暖、给力量、给指引,帮助孩子减轻思想压力和心理负担。

(二)思想教育点燃希望。孩子出现厌学躺平的现象,其中一个重要原因或是受社会不良风气的影响,以致产生"学习无用"的消极思想,进而发展成为厌学者。针对思想问题,注重做好思想工作。首先，帮助孩子充分认识和纠正"学习无用"错误思想。家长应积极与学校老师一起，给孩子灌输正确的思想观念。用先进的理论、正面的事例、活泼生动的教法，让孩子认清"今天的知识就是明天的经济"，社会进步、经济发展、人民富裕离不开科学技术的进步和创新，没有知识，就是没有出路。通过多方面的教育，帮助孩子确立正确的价值观。使孩子懂得，只有今天学好科学文化知识，才能为明天实现自身的人生目标、报效祖国、服务人民奠定基础。其次，创造条件让孩子深入社会实践中去，较客观全面地了解社会。让孩子在社会实践锻炼中，切身体会社会的复杂、父母的艰辛与生活的不易，充分认识理想与现实的差距。最后，教会孩子用辩证的眼光看待问题。要客观认识和辩证看待社会转型期的"特殊"现象，用发展的眼光看待学习。通过思想教育，触及思想灵魂，点燃学习的希望。

（三）**积极行动排忧解难**。孩子厌学躺平与学习生活中的现实困难密切相关，这些现实困难主要集中在学习目标模糊和动力不足的问题、学不会和跟不上的问题、受手机游戏牵绊的问题三个方面。这些问题和困难成了孩子学习中的拦路虎和绊脚石，厌学躺平的孩子已经无法通过自身努力去克服，此时的孩子必须得到外界的力量帮助其走出困境，而父母则是最合适的外界力量。首先，解决学习目标模糊和动力不足的问题。学习目标模糊和动力不足多是由于家庭教育的原因造成的，父母主动反思自身的教育方式、方法问题，积极改进家庭教育方式、方法，给孩子以更多的理解、尊重与学习的自主权，让孩子对自己的学习有更多的掌控感，改变"为父母学习"的主观感受，切实认识到学习是自己的事。根据孩子的客观情况，适当放低要求，帮助孩子制定科学的学习计划和易于达到的学习目标，让孩子对学习有成就感、获得感，让孩子停止的脚步先迈动起来。其次，解决学不会、跟不上的问题。由于学不会、跟不上,导致厌学,形成恶性循环。以致自信心受挫,成就感消失,对学习只能消极应付。解决这问题只能采取"吃小灶"或"留级复读"的方式补差跟上。这需要家长、孩子或老师共同下定决心制订计划,花费大量的时间和精力重新学习没有掌握的学习内容,一步一个脚印,奋起直追,努力追赶正常的学习计划与节奏。最后,积极干预手机游戏等外部因素的牵绊。因手机游戏沉迷导致厌学躺平,父母应学习借鉴手机游戏的纠治方式、方法(关于纠治手机游戏,《沉迷游戏》一节已有详细赘述),分阶段逐步管理控制,通过控制时间、转移兴趣等方式、方法走出手机游戏的牵绊与困惑。

(四) 励志褒扬重树信心。赏识教育的重要性和强大的影响力不言而喻,而现实中的家庭教育往往会忽略赏识教育的功能和作用,父母多以批评和斥责对待孩子在学习中出现的问题。而一些厌学躺平的孩子在学校因学习落后被歧视和批评,在家中又多饱受父母的批评与责罚,即使学习上取得了进步,也极少受到表扬和鼓励,自信心被打击到消失殆尽。厌学躺平的孩子最缺少的是赏识、认可、表扬和鼓励,为激发厌学躺平孩子的自信心,父母与老师均应注重用赏识教育鼓励激发孩子的自信心。一方面,作为父母应不吝惜表扬与夸奖。在孩子学习取得进步时、表现积极时,应发现孩子的闪光点,及时给予表扬、认可和鼓励,让孩子对学习进步有成就感和获得感。另一方面,家长应与孩子的老师及时沟通,让老师关注孩子的学习表现。古人云:亲其师,信其道。老师以真挚的情感走近厌学学生,不因学习成绩差而嫌弃,给予更多的关心、关切,在课堂上多关注、多提问、多鼓励,在课下多沟通、多交流,以自己的方式给孩子以温暖和力量,让学生自然而然"信其道"而自信。

进入青少年阶段的孩子,生理和心理快速发展,思想不稳定,可塑性强,他们的人生观、世界观、价值观以及心理都处于朦胧状态,是人生的"危险期"和"关键期"。出现厌学躺平是向家长、学校和社会发出的呐喊信号,是他们遇到了自己解决不了的现实问题。需要家长、学校和社会高度关注。尤其是父母应理智地看待孩子出现的厌学躺平问题,以理解的姿态温和对待他们出现的问题,深入了解他们的现实需求,及时回应他们的呼唤,力所能及地给予他们关心、关切、理解、帮助与引领,帮助他们解决遇到的现实困难和问题,通过积极的干预和努力,给他们信心和力量,重新点燃他们的学习热情,让他们重拾信心,重回正轨。

下篇
聚力日常引领

家庭教育涉及孩子的学习、生活和成长、进步的方方面面，父母在日常的家庭教育中扮演着生活保障、教育指导、示范引领等多重角色，既要"养"又要"教"。同时还要应对来自工作和生活的双重压力，常常在各种角色的互换中疲于奔命。很多父母对孩子的家庭日常教育不知从何入手，不懂、不会与抓不住重点导致手忙脚乱一筹莫展的现象突出。家庭教育虽然"点多""线长""面广"，但多集中在习惯的养成、学习方法的引领和能力素质的提升这几个方面上。作为父母，应善于厘清家庭教育日常的主要内容，分清教育的轻重缓急，学会"十个指头弹钢琴"，善于抓主要矛盾，重点问题重点抓，日常问题持续抓，一般问题兼顾抓。学会精准发力和聚力日常引领，不但能让教育效果事半功倍，还能把家庭教育变得轻松而"有章法"。

第一节　培养学习习惯

习惯是多次重复某种行为的固定模式,是一种行为的记忆,源自不断的重复,具有较强的可塑性。好习惯与坏习惯是相对而言的,好习惯能给人以积极的帮助,坏习惯则会给人带来不良的影响。法国学者培根曾经说过"习惯是人生的主宰,人们应努力地追求好习惯",因此,培养好习惯摒弃坏习惯是学习成长和工作生活的需要。良好的学习习惯是孩子的第一成绩,是孩子学习进步的"金钥匙",将使孩子受益终身。习惯的可塑性决定了良好的学习习惯是培养出来的,培养孩子良好的学习习惯主要从目标计划、认真专注、善于思考、质疑多问、积极动手、勤做笔记、课外阅读、互动交流、科学作息九个方面入手。

目标计划

"凡事预则立,不预则废。"目标是预期的目的,计划是完成目标的行动方案。目标计划有长期和短期、宏观和具体之分,努力奋斗的动力来源于明确的目标,骄人的成就归功于对目标计划的不懈努力和追求。

美国的探险家约翰·戈达德在15岁的时候,就把自己一生想做的事情列了一份清单,称作"生命清单"。在这份排列有序的清单中,他给自己明确了要完成的127个具体目标。如,探索尼罗河源头、攀登世界第一高峰珠穆朗玛峰、探访马可·波罗和亚历山大一世走过的道路、读完莎士比亚、柏拉图和亚里士多德的著作、写一本书、参观月球……在把生命中的梦想庄严地写在纸上之后,他开始付诸行动。为了实现这些目标,约翰·戈达德历经磨难,曾经历18次死里逃生,在44年后,他以超人的毅力和非凡的勇气,在与命运的顽强抗争中,终于实现了106个目标,成为世界上最伟大的目标实现者,而被人们铭记。他的令人感动之处,不仅仅是因为他创造了许多人间奇迹,做了许多有益的事情,最主要的是他矢志不移、坚忍不拔的奋斗精神,以及由"生命清单"而延伸出来的高质量人生。

目标计划是走向成功的起点。一个人若没有奋斗的目标,就找不到前进的方向,就没有具体的行动计划,也失去了奋进的动力。随之而来的是在迷茫中失去自我。对孩子而言,明确的奋斗目标,加上具体的行动计划,就是孩子学习成长的路线图。目标计划习惯不但能极大激发孩子的学习热情,增强孩子的学习动力,还能让孩子把学习的关注点从结果转移到具体的学习过程上,从而提高学习效率。在家庭教育中,父母要注重培养孩子确立目标与计划的习惯,根据孩子的实际情况,帮助孩子科学确立学习目标和制定实现目标的具体步骤和计划。从远期目标计划,到阶段性目标计划,再到一个个具体目标和详细可行的行动计划逐一认真制定。如,在具体目标规划中,可以从每天起床、就寝时间安排,到学习任务的完成,这样,目标既明确清晰,又客观详实,且科学合理易于执行。目标计划应在孩子充分认同的基础上进行,因此,在确立目标制定计划的过程中,要帮助孩子认识重要性和必要性,加深对目标计划的理解和认同,学会结合实际不断修订目标完善计划。在计划的实施推进中,养成按目标奋进,照计划执行的习惯行为模式。

  目标对人生具有巨大的导向作用,不同的人生目标会导致不同的人生方向。有了目标和计划,就找到了努力的方向,同时也开启了向成功迈进之旅。

> 确立目标是前提,
> 计划步骤安排齐。
> 科学合理易执行,
> 点滴进步靠努力。

认真专注

所谓"专注",就是集中精力、全神贯注、专心致志。一个专注的人,往往能够把自己的时间、精力和智慧凝聚到所要干的事情上,从而最大限度地发挥积极性、主动性和创造性,努力实现自己的目标。认真专注是一种习惯和能力,又是一种重要的品质,它不仅能提高工作和学习效率,而且能有效增强自信心,培养耐心和毅力,成为人们面对工作和学习的核心竞争力,拥有了认真专注,获得成功的概率也更大。

陈望道早年留学日本,1919年回国,翌年受邀承担起了《共产党宣言》的翻译任务。当时,《共产党宣言》在中国虽然早有不少人作过介绍,但有的只是摘录,有的半文不白,所以完成一部完整的《共产党宣言》中译本非常必要。为了有一个安静的环境,陈望道回到浙江义乌分水塘村老家,开始了《共产党宣言》的翻译。南方山区的春天,夜里依然寒气袭人,加之坐的时间长了,手脚冰冷至发麻酸疼,陈望道毫不介意。在翻译《共产党宣言》的过程中,他认真严谨,把英文版的《共产党宣言》与其他语言版本的《共产党宣言》认真对照,以确保翻译的精确无误。工作中,时时刻刻聚精会神斟词酌句,一丝不苟。

有一天,照顾陈望道的母亲看儿子废寝忘食的样子很是心疼,送来粽子给他当点心充饥,外加一碟红糖,用来蘸粽子。过了一会儿,母亲来取碗筷,惊奇地发现儿子满嘴乌黑,红糖却原封未动。老人家爱怜又带几分生气,问道:"吃完啦,这糖甜不甜呀?"陈望道仍浑然不觉,头也不抬说:"甜,真甜。"母亲无奈地笑笑说:"你倒是自己看看,墨汁都被你蘸完啦。"陈望道这才意识到自己蘸的不是红糖而是墨汁。

经过大约两个月夜以继日的工作,陈望道"费了平时译书的五倍功夫",终于完成了《共产党宣言》的翻译。1920年4月底,陈望道将《共产党宣言》中文全译本稿带到上海,同年6月,交由陈独秀和李汉俊校阅,他们二人无不为此赞叹佩服,短短的两个月,陈望道竟完成得如此出色。几个月后,1 000册《共产党宣言》中文首译本在上海出版,成为当时国内流传最广、影响最大的一部马克思主义经典著作,整整影响了一代人。

陈望道后来成为了我国著名的教育家、翻译家,他误把墨汁当红糖的故事也一直流传至今,而他做学问专注、痴迷、一丝不苟的精神也一直影响着后人。

认真专注的习惯是培养和训练出来的,而多动、分心、易受干扰是多数孩子的天性。因此,认真专注的学习习惯是要通过科学的训练引导慢慢培养。根据孩子的个体差异,注重对孩子学习的专注力进行分步训练培养。从五分钟鼓励,到十分钟间隔,再到更长时间的专注。少指责、批评,多用鼓励、引导、启发,用循序渐进的方式方法逐步提高孩子的专注力。从教育孩子在课堂上认真专注学习开始,要求孩子在课堂上做到"五到"。**心到**,头脑思考所讲的内容,思路与老师同步;**口到**,在与老师互动时、回答老师的提问时,要声音洪亮;**眼到**,眼睛要盯着老师或黑板,看老师的表情或板书内容;**耳到**,认真听老师讲;**手到**,根据老师的要求,跟着老师动手做。从课堂专注,再延伸到家庭学习作业的专注,有耐心、讲方法。

有一位妈妈在训练孩子的专注力时采取每天抽出一定的时间,让孩子把所学的新知识给她讲一遍。她以一个小学生的样子认真专注听孩子讲解所学的新知识,当孩子认真讲完新学的知识后,及时鼓励表扬。她不但把认真听课的样子和要求传导给孩子,还通过让孩子当"小教员"的方式，激发孩子的学习兴趣，提高孩子在课堂上学习的专注力。因为孩子在课堂上不认真专注，就无法在家中讲解新学的知识。培养孩子认真专注习惯方式、方法多种多样，父母应结合孩子的实际情况，选择有针对性的方式、方法，及时纠正边学边玩的坏习惯，在不断的训练引导中培养孩子认真专注的学习习惯。

认真专注勤训练，
分步实施重引领。
及时纠正讲方法，
循序渐进有耐心。

善于思考

古人云,"学而不思则罔,思而不学则殆",形象地指出了学与思之间的辩证关系。思考就如播种,行动就是思考结出的果实,播种愈勤,收获也就愈丰。在学习知识的过程中,积极主动的思考不但能加深对知识的内化和理解,还能培养提升孩子的思维能力和判断能力。因此,培养孩子主动思考的习惯,就是提升孩子自主学习的能力。

爱因斯坦小时候学习成绩并不好,但是他非常善于动脑筋,经常会想到一些别人想不到的东西。有一次手工课上,老师教大家叠纸盒。正当大家正忙于叠纸盒的时候,老师却发现爱因斯坦趴在桌子上。老师以为准是爱因斯坦懒惰,不想动手,于是走过去问爱因斯坦为什么不叠纸盒。爱因斯坦抬了抬头,问道:"老师,您知道一张纸的厚度吗?"老师说:"这个很好测量啊,你先测出100张纸的厚度,然后除以100不就得到每张纸的厚度了吗?"爱因斯坦拿出直尺,准确地测量了一下,然后得出一张纸的厚度是0.08毫米。老师这时候想出一个问题,便问大家:"同学们,现在一张纸的厚度是0.08毫米,如果我们把这张纸对折30次后,应该是多高啊?"听到老师的问题,同学们开始七嘴八舌地讨论起来。"大概有10米多高吧。"有的同学回答道。老师说:"太少了。""那应该有10层楼那么高吧。"又有的同学补充道。没想到老师还是摇头。到底有多高呢?只见爱因斯坦站起来说:"应该比阿尔卑斯山还要高。"他刚说完,就招来同学们的一阵哄堂大笑,怎么可能呢?薄薄的一张纸对折了30次就会比一座高山还要高,同学们都以为他在吹牛。这个时候老师没有笑,因为他已经开始注意到小爱因斯坦了。

"爱因斯坦的回答是正确的。"老师的一句话把在座的同学们都震惊了。"会有那么高吗?"同学们都在怀疑。爱因斯坦不慌不忙地站起来,走到讲台,拿了一支粉笔开始了他对一张纸对折30次的厚度计算。结果,一张0.08毫米厚度的纸对折30次后,竟高达85 899米,确实要比世界上任何一座高山都要高!

爱因斯坦狭义相对论的建立,经过了"10年的沉思"。他说:"学习知识要善于思考、思考、再思考,我就是靠这个学习方法成为科学家的。"

托马斯·爱迪生是人类历史上最伟大的发明家。在世人的眼里,爱迪生被认为是天才,但他本人却把成就归功于勤于思考。他说:"就像锻炼肌肉一样,我们同样可以锻炼和开发我们的大脑……恰当地锻炼、恰当地使用大脑,将使我们的思维能力得到加强和提高。而思维能力的锻炼,又将进一步拓展大脑的容量,并使我们获得新的能力。"爱迪生进一步解释道:"缺乏思考习惯的人,其实错过了生活中最大的快乐。不仅如此,他也会因此无法最大化地发挥和展现自己的才能。"正是因为有勤于思考的好习惯,爱迪生把自身更多的潜能开发出来了。

牛顿说:"思索,继续不断地思索,以待天曙,渐渐地见得光明……如果说我对世界有些微贡献的话,那不是由于别的,却只是由于我的辛勤耐久的思索所致。"

著名昆虫学家柳比歇夫说:"没有时间思索的科学家(如果不是短时间,而是一年、两年、三年),那是一个毫无指望的科学家;他如果不能改变自己的日常生活习惯,挤出足够的时间去思考,那他最好放弃科学。"

从上述名言中,我们不难得出这样一条结论:勤于思考是一个人成功的最重要、最基本的品质。要提高自己的创造能力,必须要培养自己的善于思考、刻苦钻研的学习习惯。在家庭教育中,父母应注重培养孩子善于思考的习惯,鼓励孩子认真思考问题,认真回答孩子的一个个"为什么?"给足孩子思考的条件和空间,多用"为什么?"启发思考比直接给出答案更有价值。善于利用条件创设情景引导思考,积极营造学习氛围辅助思考。

> 善于启发,
> 给足空间。
> 情景创设,
> 营造氛围。

质疑多问

美籍华人李政道教授在有一次与中国科技大学少年班学生座谈时指出:"为什么理论物理领域作出贡献的大多是年轻人呢? 就是因为他们敢于怀疑,敢问。"对知识的获取过程是一个不断质疑和验证的过程。在学习的过程中对某个问题质疑之时,就是通往知识深处的大门开启之机。所谓"学问",即不会就问,不懂就问,"遇事一问,必长一智"。学问无边,精力有限,善质疑,多请教,能直观快捷地获得知识。"入山问樵,入水问渔",恰是一些学有大成者的聪明、可贵之举。

清初著名学者阎若璩把"一物不知,以为深耻;遭人而问,少有宁日"作为自己的座右铭。20岁的时候,他就怀疑《古文尚书》其中的25篇古文并不是真正的古文,后来一直把这个问题放在心上,经过20多年的研究、考证,用丰富而准确的史实证明25篇古文的真正作者为东晋梅赜,而非《古文尚书》中所言的古文。并且写了《古文尚书疏正》一书,校正了《古文尚书》一千多年前的错误,轰动了清初的学术界。

"学贵有疑"是明代学者陈献章提出的教育观点,强调在学习过程中提出疑问和质疑的重要性。这一观点认为,学习不仅仅是知识的积累,更重要的是思考和质疑的过程。只有通过质疑,才能促进思考,从而推动学业的进步。"学贵有疑"是一种严谨治学的理念,是一种科学精神,对学习中的孩子对知识和真理的探究有着极大的引领作用。质疑多问是不断向知识深度、广度延伸和自主学习持续进步的可贵精神。实践中,帮孩子认识并树牢这种科学理念,鼓励孩子对问题提出质疑,引导孩子有疑则问。质疑是学习的起点,是思考的开始,是问题的发现,多问是对疑问的验证,是对知识进一步的深入理解、是以开放包容的姿态吸取知识。注重引导鼓励孩子质疑多问,从培养想质与问、敢质与问开始,到善质与问、会质与问,逐步提升质与问的质量,培养孩子质与问的习惯。对于孩子学习过程中的质疑多问,不仅要及时鼓励肯定,还应积极回应,提供力所能及的支持与帮助,保护孩子质疑多问的积极性。

> 学贵有疑多鼓励,
> 丢掉枷锁勇质疑。
> 有疑则问善引导,
> 学问就在疑问里。

积极动手

"纸上得来终觉浅,绝知此事要躬行"①,客观指出了学习与实践的关系,形象地说明了实践的重要性。积极动手既是一种习惯,又是一种综合的能力。它能使人在积极动手的实践中进一步深化对知识的理解与更为直观的认识。

爱迪生,全名托马斯·阿尔瓦·爱迪生,是美国著名的发明家、科学家和商人。爱迪生的发明成果丰富,他在美国拥有1 093项专利,加上在英国、法国、德国等地的专利,累计超过1 500项。他一生发明创造了很多东西,特别是留声机、电灯、电影放映机以及直流电力系统等发明,改变了人们的生活方式,对世界产生了极大影响,为世界科技进步作出了巨大贡献。而他的这些卓越贡献都源于他积极动手的习惯。

爱迪生自幼家庭贫困,因为他在学校常常用"为什么"让老师感到很难堪,说他是个"低能儿"。仅仅上了三个月的学就退学了,由他的母亲南希在家中教他读书识字。母亲对他的好奇心善加引导和鼓励,鼓励他积极动手去探索和认识自然。在爱迪生五岁的时候。有一天,他看见家里的母鸡在窝里孵蛋,但是却没有看到小鸡。这引发了他的好奇心,于是他决定亲自动手尝试孵化鸡蛋。爱迪生从家里拿来几个鸡蛋,在邻居家找了个僻静的地方,他先搭好一个窝,在下边铺上柔软的茅草,再把鸡蛋摆好,然后就蹲坐在上边。他要亲眼看一看鸡蛋是怎样孵成小鸡的。然而,他的家人发现他不见了,四处寻找后在邻居家的后院找到了他,当时他正坐

---

① 陆游:《冬夜读书示子聿》。

在一个草窝上一动也不动,身上、头上沾有不少草叶。

当他的父亲问他在做什么时,他回答说:"我在孵蛋,小鸡快要孵出来了。"父亲笑着说:"人是孵不出小鸡的。"这又让爱迪生产生了疑惑,开始了他的一万个为什么。这个故事虽然让我们感到幼稚可笑,但却说明了爱迪生从小就有的探索精神和对事物运作原理的强烈好奇心,并且积极动手去验证探索。正是由于他这种积极动手的习惯养成,使得爱迪生对科学研究产生了浓厚的兴趣。他在积极动手中,成为一个伟大的发明家。

动手实践是一种积极的学习方法,能有效地提高学习兴趣和积极性,更深入地理解和掌握在书本上所学的知识。通过积极动手和实践操作,能让书本上学到的理论知识与实践应用相结合,进而提升实践能力和解决实际问题的能力。例如,学习中的实验课和生活中的洗衣服、做饭等,书上介绍得再详细,老师讲得再清晰,不如学生亲自动手做一遍印象和感悟深刻。因此,在知识探索过程中,鼓励支持孩子积极动手,躬身实践。为孩子积极动手创造条件、排除干扰,收起不必要的担心和多虑,让孩子在积极动手实践中内化知识掌握技能,缩短从理论到实践的距离,自觉养成积极动手的习惯。

积极动手贵积极,
躬身实践去疑虑。
该放手时且放手,
理论实践有距离。

勤做笔记

俗话说"好记性不如烂笔头",是比喻做笔记的重要性和必要性。在学习过程中,勤做笔记,不仅能加深对知识的理解和记忆,还有助于培养思考能力,增强学习的专注力。同时,也便于复习和回顾所学的知识内容,提高学习效率。

钱钟书(1910年11月21日—1998年12月19日),原名仰先,字哲良,后改名钟书,字默存,号槐聚,曾用笔名中书君。他出生于江苏无锡,是中国现代学者、作家,被誉为"博学鸿儒""文化昆仑",与饶宗颐并称"南饶北钱"。钱钟书先生对于读书和做笔记有着独特的方法和习惯,他深谙"书非借不能读也"的道理,有书就赶紧读,并且读完总会做笔记。在他的生活中,无数的书在他家流进流出,存留的只是笔记,因此他的家中并没有大量的藏书。据钱钟书先生的夫人杨绛女士在《钱钟书手稿集》的序中提到,钱钟书读过的书不仅数量众多,而且他能够清晰地记忆,这种本领归功于他独特的读书笔记之法。据杨绛女士介绍,钟书先生善于做笔记,通常有边读边记、重点标记和心得体会三种方法。边读边记。如果遇到有启发的内容或者自己觉得有价值的信息,他会立即进行标记和记录。重点标注。在阅读过程中,他会对重要的内容或者难以理解的部分进行标注,以便日后复习和深入研究。心得体会。除了对书中的内容进行记录,钱钟书先生还会写下自己的心得和体会,这使得他的笔记更加丰富和有深度。人常说钱钟书先生知识渊博,记忆力超强,过目不忘。杨绛女士说,实际上都源于他读书做笔记的习惯。

做笔记是一种比较好的学习习惯,是后天培养出来的。笔记分为课堂笔记、错题笔记、阅读笔记、英语新词笔记等多种类别,帮助孩子养成勤做笔记的习惯应从规范课堂笔记开始,然后根据需要再逐一建立其他类别的笔记。首先,要帮助孩子认识做笔记的重要性和必要性。通过形象生动的说教,让孩子切身感受和认识做笔记的多种"好处",以及对学习强有力的辅助,强化勤做笔记是日常学习"必须"的意识。其次,把做笔记的要求、方法、要领及注意的问题讲清楚,进行必要的规范。比如,做笔记要认真、书写工整、善于提炼、抓住重点、进行分类等。最后,对孩子所做的笔记进行检查督促。检查督促时,以孩子乐于接受的方式、方法进行。比如,以一个共同学习者的姿态指出笔记中的问题,提出帮助改进方法建议,及时鼓励进步,在不断的帮助引导下养成习惯。

各类笔记应认真,
方法要领记在心。
检查督促多规范,
随手记录重在勤。

课外阅读

宋真宗赵恒在《励学篇》中写道:"富家不用买良田,书中自有千钟粟。安居不用架高堂,书中自有黄金屋。娶妻莫恨无良媒,书中自有颜如玉。出门莫恨无人随,书中车马多如簇。男儿欲遂平生志,五经勤向窗前读。"这首诗以生动形象的比喻鼓励人们勤奋读书。尽管诗中功利色彩浓厚,但其鼓励读书的精神千百年来久传不衰。虽然"万般皆下品,唯有读书高""满朝朱紫贵,尽是读书人"的封建时代已经过去,但读书始终是开阔视野、认识世界、增长知识、博学多闻、提升修养和能力的重要途径。无论过去、现在和将来,读书业已成为人们学习和生活的一种方式。

高尔基是苏联的大文豪,列宁称他是无产阶级艺术的最杰出代表。他出生在沙俄时代的一个木匠的家庭里,幼年父母早丧,被寄养在外祖母家。高尔基7岁时进了小学,但只学了5个月,便因患天花而退学,后来也没有机会再求学。为了生活,他在学校就不顾同学们的嘲笑,课余时去拾破烂卖钱,外祖父破产后,他不得不走入"人间",独自谋生。他当过学徒、搬运工人、面包师,还两度到俄国南方流浪,受尽苦难生活的折磨。在轮船上做厨师的徒弟时,受厨师史慕利的影响,高尔基对读书产生了浓厚的兴趣,开始自觉地读书。从那时候起,不管生活多么艰苦,不管现实环境多么险恶,高尔基利用一切机会读书。他自己曾说:"我扑在书上,就像饥饿的人扑在面包上一样。"书籍成了高尔基的精神食粮。高尔基觉得书籍给理智和心灵插上了翅膀,每本书都在他面前打开了一扇向着新的和未知世界的窗户,每本书都像一个小的阶梯,让人上升到更美好的生活境界。他将从生活中及书籍中所感受到的心得和感想，全都以日记的形式记下来。正是因为热爱读书，高尔基积累了大量的知识，最终成为一个伟大的文学家。他写下了大量有影响的作品：《海燕》《鹰之歌》《母亲》《克里姆·萨姆金的一生》《童年》《人间》《我的大学》。除此之外，他还写了剧本和大量的政论、特写、文艺评论等。

课外阅读是学生开阔视野、增长知识，培养良好的自学能力和阅读能力的重要途径。课内阅读有教师的引导和点拨，课外阅读则需要父母的帮助和引领。一是帮助孩子制订详细的阅读计划。精心甄选阅读书目，科学安排阅读的时间和进度，让课外阅读成为每天的必修课。二是要保证足够和固定的阅读时间。足够和固定的阅读时间既是时间和阅读量的保证，又是确保阅读的连续性的关键。比如每天固定阅读30分钟，让孩子在规定的时间静心阅读，让每天的阅读成为自然。三是掌握阅读的方法。阅读有浏览、通读、精读、研读之分，各有要领和要求。作家碧野在谈他的读书经验时说："读书的方法，一般说，首先'粗读'了解书中大概和中心内容；其次'细读'书中各个环节，在精彩中做上记号；最后是'精读'，专心把精彩部分再三琢磨，转化为自己的血液。"在实践中，应学习科学的阅读方法和经验，以提升阅读的质量和效益。四是营造阅读环境氛围。在孩子的阅读时间，父母应积极营造利于阅读的良好环境氛围，排除阅读干扰。尽量放下手机、游戏、刷屏等与阅读无关的事情，陪伴孩子一起阅读，让孩子在与父母同学习共阅读的良好氛围中提高阅读的积极性。

制订阅读计划，
固定阅读时间。
掌握阅读方法，
营造阅读氛围。

互动交流

在对知识的探索过程中,善于同他人互动交流既是对知识进一步深化理解掌握的科学方法,又是全面提升个人能力素质的有效途径。对知识学习过程中的互动交流是获取和巩固知识的重要途径,在交流中分享理解与感悟,在讨论中不断修正认识与分歧,有助于知识的消化吸收。同时,在互动交流中增强学习的兴趣和自信心。

孔子一生教过三千多个学生,而得意门生却只有七十多人,樊迟就是其中一个。樊迟有个最大的特点,就是喜欢把新学到的学问与人交流探讨,爱打破砂锅问到底,不讨论明白不善罢甘休。有一次樊迟随孔子闲游,来到一个祭坛下。望着高高的祭坛,他不由问道:"个人的品德修养怎样才能积得深厚呢?而人们的私欲怎么才能被禁住呢?受了私心的迷惑又怎样才能辨别呢?"孔子笑而不答,只是在地上写了两个字,"仁"和"知"。樊迟不解其意,诚恳地告诉老师,没有明白其中的意思,请老师解答。孔子说"仁"就是爱抚众人,"知"就是善于识别他人的善恶。樊迟惭愧地表示,还是未能真正理解,请老师进一步解释。孔子打了个比方说:"从政治方面谈,如果举贤任能,任用那些德才兼备的人,而不任用那些无德无才的奸邪小人,那些奸邪小人就会向正直的人学习,而变成好人,这就是大智慧中的'知'啊!"樊迟一边认真听老师解答,一边认真思考,可是他还是没有真正明白这两个字的真正含义。有一天他遇到了子夏,子夏是他的同学,在孔子的学生中是个佼佼者。樊迟又把"知"的问题提了出来,并把自己的疑问与不解说与子夏,并认真向子夏求教。子夏说:"这方面的例子多得很呢!舜做天子的时候，把正直贤德的皋陶提拔起做宰相执政；商汤做天子的时候，把正直贤德的伊尹提拔起做宰相执政。人们都学习他们的良好品德，结果国家治理得很好，这不就是老师说的'善于识别人的善恶'吗？而善于识别人的善恶，又能任用正直贤德的人，这不就是虞舜与商汤的智慧吗？"樊迟终于明白了老师所讲的"仁"与"知"的真正含义。他的这种谦虚好学善问，正是今天我们所倡导学习中的互动交流。

在学习中多与同学、老师互动交流能加快知识的吸收与内化，生活中与父母家长的沟通交流则能找到与父母的"同频共振"点。考入北京大学经济学院的刘晟亚说，沟通交流太重要了，哪怕在面临高考如此紧张之时。"你要知道这绝对不是一个人的战役，老师、同学、家长都在陪着你。高考这一年我们还是幸福的，可以找到他们任性地大哭一场，可以在无助的时候得到无上的关怀。但需要注意的是，高考对于他们同样是一场恶战，尤其是我们的父母，心里更是充满了恐惧和不安，他们急于为你做点什么却常常不知所措，你要理解他们同样是第一次陪孩子高考，体谅他们在压力下也会犯错误。你需要给他们机会去了解你的想法，而不是一味埋怨他们不理解你，你需要给他们机会哪怕来帮一帮倒忙，千万不要大门紧闭互相猜忌，或是让他们感觉不到作为父母的价值所在。如果有摩擦，你要承认差异存在的合理性，并想办法表明自己的立场，同时倾听他们的想法。你已经是18岁的成人了，要懂得与他们平等地沟通。虽说这一年事事以你为先，但绝不要把爱护和尊重当作纵容。"[1]

互动交流是一种良好的学习习惯，是经过后天培养出来的。孩子互动交流的习惯应遵循循序渐进的原则，科学地引导培养。

---

[1] 梁岩涛主编：《等你在北大》，吉林文史出版社，2019年，第47—48页。

一是为孩子创造良好的交流环境。在家庭教育中,把家庭作为鼓励孩子自由表达观点和感受的地方。注重与孩子平等交流互动,避免居高临下不对等的交流方式,务求平等、平和、无碍与顺畅。二是善于倾听孩子的心声。当孩子与父母分享他们的想法和感受时,要给予充分的关注和尊重。认真倾听及时回应关切,这样能让孩子感受到父母对他们的信任,从而更愿意与父母沟通交流。三是教育孩子学会尊重他人注意倾听。让孩子明白每个人都有自己的观点和感受,要学会尊重别人的意见,在别人说话时保持安静,不要轻易打断别人的话,让孩子明白倾听别人的观点和感受同样重要。四是示范引领。作为父母在生活中应注意自己的言行举止,注重给孩子做好沟通交流的示范和榜样。如何通过清晰的语言组织和严谨的逻辑结构提高交流效果,和恰当地使用肢体语言、面部表情和语调来增强信息的传递效果的方法技能,让孩子在生活中学习、体会、感悟。在孩子与他人交流出现问题时,应及时给予正确的引导和建议,帮助孩子改进沟通方式。五是培养孩子的自信心。自信的孩子更容易与人交流,鼓励孩子敢于表达自己的观点,不要因为害怕被批评或嘲笑而压抑自己的想法。

> 平等交流促互动,
> 认真倾听是尊重。
> 示范引领立榜样。
> 自信真诚利于行。

科学作息

　　科学作息是保证身体健康、精力充沛、高效学习,提高工作效率和生活质量的关键。而现实生活中,一些人却因认识不到科学作息的重要性,将大部分的时间都投入到工作中,而忽略了自己的个人生活和健康,这种过度工作的方式最终导致了他的身体和精神健康受损,工作效率也大打折扣,甚至受到严重影响。

　　晚清名臣张之洞(1837—1909),洋务派的代表人物,对朝廷的贡献很大,慈禧太后也很倚重他。这么一位大人物,却因生活作息不规律,以致不满50岁就疾病缠身,工作和生活受到极大的影响。他因作息不规律,常常大白天无精打采,影响正常工作。因此,大理寺卿徐致祥到慈禧面前状告张之洞,说他"兴居不节,号令无时",辜恩负职,请求查办。慈禧对此很重视,命令两广总督李瀚章调查。李瀚章很欣赏张之洞的才能,认为徐致祥参劾的问题不过是细枝末节,就回复慈禧说:"誉之则曰夙夜在公,勤劳罔懈。毁之者则曰兴居不节,号令无时。既未误事,此等小节,无足深论。"后来此事不了了之。张之洞生活极不规律,晨昏颠倒,常常下午两点睡觉,晚上十点起床办公。他既能长久不睡,也能在任何情况下酣眠。陈恒庆在《归里清潭》记载,一位学政谒见张之洞,刚谈了几句公事,张即在座椅上进入梦乡。学政事没谈完,又不敢走掉,无奈傻坐苦等,等了数小时,张才醒来。学政敢怒不敢言。还有一次,张之洞到湖北巡抚衙门走访,到了地方,轿子停下,他却迟迟不出来。下属掀开轿帘,发现他正睡得踏踏实实。巡抚及随行官员不敢惊动,只得站立左右等待。这一等,就是半天。不仅在下属面前如此,在与自己职位相当的大员面前,张之洞依然故我。陈巨来在

《安持人物琐忆》中提到，邮传部尚书吴郁生在武汉与张之洞商议招商局公事，张一边剃发，一边与吴尚书畅谈。吴尚书没想到，话没说三五句，张已昏昏睡着了，只好坐待其醒。1902年，张之洞署理两江总督期间，设宴款待前来拜访的直隶总督袁世凯。酒宴进行到一半，张之洞趴在桌上呼呼睡去，很久未醒。袁世凯等不及，尴尬离去。张醒后自知怠慢贵宾，于理有亏，马上派人请回，致歉并重开宴席。张之洞的这种不分场合想睡就睡的行为，源于他作息时间的不规律，不但严重损害了他的身体健康，也对工作造成了极大的影响，以致被告状到朝廷。

养成良好的作息习惯不但有益于身体的健康，更能保持精力旺盛提升工作效率和专注力。因此，珍惜自己的身体健康提升工作效率，应该从科学作息开始。帮助孩子养成科学作息的良好习惯，是父母的责任，是确保孩子健康成长的关键。一是给孩子设定规律的作息时间。科学安排分配作息时间，把起床、吃饭、学习、运动、休息和睡觉的时间固定下来，保证充足的休息时间和良好的睡眠，让孩子在不断地遵循中适应科学规律的生活节奏。二是及时纠正不良作息习惯。对孩子平时养成的一些作息坏习惯，决不能视而不见和包容、纵容。比如，破坏生活规律和时间规定，熬夜、晚睡、晚起等。对这些坏习惯和有关不良倾向，应及时果断干预，正确纠正引导。三是鼓励孩子多参加体育运动。孩子正处于长身体的年龄，体育运动对孩子健康成长不可或缺。注重培养孩子参与体育运动的兴趣爱好，鼓励孩子多运动、多锻炼，把体育运动作为日常的"必修课"，指引帮助孩子强身健体。四是不断增强孩子的自律意识。培养孩子良好的生活作息习惯，应从培养孩子自觉遵守作息时间的自律意识开始，父母应勤教导、善引领、作表率，帮助孩子树立对待时间的"红线"意识，提升自我约束的能力，逐步增强自律意识。

规律作息重养成,
时间安排是保证。
自律约束善培养,
不良习惯不纵容。

第二节　指引学习方法

　　学习方法是通过学习实践总结出的快速掌握知识的方法。学习方法决定学习效率，合适的学习方法在学习的实践中会起到事半功倍的作用，反之则会耗费大量的时间和精力却收效甚微。个体的情况、学习条件、学习环境、学习时间和学习要求等因素的差异，对学习方法的要求和选择也不相同。学习方法多种多样，既有学校老师传授的常用方法，又有个人通过学习实践总结出的学习技巧和经验，没有优劣之分，只有适合与否。因此，多了解掌握一些学习方法，根据实际需要正确选择并熟练运用适合自己的学习方法，是提高学习效率的关键。本节重点介绍目标牵引、兴趣引导、重点突出、难点突破、课前预习、复习巩固、日积月累、互帮互助、思维导图、实践探索十种学习方法。

目标牵引

目标是在一定的时间内要达到的期望和结果,是给梦想的实现加上一个日期和数字。美国哈佛大学有一个非常著名的关于目标对人生影响的跟踪调查。对象是一群智力、学历、环境条件差不多的年轻人,调查结果显示:27%的人没有目标,60%的人目标模糊,10%的人有清晰目标但目标比较短期,3%的人有清晰且长期的目标。25年后,3%拥有清晰且长期目标的人,成为了社会各界的顶尖成功人士,如,白手创业者、行业领袖、社会精英。10%有清晰目标但目标比较短期的人,多数成了社会的中上层各行各业的专业人士,如,医生、律师、工程师、高级主管。60%目标模糊的人,多数处在社会的中下层,安稳生活,没有什么特别的成绩。27%没有目标的人,大多处在社会的最底层,生活不如意,常常失业,靠社会救济,抱怨他人、抱怨社会、抱怨世界。这个结果告诉我们,有什么样的人生目标,就会有什么样的人生。目标犹如指路明灯和海上远航时遇到的灯塔,为前行提供动力指明方向。

罗杰·罗尔斯是纽约历史上第一位黑人州长,他出生在声名狼藉的大沙头贫民窟。在这儿出生的孩子,长大后很少有人获得较体面的工作。然而,罗杰·罗尔斯是个例外,他不仅考上了大学,而且当上了州长。在他就职的记者招待会上,他对自己的奋斗史只字不提,他仅说了一个陌生的名字——皮尔·保罗。后来人们才知道,皮尔·保罗是他读小学的学校校长。1961年,皮尔·保罗被聘为诺必塔小学的董事兼校长,当时正值美国嬉皮士流行的时代。他走进诺必塔小学的时候,发现这里的穷孩子比"迷惘的一代"还要无所事事,他们旷课、斗殴,甚至砸烂教室的黑板。当罗杰·罗尔斯从窗台上跳下,伸出小手走向讲台时,皮尔·保罗校长说:"我一看你修长的小拇指,就知道将来你是纽约州的州长。"当时,罗杰·罗尔斯大吃一惊,因为长这么大,只有他奶奶让他振奋过一次,说他可以成为5吨重的小船船长。这一次皮尔·保罗校长竟说他可以成为纽约州的州长,着实出乎他的意料。他记下了这句话,并且相信了它。从那天起,旗帜在他心头飘扬,奋斗目标在他心中确立。他的衣服不再沾满泥土,他说话不再夹杂污言秽语,他开始挺直腰杆走路,不再荒废时间,努力学习上进,他成了班主席。在以后的40多年间,他没有一天不按照州长的目标要求自己。51岁那年,他真的当上了州长。在他的就职演说中,有这么一段话。他说:"在这个世界上,信念这种东西任何人都可以免费获得,然而你一旦坚持,它会迅速升值,所有成功者最初都是从一个小小的信念开始的。"罗杰·罗尔斯的信念,就是他的人生目标,他的前半生都在朝着这个目标努力奋进,他的故事激励人们要大胆追求自己的梦想和目标,并且努力向梦想和目标奋进,就有了成功的希望。

目标牵引下的学习,是教会孩子自学的必经之路,这就像孩子习惯了回家,即使黑天,也不会迷路。人一旦有了目标方向,就拥有了努力奋进的动力。目标牵引法是设定学习目标并用目标牵引前行的学习方法。确定学习目标,是给学习指明方向,能有效激发学习热情,带动学习积极性和自主性,提升学习专注力。学习目标在时间上有远期目标和近期目标之分。远期目标可以明确到学习的终极方向,而近期目标则可具体到一周、一天或一次家庭作业的任务。近期目标要从属于远期目标。学习目标要根据个人的实际情况而设定,既不能太高,高到让人望而却步难以达成。又不能太低,低至无须努力触手可及。学习目标的设定应具有一定的挑战性,遵循"跳一跳,够得到"的原则,把有时限、易操作、能衡量、可达成作为设定学习目标的要求。学习目标的设定必须要有具体详实的落实步骤计划作为实现目标的保证。在计划的实施过程中,不断根据实际情况整合资源,及时根据目标实施过程中出现的问题,有针对性地对计划、步骤、时限进行调整改进,确保计划科学合理,让目标牵引学习,学习向目标迈进。

兴趣引导

兴趣引导法是指通过培养学习兴趣，提高学习积极性一种学习方法。子曰："知之者不如好之者，好之者不如乐之者。"[①]古人在几千年前就对学习的方法有了深刻的认识，指明了"兴趣是最好的老师"这个道理。郭沫若说："兴趣能使人们的注意力高度集中，从而使人完善地完成自己的工作。"

翻译家伊科诺姆1964年出生在希腊风光旖旎的克里特岛，小小年纪的他，总喜欢拎个竹篮，在离家不远的海滩捡贝壳玩耍。一次，几位女游客沐浴着夏日阳光，眺望着远方美景，一时又齐声哈哈大笑。好奇心促使他走上前去，想搞明白她们在说啥。"小家伙，能送几只贝壳吗？"虽然一个字也没听懂，但他思忖了一会儿，乐呵呵地递上两枚漂亮的贝壳。游客们向他竖起了大拇指，给了一美元作为酬金。他手舞足蹈，开始从内心向往了解那些晦涩的外文。自此，去海滩成了他每天的期待，慢慢地，他也能听懂一些复杂的外国话。这天，他随手从家里拿了本书，如约去了海滩。他完全沉浸在书里，一待就是一整天。他回到家时，母亲心急如焚地质问他去哪儿了。他告诉母亲在海滩看德语教科书。将信将疑的母亲决定考考他。让母亲又惊又喜的是，他嘴里竟迸出了几句拗口的德语。他还信誓旦旦地说："从明天起，我要天天去跟游客学语言。"孰料，晚上，他躺在床上无法入睡，痛得嗷嗷叫，因为整天的暴晒，让皮肤严重受伤。母亲耐心地给他擦药，他却一直喋喋不休，冒出一句："学语言这么苦，明天不去海滩了。"母亲眉头一皱，

[①]《论语》。

郑重其事地说:"你不想去海滩,妈不反对,但如果你能学会更多语言,就能去很多地方游玩,就需坚持学习语言的兴趣。"他似懂非懂。但幸运的是,他似乎被母亲描绘的未来吸引住了。第二天,天刚蒙蒙亮,他便起床,又来到那片熟悉的海滩。自此,他的兴趣一发不可收拾。读高中时,他已熟练掌握了英语、意大利语。他俨然像一个修行者,全身心地沉浸在与语言相关的事情中。20世纪80年代,为了能更深刻地理解土耳其语,打破人们眼中的语言藩篱,他来到伊斯坦布尔,天天与当地的人打交道,学习语言。两个月后,他就竟然能与当地人无障碍交流,说上一口流利的土耳其语了。1994年,他被欧盟三大机构之一的欧洲议会聘为翻译。接下来的几年,大多数来欧洲议会演讲的国家元首,都由他担任翻译。他成了欧洲议会里名副实的明星翻译家。伊科诺姆成了传奇人物,总被记者追问精通42国语言的秘密。他总会提及儿时捡贝壳的往事,然后微笑着说:"我始终坚持语言兴趣,也就一路走到了今天。"

　　兴趣能使人情绪高涨,专注力提升,激发积极思考,主动排除与兴趣点无关的外部因素,进入最佳的学习状态。兴趣引导促进了学习,良好的学习效果又提升了学习的兴趣,让学习与兴趣形成良性的循环,大大提升学习效能。因此,培养孩子对学习的兴趣,用兴趣引导学习是快速提升学习效率的有效方法。培养孩子的学习兴趣应抓住几个关键点。一是帮助孩子树立学习的自信心。让孩子相信自己的学习能力,打消"我行吗?"的疑虑,鼓励"我能行!"的自信,让自信成为提升学习兴趣的动力。二是及时鼓励孩子在学习上取得的每一点进步。善于用赏识教育手段调动孩子学习的热情和积极性,通过父母对孩子取得进步的鼓励和认同,让孩子感受学习的"获得感"和取得的学习成就。三是鼓励孩子适当参加学习竞赛。让孩子在有益的学习竞赛中,感受学习带来的快乐与荣耀,激发学习热情,自觉培养学习兴趣。四是父母应以感兴趣的态度培养引导孩子的学习兴趣。学习兴趣的培养是一个长期过程,父母应有足够的耐心和热情,引领孩子以感兴趣的态度认识学习和对待学习,帮助孩子在学习生活中积极去发现和创造学习乐趣。用兴趣激发学习,用学习促进兴趣。

重点突出

重点突出法是指突出重点知识，进行重点学习的一种学习方法。重点突出法可以帮助孩子更加高效地掌握关键信息和应知应会的知识，通过把注意力集中在重要的知识点上，能有效节约学习时间，增强学习的针对性，进而提高学习效率。同时，重点突出的学习方法可以帮助孩子更好地应对考试或对学习成绩的检查评估，利于孩子获得学习的成就感，从而增强自信心和学习的动力。

朱媛韬出生在内蒙古巴彦淖尔市，她以662分的总成绩考入了北京大学经济学院。据她在《等你在北大》一书中自述，她从初中开始就有些偏科，可能因为从小爱看科幻小说的缘故，却对物理情有独钟，对语文却提不起任何兴趣。一个女孩子理强文弱会让很多人都觉得奇怪。她一度觉得自己真不是学语文的料。写作文不知道如何才能把自己的想法准确鲜明地表达出来，每一次的作文都让自己和阅卷的老师很头疼。阅读题答案从来都达不到标准答案的那个深度。古诗词鉴赏对她来说犹如天书一般。她有时候甚至会想，我怎么知道古人当时的境遇和心情？面对语言她好像真的无计可施。直到高二下学期的一天，语文老师让同学们把自己对高考各科预估分数和总分都写在小纸条上交给老师。朱媛韬怯怯地给语文估了110分。下课后，语文老师把她单独叫到办公室，问朱媛韬语文能考多少分，朱媛韬不好意思地说出110分。语文老师非常认真地对朱媛韬说："我很担心，以你现在的状况高考怕是上不了这个分数，我不希望语文拖你的后腿。以后上课我会多提问你，你自己要重点突破语文。"朱媛韬没有想到自己的语文水平会让老师如此头疼。她暗下决心，要重点突破语文。从此以后,她开始认真对待与语文有关的一切,留心积累素材,多看古诗词常见的意象,多了解文学的表达技巧,早操站队时手里也拿着文言文背诵小书。一段时间过后,她发现自己对语文没有那么抵触了,翻译一下文言文,分析一下作文材料,其实也挺有意思的,语文成绩还真的提高了不少。到了艰苦的高三下学期,语文竟然成了她最感兴趣的科目。高考中,她语文考了116分,重点突出法让她突破了语文这个弱项,以优异的成绩考入了北大。

重点突出法在实践运用中,厘清学习重点、合理分配时间、学会一般兼顾是关键。一是厘清学习重点。重点知识、重点内容、重点章节,通常在学校老师会重点讲解,并要求学生重点学习理解掌握。学生根据老师的提示要求和具体实际情况,通过梳理,厘出学习的重点内容和一般内容,然后对学习的重点内容进行重点学习掌握。二是合理分配时间。一节课或一个知识点总的学习时间是固定不变的,根据总的学习时间,结合厘出的学习重点内容和一般内容,结合实际有区别地分配学习时间。重点内容根据学习掌握的情况适当多分,一般内容少分,在学习时间和精力投入上区别对待。三是学会一般兼顾。重点知识应重点学习,但相对于重点知识的一般知识决不能为了考试而弃之不顾,学习掌握同等重要,只是学习时间和精力的分配上有所侧重。

难点突破

难点突破法是一种针对学习过程中遇到的困难和难以理解的知识点进行攻坚克难的学习方法。这是一种积极主动,且具有较强针对性的学习方法。在学习过程中,遇到困难和难以理解掌握的知识点,是较为普遍和常见的现象,难点突破法就是解决这一问题较为科学合理的学习方法。

河北衡水中学的姜彦文,以总分682分成绩考入北京大学。他对难点突破的学习方法有着自己独特的见解。他认为,在学习中遇到疑难问题,是再正常不过的事情。尤其是在学习中、作业时、测试时,总会遇到自己不会的知识点,或容易做错的题目,而这些不易掌握或容易做错的题目,就是学习中的难点问题。老师要求每位学生要准备错题记录本,把学习中遇到的难点问题及时记录下,然后逐个攻克。这是一个效率较高的难点问题突破法。他在攻克难点问题的过程中,有了切身的体会与感悟。他认为,难点问题记录法攻克要结合自己的实际情况来进行。首先,错题本不能太薄,最好一学期都不要换。这样当自己在后面的错题中联想到自己曾经做过的错题时,就能加深记忆,很方便地进行比较、领悟。其次,错题本不要第一次写得很密集,应该在边上留出空白部分,用于日后翻看时写出感悟。最重要的是,千万不要把错题集变成一种形式化的东西,要真正发挥其作用才行。有一些同学把错题都认真地剪了下来粘在本子上,结果错题整理了一大摞,但是成绩并没有太大的起色,其实就是没有真正发挥错题记录攻克的真正作用。整理错题不是为了应付,不是为了自我安慰,而是给自己找一处可以清晰整理自己思维的地方,一处汇集精华、奥妙的地方,一处警醒纠错的地方。

有一位家长,发现孩子在学习中存在马虎大意的习惯或问题,以致在做练习或考试的时候,本来会做的题,却因为马虎大意而出现错漏。尤其是在做数学题时,往往孩子是会做的,可一看题目,在尚未完全理解的情况下,匆忙做题,结果十有九错。老师和家长多次纠正都没有能有效解决孩子这个问题,成了孩子学习中的一个"顽症"。后来,家长根据孩子的这个马虎大意的毛病,对他采取了分步纠正的方法,对他进行有意的训练,收效明显,孩子有了明显的进步。家长为此还专门总结了一个在做数学题时纠正马虎大意的顺口溜:

慢读三遍题,

要素全找齐。

画图细分析,

演算要仔细。

在孩子做题的时候,督促孩子按照顺口溜的步骤,不要急于先做题,而是先把题目认真默读三遍,认真审题,真正理解题的内容,再进行下一个步骤。其次,对照题目的内容,认真查找数学题内的要素,把要素全找出来,再进行第三步。再次,根据数学题的要求和要素,能画图时就画图分析,认真对比,做到内容、要素清,解题的条件、要求明,然后再着手去做题目。最后,要认真检查,确保解题无粗、疏、错、漏。通过分步实施,培养认真审题的好习惯,解决纠正马虎大意的毛病。这个方法简单明了,较适合低年级的学生学习借鉴。

突破难点方法多种多样,选择难点突出法应结合实际,增强难点突破的针对性。一是及时确定难点。在学习过程中,要有意识地关注自己难以理解或掌握的知识点,将其列为学习的难点,并记录下来,各个击破。如,学习中建立错题记录本、难点记录本等方式,及时将自己易做错的题和一时难以理解掌握的知识点记录下来,便于攻克解决。二是制定计划实施突破。确定了难点就要及时制定攻克解决的计划,设定时限与步骤。在方法上,不拘泥于形式,注重灵活多样,以解决问题为要。如,根据难点的程度和需要,把问题分析、深化学习、寻求帮助、实践操作、反复练习等方法选择利用,哪种方法简便实用利于问题的解决,就用哪种方法。三是总结经验积极拓展。在攻克难点后,及时总结自己的学习经验,提炼出有效的学习方法和技巧,尝试将所学知识拓展到其他领域,为以后的学习打下基础。

课前预习

预习就是预先学习,课前预习法是指对新课内容进行预先自学的一种学习方法,是解决新知识学习中"跟不上,听不懂"的有效途径。通过对新学知识的课前预习,能了解掌握新知识全面概况,对新知识的学习重点与难点做到了然于胸。预习后带着疑问听课,目的明确,态度积极,针对性强,注意力容易集中,能跟上老师讲课的思路和节奏,并能随时积极回应。有利于掌握课堂学习的主动权,提高对新知识的学习效率,提高主动学习的能力。

河南省鹤壁高中的周位鑫以总分 665 分的成绩考入清华大学工程物理系,他认为预习至关重要。有些同学认为作业多没有时间预习,上课认真听没有必要预习,学习的压力大没有精力预习等,是因为没有认识到预习对自己的重要性。课前的预习正如做事前的计划,有了它做起事来才得心应手,游刃有余。他多次听老师讲到"跑",学习如跑步,同处一个赛道,预习是合理的"抢跑",在学习的一开始就"抢跑"领先,就争取了学习的主动权,获得了先机,更容易取胜。所以他把预习放在重要位置,认为有了课前的预习才不会迷失方向,才会更有信心,而且学起来也会更轻松,印象也会更加深刻,掌握得更多。做好准备工作,"良好的开端是成功的一半",会让学习变得更轻松。随着习惯的养成,无论有多忙,一定要找时间预习,这是改变学习习惯,提升学习效益的关键。

预习应结合自身的实际情况、学习习惯、学习计划科学合理安排,突出把握时机、时间与预习方法的运用。一是在预习的时机上,应安排在距离正式上课前较近的时机,如,正式上课的前一天,在完成当天学习的任务后。预习不宜距正式上课前太久,时间长记忆减退，失去"趁热打铁"的时机，正式上课时预习效果会打折扣。二是在预习的时间上，课前预习一般时间不应过长。根据当天总的学习时间安排，在不影响当天学习任务的前提下，预习时间控制一个小时以内较为合理。三是在预习的方法上，力求灵活多样。根据自己的学习进度和时间安排，可概要了解掌握新知识内容，也可逐章、逐节、逐点深入学习探索。条件允许时，还可对预习的相关知识学习了解，尝试课后的练习的巩固。

复习巩固

复习巩固法是指通过对已学知识的回顾,进一步对已学知识加深理解和记忆的学习方法。这种方法的主要目的是巩固已学知识,培养良好的学习习惯,提升学习效果。复习巩固不仅能巩固提升学习成果,加深对原有知识的理解和记忆,还能进一步学习未理解掌握的知识,达到拾遗补漏的目的。同时,复习巩固还具有培养良好学习习惯,提升学习效率和温故而知新[1]的作用。复习巩固是一个不可或缺的学习环节和切实有效的学习方法。

黑龙江省牡丹江市第一高级中学的熊韦,以总分 654 分考入北京大学城市与环境学院。他认为,学习伴随着每个人的一生,而好的学习方法往往能让人收到事半功倍的效果。他说爱因斯坦总结自己伟大成功的公式是:$A=X+Y+Z$。A 代表成功,X 代表艰苦劳动,Y 代表正确方法,Z 代表少说废话。这个公式在学习上,就是说要想在学习上取得成功,一要靠学习方法,二要靠意志,三要靠效率。他对接受新知识、巩固所学的知识、学会提问、学会在竞争中合作等问题,都有自己的切身感悟和认识。关于复习,他有自己独特的认识和理解。他认为复习是学习过程中的一个重要环节,是对已经学过的知识的一次再学习。它是巩固和深化所学知识的一种有效手段,使已经获得的知识系统化,形成合理的知识结构,对强化记忆能力、提高学习效率有重要的意义。人们的认识总是按照"感知、识记、理解、再感知、巩固记忆、深化理解"这样一个规律进行的。课堂上对知识的第一次学习是"感知"的过程,这时

---

[1]《论语·为政》。

知识的有序性还体现为低级阶段，即感性阶段。通过复习对课堂上初次接触的知识进行再"感知"、再"认识"，这样就可以增强知识的有序性与深刻性，从而起到加深理解、巩固记忆的作用。复习巩固实际上就是同遗忘作斗争。

为了有效进行复习，必须掌握科学的复习方法。一是反复记忆法。重复是学习之母。宋代教育家朱熹告诫别人说："读书，每次只读五十字，速读上二三遍。"茅盾读名著，至少要读三遍。第一遍是鸟瞰式，第二遍是精读式，第三遍是消化式。马克思记忆力很好，但他还是经常地反复阅读和研究已经看过多遍的书，并且从来不感到满足。他们的经验都证明：反复记忆、反复强化，是理解知识、避免遗忘的有效方法。二是由厚转薄法。复习知识时要避免只求量不求质，还要避免只求质不求量。因为，这两种学习方法都有一定的片面性。著名的学者华罗庚总结了读书要由薄变厚，由厚再到薄的方法。他说："一本书，当未读前，你感到书是那么薄，在读的过程中，如果你对各章各节又做了深入的探讨，在每页上加注解，补充参考资料，那就会觉得厚了。但是，当我们对书的内容真正有了透彻的了解，抓住了全书的要点，掌握了全书的精神实质以后，就会感到书本变薄了。愈懂得透彻，就愈有薄的感觉。"三是知识结构法。现代教育家都十分强调知识的结构问题，注重知识系统化、条理化。我们所学的各门课程，都有一定的科学体系，反映了知识内在的有机联系。如果我们在复习中，只注意知识的一块"碎片"，那我们就容易冲进片面学习的"碎片"中，就容易人为造成复习内容的缺陷。

熊韦同学对复习的感悟和认识告诉我们，复习巩固应突出计划性、科学性和灵活性。首先，要制定科学合理的复习计划。复习计划有大小之分，大的复习计划可至学期、学年，小的复习计划具体到每天、每课，应根据自己的学习进度和对知识的掌握程度计划安排。其次,确定复习的内容范围。复习的内容选择应根据需要进行必要的筛选,应有所侧重,突出应知应会的、掌握不牢的、理解不透的、学中遗漏的、存在质疑的等。而那些已经熟知熟记的知识则可以少复习或不复习,以节约时间和精力。最后,选择灵活多样的复习方法。复习方法多种多样,如,计划法、阶段法、练习法、互助法、测试法、资料整理法等。复习方法的选择应充分结合自己对所学内容的掌握情况、学习习惯、时间安排等因素,讲究便利和注重实效,力避走过场式的复习,避免对学习时间和精力的浪费。

日积月累

日积月累是一个成语,出自宋代朱熹《答周南仲书》"随时体究,随时讨论,但使一日之间整顿得三五次,理会得三五事,则日积月累,自然纯熟,自然光明矣",是指一天天不断积累,通过持之以恒的努力和耐心,可以达成想要的目标。日积月累法是指通过对点滴知识积累学习,达到积少成多的学习方法。

蒲松龄,字留仙,别号柳泉居士,世称聊斋先生,济南府淄川(今山东省淄博市淄川区洪山镇蒲家庄)人,清朝文学家,短篇小说家,出生于一个已渐趋败落的小书香家庭,早年热衷功名,19岁接连考取县、道、府三个第一个,名震一时,但此后屡应省试不第。除中年一度在异地做幕客外,蒲松龄终生在家乡为塾师,过着穷困潦倒的生活。他以日积月累的方式采集民间野闻,进行丰富的想象和艺术加工,写成短篇小说文集《聊斋志异》,广为流传。在清代康熙年间,在山东淄川县西铺村通往县城的大道上,每当金鸡唱晓、翠烟四起之时,道旁一株亭亭如盖的大树下,就能够看到有一个穿着简朴、年约30岁的教书先生坐在芦席上。他身旁放着一个装满浓茶的大瓷罂,罂边有两个茶碗和一包当地生产的淡巴菰烟。每当有行人如果,他就站起身来,热情地邀对方坐下,请他讲自我的见闻。搜奇索异,随人所知。别人讲故事讲得口渴,他立刻献上一碗浓茶;别人感到有些疲倦,他又奉之以烟。尤其是对那些白发苍苍见多识广的老大爷,他更是殷勤有礼,毕恭毕敬地请教老大爷畅谈自我所明白的奇闻异说。别人不谈完,他就不让走。时间一长,很多人都明白西铺村有位爱听故事的教书先生,他就是蒲松龄。蒲松龄就这样每一天坐侯道旁,邀行人座谈。通过日积月累的方式搜奇索异,偶闻一事,粉而饰之,如此历二十余寒暑,终于完成《聊斋志异》。《聊斋志异》自乾隆三十年(1765年)初刻,其后200年间,所刊版本极多。《聊斋志异》不仅在国内有着深远的影响,而且在国外也影响很大,19世纪以来,先后出现了英、德等二十几种外文译本,流传于世界各地。它已被写进世界各主要国家的大百科全书,从而成为享有很高声誉的世界名著。现代文学家老舍评价:"鬼狐有性格,笑骂成文章。"

荀子说:"不积跬步,无以至千里;不积小流,无以成江河。"①学习本身就是一个日积月累的过程,需要长时间的积累和努力。如读书,每天阅读30分钟,一周就可以读半本书,一个月可以读两本书,一年读大约20本书,一生读1 000本或超过1 000本书。如此积累,阅读量自然就上去了,知识的大门就这样被打开了,这就是积少成多的奇妙之处。日积月累的学习方法需要满足一定的条件要求,才能有效提升学习效果。一是要有足够的信心、耐心与恒心。对知识的学习探索本身就是一个日积月累的过程,父母注重帮助孩子树立对学习的自信心,在学习中始终保持足够的耐心和毅力,在懈怠时、慵懒时、信心与耐心不足时,及时鼓励打气,提升自我约束的能力,在坚持中培养习惯,在日积月累中见到成果。二是科学设定学习目标。以英语单词的背记为例,科学设定每天背记单词的数量。在目标的设定上,既考虑能达目标的最大限度,又考虑其他条件的影响,设定的目标应便于执行和落实。三是充分利用零碎时间。所谓的零碎时间是指不构成连续的小块时间,这样的时间往往容易被忽略不计。零碎时间虽短,但相加起来的总和却是相当可观的。日积月累的学习方法适合利用这些零碎时间。如五分钟、十分钟,就可以背记几个英语单词或者一首古

---

① 《荀子·劝学》。

诗。四是定期回顾总结。阶段性的回顾总结是促进日积月累学习方法的重要环节,不仅能起到检验学习成果,推进学习的作用,还能及时发现问题,改进学习方法。因此,定期的回顾总结必要而实用、高效。

互帮互助

互帮互助是指在学习中同学间互相帮助、互相学习促进共同提高的一种学习方法。同学间的互帮互助是以"结对子""建小组"方式进行的,这种同学间的互帮互助既利己又利他,是一种更直接简便高效的学习方法。通过平等的互帮互助更容易提高个人的合作意识、团队意识,便于同学间的交流、讨论、经验分享与相互监督促进。同时,还能建立良性的竞争机制,激发学习热情,调动学习的积极性和主动性,营造良好的学习氛围,提升学习效率。

辽宁省营口市开发区第一高级中学的邹心之,以总分685分的成绩考入了清华大学。她在《等你在清华》一书中这样写道:"有这样一群人,他们每天和你一起的时间比父母还长。他们和你一起吃饭,一起睡觉,一起哭,一起笑;一起上课,一起考试;他们在你需要的时候挺身而出;有时还会成为你的对手,他们就是一直相伴的同窗。其实他们的身上藏着难以想象的宝藏。有的人做的笔记特别全,有的人思维特别敏捷,有的人总会有解题的新方法,有的人总能写出温柔的好像能滴出眼泪的作文……。既然他们就在我们周围,何不互相学习呢?我和班上另一位考入清华工程力学系的同学,一直都是互相学习,共同进步的。她文科稍弱,我的理科稍差,正好形成优势互补。我们俩虽然在每次考试中都是竞争对手,但其实在生活中是最铁的'哥们'。我们经常互相借笔记,讨论问题,实在讨论不出结果就一起去请教老师,既能互相帮助,又收获了不可替代的友情。最后,我和她在高考中都没有因为自己曾经的弱科拖后腿,最终也都如愿以偿,走进了清华大学。学习中竞争必不可少,有竞争才会有进步,但我觉得若是因为竞争破坏了正常的同学关系,则大可不必。我们终要面对的对手不是身边的同学,而是那张高考卷子。我们应该在相互学习中共同进步,不能以超过别人为目的不择手段。我们其实都是战友,尽管高考只是一场没有硝烟的战争,但战友之间那种情谊真的值得彼此铭记。"

同学间的互帮互助最值得珍惜和回忆,那种同生活、共奋斗,相互搀扶与支持帮助,既能互相成就彼此,又能为自己的人生增添一道亮丽的风景线,也注定成为彼此一生中最美好的回忆。

互帮互助法的运用应注重把握几个重要环节。一是选择合作伙伴。学习伙伴在孩子的学习成长中,具有举足轻重的地位和作用,同时也是确保互帮互助顺利实施的关键。选择的学习伙伴应与自己学习阶段相同、学习目标一致、学习成绩差别不大,甚至志趣基本相同。二是设定学习目标。与学习伙伴一起,结合学习伙伴个人的实际情况,共同设定远期和近期的学习目标,制定实现目标的具体计划步骤和实施方法。三是互帮互助经常。定期沟通交流学习情况、分享学习经验体会,随时主动帮助对方解决学习中遇到的问题困难,积极推动互帮互助的持续经常。四是互相监督促进。在互帮互助中,当好彼此完成学习任务、落实学习计划的监督员。让学习在伙伴相互的监督提醒中高效落实,学习能力和效率在伙伴间的比、学、赶、帮、超的学习竞赛中不断提升。

思维导图

思维导图又叫心智导图，是一种将思维形象化的方法。思维导图法是指通过绘制思维导图辅助思维的一种学习方法。其发散性思维特点，可以帮助人们拓展思路，激发灵感，提升创造力。思维导图是英国著名的心理学家和教育学家东尼·博赞（Tony Buzan）发明创造，所著《思维导图》一书被翻译成 30 多种文字，风靡 200 多个国家。思维导图给人们的工作学习带来极大的帮助，也在全球范围内被广泛推广应用。

当东尼·博赞还是一个孩子时，他对于如何学习和做笔记很感兴趣。在他十几岁之前，他的头脑因乱七八糟的笔记一度陷入了混乱状态，他开始讨厌和学习有关的一切事情，特别是记笔记。他开始注意到那些似是而非尤其是自相矛盾的论点，使得他的笔记记得越多，他的学习越糟糕，他的记忆力也越差。为了使事情变得好一点儿，他开始在关键的词汇和观点下面画上红线，并把重要的东西放在一起。他的记忆力奇迹般地提高了。大学一年级的时候，他被希腊的联想记忆法迷住了，他了解到希腊曾经发展出一套记忆体系，使他们通过联想能够精确地回忆起成百上千的事情。这使他注意到他的快乐心情以及他的注意力都是从他的笔记本上消失的！随后他发现周围的每一个人都在记那种和他一样的挤成一团的、单一色彩的、索然无味的单调笔记，在他们当中，没有一个人使用想象联想原则。那一刻东尼·博赞突然意识到，在他的头脑以及大家的"大脑"里，存在一个巨大的障碍，需要用新的记笔记方法、新的思维工具来清除它。他开始寻找一种思维工具，这种思维工具能给予人们思维的自由，让人们能够按照自己构思的思维方式去自由地思考。东尼·博赞开始学习他所能学习的一切,尤其是心理学。他发现心理学中联想与大脑的记忆过程密切相关,大脑领会力量和潜能要比他以前所认识到的大得多。他开始关注记忆、笔记,以及创造力,他需要的答案似乎就潜藏在其中。很快,他发现一些名人,尤其是达·芬奇在他的笔记中使用图画,代号和连线"涂鸦",因而使他们的笔记变得生动活泼。东尼·博赞开始思考大脑在自然状态下是如何工作的,他把思维和笔记与自然相联系,并在基于大脑天然的工作方式的基础上,把这种思维工具应用于人类日常活动的各个领域。接下来,浮现出来的是一个像星辰般闪烁的、简单的、美丽的工具,它的确反映出了自然的创造力,反映出了人们的思维过程所散发的光辉。就这样,东尼·博赞的第一幅思维导图问世了!英国广播公司(BBC)听说了这个新发现以及它在儿童身上产生的非凡效应,因此邀请东尼·博赞制作了一个有关思维导图的一个半小时的电视节目。在电视节目中东尼·博赞详细介绍了思维导图,并现场绘制了思维导图。思维导图的奇妙与实用迅速被认可接纳,进而风靡全球。

在学习中,通过绘制思维导图,把大量复杂的信息资料进行"梳理"和"压缩",通过"联结"和"联想",借助图形、色彩、关键词、关联线条等要素,汇集在一张可视化的思维导图上,从而实现原本杂乱无章的知识内容变得更加清晰有序,原本平淡枯燥的内容变得直观生动形象。借助思维导图能让学习者迅速掌握内容与内容之间的逻辑关系和内在联系,能有效地帮助人们提升逻辑思维能力,加速对知识的理解和记忆。同时,思维导图也让相关学习资料的储存、管理和应用更加系统化,方便调用和提取。绘制思维导图一般分四步进行。一是选择一个主题作为中心点。采用"树状结构"的方式,将主题放在图形中心。二是从中心点向外部展开,呈现出需要记忆或思考的主题或想法,根据具体需要结合图标、颜色、字体大小等辅助元素表达思想。三是添加详细信息。为了进一步扩展思维导图,可以添加更多详细信息,包括一些数字、公式、图片、文字等等。四是整理思路。总结思维导图是很重要的一个环节,结合实际情况检查是否有节点遗漏和信息更改,通过不断地回顾、再次思考、添加细节等方式不断完善思维导图。思维导图法的运用应经专门的学习训练指导,注重与其他学习方法相结合,避免错误的理解认识和不当的使用,方能发挥应有的效能。

实践探索

实践探索法是指通过实践把理论知识与实际应用相结合的学习方法。实践是一种更直接、更有效的知识获取方式，是缩短理论到实践距离的最佳途径。古人云："不闻不若闻之，闻之不若见之，见之不若知之，知之不若行之。"[1]实践出真知，通过实践把课堂上获取的知识运用到实践中来，既是对知识的实践检验与进一步的理解掌握，又是提升实践能力解决实际问题的有效方法。

李时珍是我国明代著名的医学家、药学家，他的著作《本草纲目》被誉为"东方药物学的百科全书"。明朝时期，医生的社会地位十分低下，被排到所谓的下九流的行列里，人们既需要医生，又看不起医生。李时珍就是生活在这样一个社会环境中。他从小就对医学产生了浓厚的兴趣，毕生研究医道。他的父亲是一位医生，他从父亲那里学到了很多医学知识。然而，当时的医学书籍中关于药物的描述往往含糊不清，甚至有很多错误。为了纠正这些错误，李时珍决定行万里路，寻访百草，亲自尝遍各种各样的草药，以了解它们的药性和功效。为了实现这个目标，李时珍开始了漫长的寻药之旅。他走遍了大江南北，深入山林、田野、溪流，寻找各种草药。在行万里路的过程中，每到一地，就向当地的农民、山民、渔民、樵夫、猎人、药农学习，向他们请教。在尝草药的过程中，李时珍遇到了很多困难。有些草药味道非常苦涩，难以下咽；有些草药有毒，吃了会让人疼痛难忍；还有些草药虽然无毒，但吃多了会引起呕吐、腹泻等不适症状。然而，李时珍并没有因为这些困难而放

---

[1]《荀子·儒效》。

弃,他坚信只有通过亲身实践,才能真正了解草药的药性。在尝草药的过程中,李时珍还发现一种叫曼陀罗花的草药(就是今天常用的麻醉药),在经过反复尝试后,记下了"割疮灸火,宜先服此,如此之事,不可不知"。他将这些都记录在他的著作《本草纲目》中,为后世的医学研究和药物开发提供了宝贵的资料。经过多年的努力,李时珍终于完成了他的巨著《本草纲目》。这部书一共收录了1892种药物,详细介绍了它们的名称、产地、形态、药性、功效、用法等方面的内容。这部书成为中国乃至世界药物学史上的一部重要著作,为人类医学事业作出了巨大的贡献,对后世产生了深远的影响。

古人把求知分为两种方式,一种是通过"有字之书",即书本上的知识学习获得,另一种是通过"无字之书",即社会知识实践得来。社会知识有很多要领和窍门是在书本上学不到的,只有通过社会实践体验才能获取。通过实践探索知识既能锻炼孩子的动手能力,又能提升学习的兴趣,加速对知识的理解与内化。实践探索法必须要有个人的兴趣和积极的实践学习态度、父母的支持配合和灵活多样实践活动作保证。

一是培养实践学习的兴趣和态度。陶行知是我国著名的教育家,他提出"生活即教育,社会即学校",提倡"教学做合一"。有一天,一位朋友来看望陶行知,说她的孩子把一块手表给拆坏了,她非常生气,狠狠地打了孩子一顿,陶行知听后连连摇头说:"哎呀,你打掉了一个'爱迪生'。"他又亲自到小朋友家里,把那个自以为做了错事的小孩请出来,带他到修表店去看师傅修表。他们共用了一个多小时,花了一元六角钱修理费才做完这件事。陶行知深有感触地说:"钟表店是学校,修表师傅是老师,一元六角钱是学费,让孩子独立拆了装是实践,做父母的与其让孩子挨打,还不如付出一点学费,花一点工夫培养孩子好问、好学的兴趣,这样'爱迪生'才不会被打跑赶走。"生活中,孩子兴趣广泛,好动、好奇,父母正是要利用孩子的这些先天的特性,培养孩子的实践动手意识,让孩子认识到实践的重要性、必要性,积极主动投身实践中,促进实践行动的扎实有效。

二是父母的支持配合。生活中,一些父母因为担心、多虑、怕孩子出意外,因而对孩子的实践学习,尤其是校外、家外的实践活动,采取拒绝或不支持的做法。这样一来,既剥夺了孩子参与实践学习的机会和权利,又打击了孩子参与实践活动的积极性。从孩子离开父母走出家门进入学校或社会的适应情况看,经常参与社会实践活动和极少参与社会实践活动的孩子在适应能力上有很大的悬殊。经常参与社会实践活动的孩子适应能力强,而极少参与社会实践活动的孩子则常常出现程度不等的"不适应"问题,甚至一些简单的生活常识也需要向父母求助。因为,父母日常的"替代""包办"和过度的担心,让孩子丧失了学习实践提升能力的机会。作为父母应对孩子的身心发展设定科学的期望值和全面的发展观,避免过度照顾和过度保护孩子的行为,放下不必要的担心。积极主动地参与到孩子的成长历程中,多带孩子参与社会实践活动,为孩子创造解决实际问题的机会。鼓励孩子敢于面对问题,自主解决问题,在社会实践中锻炼孩子的实践能力。

三是灵活多样的实践活动。在学校组织的研学、参加烈士陵园、慰问孤寡老人、学雷锋做好事等实践活动外,父母应配合学校的教育实践活动,大胆支持鼓励孩子参加志愿者服务活动、适合孩子实践的公益活动,支持孩子与同龄伙伴野炊、春游、秋游等,寒暑假提供给孩子参加夏令营、冬令营等机会,扩大孩子的生活空间,让孩子在多种形式的实践活动中更多地接触社会,面对现实,切身体验理论到实践的距离。感受在课堂上、书本中学不到的知识技能,学习"无字之书"的生活常识。通过灵活多样的社会实践活动,让孩子尽早深入社会这所大学校去学习锻炼、成长,在实践中学习,在解决实际问题中进步。

第三节　提升必备能力

　　能力是做事的本领,是完成一项活动目标或者任务所体现出来的综合素质。必备的能力是人们在生存与发展中必须具备的综合知识技能。人自出生起就面临着生存与发展的现实问题,而必备的知识技能是关乎生存发展首要的不可或缺的能力。必备能力的培养和提升,家庭教育起着至关重要的作用。父母是孩子的首任老师,在家庭教育中发挥着无可替代的主导作用。能力虽因个体的不同而存在较大的差异,但后天的学习实践却是能力生成的主要途径。因此,厘清孩子成长必备的知识技能,着力培养和提升孩子必备的能力,是父母的责任,是孩子健康成长的迫切需求。提升必备的能力应聚力在健康管理、生活自理、应对挫折、自主学习、创新思维、沟通交流、时间管理、适应环境八个方面下功夫。

健康管理

健康管理是以预防和控制疾病发生与发展，降低医疗费用，提高生命质量为目的，针对个体及群体进行健康教育，提高自我管理意识和水平，并对与其生活方式相关的健康危险因素，通过健康信息采集、健康监测、健康评估、个性化健康管理方案、健康干预等手段持续加以改善的过程和方法。健康管理能力是指个体或组织面对健康问题时，能够采取有效措施进行预防、诊断、治疗和康复的能力。俗话说"身体是革命的本钱"，拥有健康的身体，才能拥有未来和希望。生活中，父母应高度重视对孩子进行健康知识的传递和良好生活习惯的养成，帮助孩子提升健康管理的能力，教育孩子懂得爱惜自己的身体，才能确保身体的健康和适应社会的快速发展。

一、提升健康管理的意识

有人对健康作过这样形象的比喻，健康是"1"，事业、成就、财富等是"0"，当"1"没有时，后面再多"0"也就没有了任何价值和意义。

2011年5月23日，复旦大学于娟遗著《此生未完成》首发，这一天距离4月19日她辞世，已经一个月又四天。许多来买书的人，其实早已熟悉此书的内容，这些文字全部出自于娟的博客"活着就是王道"。这个博客的访问量，已经达到了850万。于娟出生于1975年，是一个优秀的大学教师。生病之前的30年，于娟的生活高歌猛进，读书、考研、读博、留学，她像一只赶路的鸟儿，日夜奋战，勤学苦练。每天只睡几个钟头，甚至不顾自己身体能否扛得住,忙着去追赶一个又一个目标,直到有一天被命运掐着脖子按在尘土里。噩耗却突然袭来,她患上了乳腺癌且是晚期。这些年因为于娟日夜颠倒,不顾身体的不适,错过了最佳救治时机,这个消息可以说是给她以及她的家庭重大打击。在临终前,她在日记中这样写道:"人活一辈子,多陪陪自己的父母,对家人来说,挣多少钱都不是最重要的,自己的健康才是最重要的,爱护自己的身体,不要等什么都来不及了才后悔莫及。"

于娟的故事告诉我们,拥有健康身体的重要性,珍惜健康、珍惜当下的迫切性。不要等到失去了健康再去追悔、去感叹人生的短暂及无常。认识到健康的重要性,着力提升健康管理意识,是有效进行健康自我管理的前提。在家庭教育中主要靠父母平时的教育引导。而空洞的说教往往较难引起孩子的共鸣与认同,有效的教育引导应选择恰当时机进行,比如,用于娟的故事或在孩子自己生病时,让孩子切身感受到健康的必要性与重要性。在孩子有了切身体会与感受后,再适时进行教育引导,更容易引起孩子的共鸣,不断提升健康管理的意识。身体是个人最大的"本钱",看护好自己最大的"本钱",才能拥有未来和希望。因此,在家庭教育中,帮助孩子提升健康管理的意识现实而迫切。

二、掌握健康管理的方法

个人健康管理是指通过科学的方法和手段,对个人的健康状况进行全面、系统的评估、监测和干预,以达到预防疾病、维护健康、提高生活质量的目的。《此生未完成》给了我们警醒,个人要学会并掌握健康管理的方法,善待自己的身体,避免透支伤害自己的身体。偶尔的不顾身体情况过度的劳累尚可通过休息来弥补,而长期的置身体的健康于不顾,就是对身体的摧残,带来的恶劣后果就是生命的凋零与终结。健康是生命的本钱,无论谁都无法预料到意外和明天谁先来,人只能学会自己珍惜自己,掌握科学的健康管理方法,好好珍惜自己的身体,才能去追求明天和有质量的生活。健康管理在平时、在日常,健康管理的方法多样,应针对自己身体的实际需要,进行科学的健康管理方能确保身体的健康。

(一)**健康饮食**。保持均衡的饮食,摄入足够的蔬菜、水果、全谷类、蛋白质和健康脂肪。忌偏食、暴饮暴食、过饥过饱和不规律饮食,避免过多的糖分、盐分和不健康的脂肪摄入。

(二)**适量运动**。运动健身已经深入人心,并被发展成为全民健身运动。根据自己身体的实际情况,每天至少进行半个小到一个小时中等强度有氧运动,如跑步、快走、打球、跳绳、游泳等。此外,还可以进行力量训练和柔韧性训练。避免过度剧烈的运动损害身体健康。

(三)**科学作息**。养成良好的作息习惯,规律作息,劳逸结合,保证每天7—8小时的睡眠时间,避免过度劳累和经常性的熬夜。

(四)**控制体重**。通过合理的饮食和运动,保持适宜的体重,避免肥胖增加身体负担。

(五)**戒除烟酒**。吸烟使每年500万人失去生命,吸烟的危害令人触目惊心,认清吸烟危害,远离香烟,就对健康少了一项侵害,多了一份保证。不论是什么酒,其中必有不同深度的酒精成分,无节制地饮用,会对人体造成各种伤害。重视酗酒与嗜酒的危害,为了健康莫贪杯,不恋酒,有节制。

(六)**爱护眼睛**。学习掌握眼睛保健常识,避免过度用眼和疲劳用眼,尤其要避免长时间盯着电子屏幕看。

(七)**定期体检**。每年进行一次全面的体检,切实了解掌握自己的身体健康状况,及时发现并预防潜在的健康问题。

(八)**管理压力**。学会应对和减轻生活和工作中的压力,学会放下和减压减负,适当放松身心,保持轻松愉悦的心情和良好的心理状态。

（九）社交互动。保持与家人、朋友和同事的良好关系，适度参加社交活动，注重与亲朋好友的联系沟通，在有益的社交互动中促进心理健康。

（十）养成良好卫生习惯。讲究个人卫生，饭前便后勤洗手，勤洗澡、勤换衣，居住环境勤清理，保持居住环境清洁，预防疾病的传播。

（十一）遵医嘱。如有慢性病或需要长期服药的情况，严格遵循医生的建议，按医生的要求工作学习，按时服药，定期复查，切忌把医生的话当成耳边风。

三、养成良好的生活习惯

良好的生活习惯是身体健康的保证，比如，科学合理的作息、营养均衡的饮食、适当的健身运动、良好的卫生习惯等。这些有利于身体健康的生活习惯，靠父母在与孩子的共同生活中慢慢培养，父母应及时帮助孩子改正不良习惯，督导良好习惯的点滴养成。于娟在日记中这样写道："癌症是我人生的分水岭，客观来看我人生尽毁。反思我生病的前前后后，最关键的是我为了自己心目中的目标而拼命。在这期间，所有的坏习惯都有，不规律作息长期熬夜、不按时吃饭和睡觉等坏习惯长期左右着我的生活。我不是高僧，若不是这病患，自然放不下尘世，这场癌症却让我不得不放下一切，重新审视我的生活，名利权情，没有一样不辛苦，却没有一样可以带去，唯有爱惜自己的身体，从养成良的生活习惯开始，才是应该清醒认识的。"我们对于娟惋惜的同时，的确应该开始反思自己的生活，认清人这一辈子，最宝贵的不是财富，而是自己的健康和生命，是从眼前就要开启健康的生活模式，培养健康的生活习惯，在日常点滴中看护好自己的健康。

人的生命只有一次，珍惜自己的生命应从爱惜自己的身体开始。用伤害身体不顾一切地去换取想要达到的目标，去换取希望及未来，终究会被现实毒打，会让自己追悔莫及。《此生未完成》给予的教训足以让天下的父母闻者足戒和警醒警觉，教育孩子警示自己对自然多些敬畏，对追求多些理性，对利欲多些看淡，对自己多些善待，方能成就最好的自己，方能有"本钱"追求自己的希望和未来。

生活自理

生活自理能力是指一个人在日常生活中独立完成各种基本活动的能力，包括个人卫生、饮食、穿着、居住、交通等方面。当前，由于父母对培养孩子生活自理能力重要性认识不到位，一些父母对孩子学习以外的事情采取"大包大揽"的做法，直接剥夺了孩子生活自理的机会，导致孩子实际动手能力和生活自理能力弱化，延缓了孩子独立生活、适应社会的时间，给孩子的成长进步带来不可忽视的影响。培养孩子生活自理的能力要在培养孩子的自理能力要尽早、父母教会孩子基本的生活自理方法和大胆放手多鼓励三个方面上下功夫。

一、培养孩子的自理能力应尽早

民间流传着一个懒汉吃饼的故事。有一个懒汉，从小就被父母过分溺爱，舍不得让他做任何家务事，以致他到十多岁的时候还会趴在母亲的怀里吃奶，穿鞋袜、穿衣都是由父母伺候完成，过着衣来伸手、饭来张口的日子。到了成亲成家的年龄，他与常人一样娶妻成家。妻子实在受不了他的懒惰与无能，经常吵架，弄得一家人鸡犬不宁。此时的父母才刚刚开始醒悟，是由自己过分宠溺儿子，才造成今天的局面。出于嫁鸡随鸡嫁狗随狗的传统观念，妻子不得不接受他的懒惰，照顾他的生活。有一天，妻子要回娘家，大概要耽搁好几天才能回来，不免担心丈夫怎么吃饭。左思右想，妻子想出了一个法子，烙了一个大大的饼，中间掏一个比懒汉脑袋稍大的洞，刚好能够穿过懒汉的脑袋，套在懒汉的脖子上。这个饼很大，足够懒汉吃上十天半月。老婆做完这一切，才放心地去了娘家。但在娘家过了几天,妻子开始担心起家里的懒汉丈夫,担心他会不会饿着,饼有没有吃完?娘家人见她食不知味,夜不能寐,只好让她回家。这位善良的妻子回到家打开门一看,懒汉一动不动地躺在床上,一探,早已气绝。再看懒汉脖子上的大饼,只少了嘴巴够得着的地方,其他地方都没动。原来这懒汉懒得连头都不愿转动一下,只吃了他嘴巴够得着的饼,而后就这样活活饿死了。

懒汉吃饼故事警示着天下的父母,对孩子过分的宠溺不是爱,而是害。这种生活能力的"包办"与"替代"是对孩子动手能力的剥夺,直接导致孩子成为一个永远都长不大的人。具备良好的生活自理能力既是一个人自立的标准,又是衡量一个人能否独立生活适应社会的重要标志。生活自理能力的培养需要从小开始,父母与学校共同努力,教育培养孩子自己料理个人生活的能力。在孩子懂事之初,父母就应教育鼓励孩子积极动手,培养"自己的事,自己做"的意识,独立料理个人事情,进而增强其做事的责任感与担当意识。事实证明,从小培养幼儿积极动手的习惯,不仅有利于儿童身心的全面发展,而且能够培养他们独立生活的能力,有利于良好生活习惯的养成。

二、教会孩子基本的生活自理方法

在家庭教育中,父母以传、帮、带的方式帮助孩子掌握一些基本生活自理的技能方法。从料理个人事务,如穿衣、洗衣、叠被、铺床、收拾房间、放置玩具、整理书包等具体小事开始,培养孩子的自理能力。三岁前的婴幼儿还不具备一定的生活能力,不能主动满足自己生活和身体的需要,对成年人、父母有较大的依赖。可是这时他们就已经有了独立自主、自我服务的萌芽意识,他们常常会在生活中模仿大人做事的行为。有时父母干活的时候,孩子也要抢着一块儿干。随着幼儿的成长发育,幼儿就可以在父母的指导下逐渐学会自己吃饭、洗漱、穿衣、整理自己的图书、玩具，大一些的孩子可以尝试着洗手帕、袜子、内衣等。从做力所能及的家务劳动，如家庭卫生扫除、择菜、洗碗、擦桌子、扔垃圾等家务开始，培养孩子积极动手的习惯。在孩子自己料理个人事情时，会出现给父母添乱、帮倒忙或做不好的现象，这时父母应积极鼓励，耐心指导，避免挑剔指责，挫伤孩子的积极性。让孩子在参加自我服务劳动和生活实践活动中，体验积极动手的成就感和获得感，在潜移默化中养成良好的生活习惯，提升生活自理的能力。

三、大胆放手多鼓励

现实生活中的父母，总是担心孩子做不好、担心孩子时间不够用、担心孩子累着了……因而对孩子的生活自理包办代替，这样不但挫伤了孩子生活自理的积极性，还培养了孩子懒惰的坏习惯。河南信阳一名叫杨锁的男孩因懒而出名。杨锁的父母老年得子，从小就对杨锁宠溺有加，舍不得让杨锁动手做事，担心杨锁做事累到了，甚至舍不得让杨锁走路，而整日将杨锁抱在怀里，背在肩上。故起名杨锁，意为锁在父母身边，以致杨锁到7岁才学会走路。而他7岁时还被父母喂饭，不会自己独立吃饭，不会自己擦屁股。到了入学的年龄他因严重不适应学校生活，不能自理而被迫退学。他就这样被父母惯养着，直至他的父母因病去世，他已经长大成人却失去生活的依靠。其间，也有人带他打工，均因懒惰或生活不能自理而被辞退。杨锁没有了生活来源成了远近闻名的乞丐，而做乞丐也非常"另类"，总是期待着别人的主动施舍和投喂。在他23岁那年，终因懒惰而饿死在家中，死前靠烧家具取暖，家中已经被烧得空无一物。杨锁因懒而死，成为远近闻名的反面教育典型和现实版的"懒汉吃饼"。杨锁的"懒"是父母宠溺的结果，是父母一手造成的。所以，作为父母不应宠溺孩子，而是大胆放手，培养"自己的事,自己做"的意识和习惯。不但不替代包办,而且给机会、给条件,少挑剔指责,多鼓励帮助,培养孩子的生活自理能力。

孩子生活自理能力的培养是一个长期的循序渐进的过程,需要父母提高生活自理能力重要性的认识,有意识地培养锻炼孩子的生活自理能力,为孩子创造一个良好的成长环境,让孩子在点点滴滴的生活自理中,养成自己动手的生活习惯,提升生活自理能力。

应对挫折

应对挫折的能力是指一个人处于困难、挫折、失败等逆境时的适应能力。人生就如走一条蜿蜒曲折的山路,充满着坎坷与挑战。在前进的过程中不可能一帆风顺,不如意的事时常发生,遇到这样或那样的挫折或失败在所难免。这既是个人成长中必须面对的现实问题,又是努力前进中不可或缺的生存锻炼。在遇到挫折或失败时,处于劣势甚至是艰难困苦的环境中,能坦然面对挑战,积极克服困难,突破所处的困境,走出逆境继续前行,就是生活的强者。孩子早晚都要独立生活,面对人生,面对社会,面对一切不可预料的困难与挫折。作为父母,应尽早让孩子认识到面对挫折的必然性,学会应对各种困难和挫折,提升应对挫折的能力。

一、树立正确的挫折观

法国作家巴尔扎克曾说过:"世上的事情,永远不是绝对的,结果完全因人而异。苦难对于天才来说是一块垫脚石,对于能干的人是一笔财富,而对于弱者是一个万丈深渊。"

张海迪 1955 年秋天在济南出生。5 岁患脊髓病,胸以下全部瘫痪。从那时起,张海迪开始了她充满挫折与坎坷的人生。她无法上学,便在家自学完中学课程。15 岁时,张海迪跟随父母,下放(山东)聊城农村,给孩子当起教书先生。她还自学针灸医术,为乡亲们无偿治病。后来,张海迪自学多门外语,还当过无线电修理工。在残酷的命运挑战面前,张海迪没有沮丧和沉沦,她以顽强的毅力和恒心与疾病做斗争,经受了严峻的考验。她虽然没有机会走进校门却发奋学习,学完了小学、中学全部课程,自学了大学英语、日语、德语,并攻读了大学和硕士研究生的课程。1983年张海迪开始从事文学创作,先后翻译了《海边诊所》等数十万字的英语小说,创作了《向天空敞开的窗口》《生命的追问》《轮椅上的梦》等200余万字的作品。其中《轮椅上的梦》在日本和韩国出版,而《生命的追问》出版不到半年,就重印3次,并获得了全国"五个一工程"图书奖。从1983年开始,张海迪以惊人的毅力克服困难创作和翻译的作品超过100万字。为了贡献社会,她先后自学了十几本医学专著,同时向有经验的医生请教,学会了针灸等医术,为群众无偿治疗达1万多人次。1983年,《中国青年报》发表《是颗流星,就要把光留给人间》,介绍了张海迪的事迹,张海迪名噪中华,获得两个美誉,一个是"八十年代新雷锋",一个是"当代保尔"。张海迪怀着"活着就要做个对社会有益的人"的信念,以保尔为榜样,勇于把自己的光和热献给人民。她以自己的实际行动,回答了当代青年要树立什么样的人生观、价值观问题。邓小平亲笔题词:"学习张海迪,做有理想、有道德、有文化、守纪律的共产主义新人!"

张海迪的故事正如法国作家巴尔扎克所说"挫折,对于天才是一块垫脚石"的观点,她对待挫折的态度改写了她的人生,造就了她的辉煌与不平凡。生活中,有的人在经过困难和挫折后变得坚强与成熟,有的人在困难和挫折面前低下了头,自暴自弃,萎靡不振,茫然不知所措,甚至有些孩子因为几句批评与责怪就做出极端行为。这就是面对挫折不同态度导致的不同结果。因此,父母应帮助孩子树立正确的挫折观,以应对在人生遇到的各种困难和挫折。首先,父母应端正挫折教育观。给孩子适当的挫折教育,不是父母替孩子扛下所有挫折,不给孩子一丝一毫面对挫折的机会,更不是在孩子遇到困难和受到挫折时不闻不问,而是让孩子有机会独立面对生活中的现实问题,在孩子需要的时候,为孩子提供足够的支持与帮助,让孩子学会克服困难解决问题的方法和技巧。其次,帮助孩子正确认识挫折。利用孩子学习生活中遇到困难、挫折等时机,与孩子探讨交流关于挫折的问题。帮助孩子对困难与挫折有正确的认知,培养辩证的挫折观。让孩子明白,人的一生会有各种各样的经历和体验,挫折是人生的必经之路,人生不如意的事经常发生,这就是生活的本来面目。让孩子认识到眼前的一些困难与挫折,是对自己的挑战与考验,对自己的成长有着特殊的意义。在克服困难与应对挫折的努力中,才能发现自身的不足,更有利于自己向更高更强努力奋进。

二、"预先应对"减轻伤害

心理学理论认为,人如果受到了心理威胁,同时也会获得应对这种威胁的技巧和能力,将具有应激的抵抗力[1]。父母不应让孩子受到心理威胁后再获得这种应激能力,而应在孩子可能受心理威胁前"预先应对"。通过对困难与挫折的预判,教育和引导孩子对困难和挫折有充分的心理准备。从而增强应对困难与挫折的预见性、主动性和承受力,减轻所承受的精神压力,减小困难与挫折的打击程度。比如,面对高考,对父母而言同样也是一种考验。有一位陪伴孩子高考的父亲这样对孩子说:"你放下包袱,去考试吧,至于结果如何? 那是老天的事,考出任何结果,父母都能接受。"面对孩子期望值较高的事情,为减轻失败对孩子的打击,父母能做的是尽最大的努力,减轻孩子心理压力,降低期望值,适当地给孩子泼泼冷水,告诉孩子可能出现的两种截然不同的结果,让孩子预先有承受打击的心理准备,能接受不愿接受的现实。

---

[1] 胡元:《提高学生面对困难和挫折的应对能力》,《时代教育》2014年第6期。

三、掌握应对挫折的方法

父母应帮助孩子掌握遇到挫折的应对方法,必要时还可以制定应对挫折的措施方案,避免孩子遇到困难和挫折时,手忙脚乱不知所措。

(一)合理宣泄。当孩子遇到困难和挫折打击时,引导孩子学习用积极适当的方法宣泄,如向家人或朋友倾诉、哭泣、喊叫、做喜欢的运动、适当地情绪发泄等。

(二)理智归因。孩子受挫平复情绪后,父母应与孩子一起对挫折进行分析,让孩子看到导致挫折的原因教训,帮助孩子重拾信心,重塑希望。

(三)自我慰藉。引导孩子为遇到的困难和挫折找一些合适的理由,从不同的角度看待挫折带来的利与弊,帮助孩子学会从多个角度看问题,衡量得失,以获得心理平衡。

(四)补偿替代。引导孩子转移注意力,在某方面的目标受挫后,突出另一方面的成就对挫折失败进行补偿代替,通过转移注意力,平复情绪,尽快走出困境。

培养提升孩子应对挫折的能力是个长期渐进的过程,除了教会孩子应对挫折外,还应注重培养孩子意志力、积极乐观的心态、情绪管理能力、自我认识能力和果敢坚毅自信的能力,为孩子应对困难和挫折储备能力。挫折与不幸是人生中的一种磨炼,是人生的一笔财富,能磨炼人的意志。它能使人清醒,催人奋进,激发斗志,给人更深刻的人生感悟。面对挫折与不幸,悲观的人看到的是绝望,乐观的人看到的是希望。每一次跌倒,都是为了更勇敢地站起来,每一次挫折都是为了更加坚毅地前进。学会用笑脸去迎接挫折和痛苦的历练,充满勇气和信心地去接受挫折和痛苦的洗礼,只有经历过挫折的人才能真正明白"不经风雨,怎见彩虹"的真正含义。

自主学习

自主学习是以学习者为主体，不受时间空间及教学环境限制，充分发挥个体在学习中的积极性、主动性、创造性，自主确立学习目标、制订学习计划、确定学习内容、选择学习方法，相对独立地管理自己的学习，实现学习目标的一种积极学习模式。自主学习能力是指个体用自主学习的模式获取知识的本领。包括自我计划能力、自我选择能力、自我调控能力、信息处理能力、交流协作能力、自我评价能力和知识运用能力。自主学习能力，对学习效率起着决定性的作用，是适应社会发展进步和个人成长进步的必备能力。提升自主学习能力，既是培养主动学习习惯的关键途径，又是激发个体学习自驱力的主要方法，同时也是当下学习型社会的客观要求。提升个体的自主学习能力应聚焦目标激励、兴趣引导、交流探索、支持帮助四个关键点。

一、目标激励

目标激励是通过确定和实施具体、切实可行的目标，来调动和激发个体或团体的动机和行为，从而提升其积极性的激励方式。有了具体目标，才会有前进的动力。帮助孩子制定切实可能的学习目标，既是一种激励，又是一种鞭策，能激发难以置信的力量。从心理学的角度来看，设定合理的目标是满足个体需求的诱因，它不仅可以帮助个体发掘自我潜能，鼓舞和激发积极性和创造性，还能提升专注力，保持学习的兴趣与热情，大大提升学习的质效。因此，设定学习目标是自主学习的关键环节，设定的学习目标必须是合理的、可行的，比如，在英语学习上，确定学期总目标、周目标、日目标。根据各个不同的目标，制定落实目标的具体步骤、计划、时间表,从而在具体目标的牵引下,让孩子看到学习进步的可行性和方向,从而更有动力去追求完成这些目标。

华罗庚(1910—1985)是一位伟大的数学家,他靠目标激励自学取得的成就令世界瞩目。华罗庚初中毕业后,曾入上海中华职业学校就读,因学费而中途退学,故一生只有初中毕业文凭。此后,他开始顽强自学,他用5年时间学完了高中和大学低年级的全部数学课程。1928年,他不幸染上伤寒病,靠妻子的照料得以挽回性命,却落下左腿残疾。20岁时,他以一篇论文轰动数学界,被清华大学请去工作。从1931年起,华罗庚在清华大学边工作边学习,用一年半时间学完了大学数学的大部分课程。他自学了英、法、德、日文,先后在国外杂志上发表了多篇论文。1936年夏,华罗庚被数学家诺伯特·维纳推荐到英国剑桥大学进修,两年中发表了十多篇论文,引起国际数学界关注和赞赏。1938年,华罗庚学成回国,受聘为西南联合大学教授,在昆明郊外一间牛棚似的小阁楼里艰难地写出轰动一时的《堆垒素数论》。华罗庚的一生都在向目标奋进,勤奋学习,并取得了巨大的成就。他曾说过"发奋早为好,苟晚休嫌迟。最忌不努力,年华若虚掷",他用自己的行动告诉我们,只有确立合理目标,勤奋学习,才能取得成功。

二、兴趣引导

学习兴趣是指一个人对获取新知识、技能或理解某个主题的强烈倾向和积极态度。它是动机的一个关键组成部分,能够促进学习者的参与度、持久性和成就感。兴趣是最好的老师,有了学习兴趣,自然产生学习动力,也就点燃了自主学习的欲望和热情。2024年7月16日《人民日报》公众号的一则消息《自学烘焙的"小孩姐"火了!》引起了广大网民的广泛关注。这位"小孩姐"叫冯睿,今年11岁,正在读小学五年级。现在会做几十种糕点,包括蛋糕、桃花酥、蛋黄酥、曲奇、月饼、牛角包等。冯睿表示,"烘焙是跟着网络教程学的,因为自己特别喜欢吃蛋糕,没事就喜欢琢磨怎么做。面粉、鸡蛋、奶油放多少?怎么能做出好看的形状?糕点要烤多久?我觉得特别有趣慢慢就沉迷了"。最开始,冯睿只会做一些简单的糕点,如今,烤蛋糕胚、抹奶油还有裱花、做装饰等她通通不在话下。冯睿的妈妈冯女士说:"从幼儿园开始,冯睿就喜欢在厨房看大人做菜,她真正开始做烘焙大约是在二年级到现在已经做了好几年了,她有时能在厨房待上一整天平时,到了周末冯睿喜欢自创各种美食分享给邻居。"最近学校放暑假了,在妈妈的支持下,冯睿的一个大胆的想法,外出摆摊卖自己制作的糕点变成现实了,营业额最高的一天能有 500 元。冯女士没想到女儿动手能力、社交能力这么强,从制作各样糕点,到吆喝售卖都由冯睿独自完成。因为糕点是新鲜制作的,有时候没有卖完,冯睿会热情地送给环卫工人、邻居。冯女士说主要是想趁着外出售卖机会锻炼女儿的能力。来购买的也都是街坊邻居,大家给出了一致好评。有一次学校老师询问同学们未来想要做什么职业时,大家争相说出了自己的理想。冯睿认真地说:"自己以后学烘焙专业,开一家烘焙店,做出种类更加丰富的糕点。"冯睿的妈妈这样说:"人生是旷野,不是轨道,坚持热爱是美好的事"。冯睿的故事再一次告诉我们,兴趣与爱好不仅是最好的老师,还会助力我们开启成功的人生。

在家庭教育中,父母应善于培养发现和引导孩子的学习兴趣。鼓励孩子结合自身的特长与爱好,探索有益于身心健康的不同主题和活动,帮助孩子找到真正感兴趣和适合自己的领域,与孩子一起设定与个人兴趣和能力相匹配的目标,提供可选择学习的内容、活动和评价方式,充分提高孩子热情,以增加学习的目的感和相关性。将学习内容与现实生活和实际情况相连接,采用不同的引导策略,如讨论、游戏、实验、项目式学习等,不断激发孩子的学习热情和灵感,以保持学习的新鲜感。同时,积极为孩子创设兴趣学习的条件和环境,用充满激励和正面反馈的学习环境增强孩子的自信和兴趣。通过兴趣的引导,培养孩子对终身学习的热情,和持续探索和学习的心态,让他们明白学习不仅限于学校教育,而是一生的旅程。

三、交流探索

北大经济学院的曾竞说:"互动交流是个特别好的学习方法,尤其是遇到自己实在分析不出的题目时,就勇敢地向老师和同学们请教吧。这点非常重要,要懂得集思广益,不然单靠我们自己的力量有可能一道题目纠结一天都想不明白。我个人比较推崇找同学讨论问题,因为这样时间比较灵活,再者同学之间能够更好地理解对方的想法,并容易产生思维碰撞的火花。当然,如果方便找老师请教,自然是最好的,这样效率也会高。不管是采取何种方式,学习中注重互动交流,多发问、多请教才是王道。"在知识的获取过程中,与老师、同学互动交流是一种高效的学习方法。交流探索可以帮助孩子不断学习进步,适应不断变化的环境,利于团队成员间共享知识,提高协作能力和学习效率。父母应鼓励孩子积极融入到集体当中,勇敢地表达自己的观点和想法,在与同学朋友互相讨论、互相启发、互相帮助中内化知识,激发学习热情,增强团队意识,提升综合素质。

四、支持帮助

父母家庭永远是孩子成长中的温暖港湾和坚强后盾。来自家人的支持帮助能有效激发孩子的自信心和积极性,提高学习热情。让孩子在自主知识的探索中获得力量。对孩子自主学习的支持和帮助像婴儿的"营养剂"一样不可缺少,它是孩子自主学习的"靠山"。来自父母的支持帮助,不仅有精神上的鼓励认可,更有智力和物质上的坚强后盾。这些都是孩子勇于进行自主学习不可或缺的坚强后援,从而助推孩子自主学习能力的提升。反之,则会成为孩子自主学习中的一道"篱笆"。有些父母对孩子的自主学习漠不关心,甚至是行动上持反对意见。习惯性地认为孩子"正常"地参加学校的学习是"正道",而一些自主学习的途径总是让人担心。比如,孩子参加一些实践性活动、自主研学、与同学结对学习等,有时家长会有"过度"的担心。直接导致孩子自信心受挫,自主学习的积极性也会大打折扣。

美国著名的教育家和演讲口才艺术家卡内基,小时候是一个非常调皮的小男孩。他九岁以前因顽皮不爱学习,经常受到父亲的责骂,甚至惩罚。他的一些意见或想法会经常性地遭到父亲的反对,他与父亲交流中听到最多的是"不可以"。他一度非常自卑、自闭。在他九岁那一年,父亲将继母娶进门。他父亲向新婚妻子介绍卡内基时,如是说:"希望你注意这个全郡最坏的男孩,他实在令我头痛,说不定明天早晨他就会拿石头砸你,或做出你想不到的出格事!"出乎卡内基预料的是,继母微笑地走到他面前,托着他的头,注视着他。接着告诉丈夫:"你错了,他不是全郡最坏的男孩,而是最聪明,只是还没找到发泄热忱地方的男孩。"继母的一句话让卡内基的眼泪不听使唤地滚滚而下。随后,继母与卡内基之间建立深厚的感情。继母不仅在生活上给予了卡内基无微不至的关心照顾,还在学习上给予最大的信任和支持鼓励。因为继母的支持帮助,成就了卡内基立志向上的动力,让他日后成为一名成功的教育家和演讲家。

提升孩子的自主学习能力,是帮助孩子在学习成长过程实现"自我""自主""自立"的标志,是孩子学习成长中不可或缺的重要环节。孩子自主学习能力的提升是一个循序渐进的过程,由多方面因素和条件促成,不可能一蹴而就,要求父母要充满耐心和爱心,发挥父母应有作用助力孩子自主学习能力的提升。

创新思维

人类从钻木取火到蒸汽机发明,从狼烟烽火传信到跨入互联网信息时代,人类的发展史就是一部创新史,始于创新、源于创新、成就于创新。创新是人类社会发展进步的灵魂与核心。创新思维是创新之源,是指以新颖独创的方法解决问题的思维过程,通过这种思维能突破常规思维的界限,以超常规甚至反常规的方法、视角去思考问题,提出与众不同的解决方案,从而产生新颖的、独到的、有社会意义的思维成果。创新思维是一个人生存发展的核心能力之一,是优秀人才的显著特质。创新思维并非一个人天生就具有的能力本领,而是通过后天的学习培养来提升的。

一、善于学习思考

勤学,能开阔视野,不断接受新的知识、新的观点、新的理念,甚至是不同的观点和认识,对新的观点持开放态度,使思想更具有开放性和包容性。善思,能够从广泛的知识涉猎中获取启发和灵感,有助于打破思维的局限性。勤学善思有利于超越传统思维框架,接受新的观点和想法促进创新的发生。

德国数学家高斯,是近代数学的奠基者之一,在全世界都颇有影响,有"数学王子"之称。高斯在小时候就是出了名的勤学善思者。在他10岁的时候,有一次他的数学老师让他们全班解答一道习题,计算出 $1+2+3+4+\cdots+100=$?这个题目在今天已经家喻户晓,可是在那个时候、那个场合,对于一群小学生来说,还真不容易。要算出这么长的算术题耗时不少,孩子们都想第一个算出来,立刻在草稿纸上做了起来。只有高斯没有动,只是在低头沉思。老师走向他并问他为何不开始计算？高斯说他已经知道答案了，是5050。老师十分吃惊，问他是不是以前做过。高斯告诉老师，他以前没有做过，他是这样思考的。$1+100=101$，$2+99=101$……这样的等式一共有50个，因此，这道题可简化为$101×50=5050$。太精彩了！老师赞扬说。而这种精彩并不取决于个人的智力水平，而取决平时的学习与思考。

善于学习，能博学多识和见多识广，这种见多识广就给创新打下基础。思考是大脑的活动行为，人的一切行为都受它的指导和支配。思考虽然看不见摸不着，但它真实地存在着。思考并不是科学家、发明家和一些成功人士的专利，每个人都有独立思考的权利，因为大脑是自己的。在工作学习以及生活中，对目标追求的手段和方式，都是由思考决定的。因此，创新源于学，源于思考。

二、敢于质疑权威

有人群的地方总会有权威，人们对权威普遍存在尊崇之情，本来无可厚非，但对权威的尊崇到了盲从的程度，就会成为一种思维枷锁。创新思维往往从质疑权威，甩掉思维枷锁开始的。只有甩掉思维枷锁才具有独立思考和评估不同观点的能力，才能够客观分析和评估信息的可靠性和有效性。通过对发现的问题提出合理的质疑和反驳，进而解决问题的潜在缺陷，推动创新发展。

《两个铁球同时着地》是人教版小学语文教材四年级下册中的一篇课文。这篇课文讲述伽利略在年轻时质疑多问，追求真理的故事。这位17世纪意大利天文学家、物理学家及哲学家，以其对科学的独特贡献而闻名。他最著名的实验之一就是落体实验。在那个年代，亚里士多德的理论——重的物体比轻的物体下落得更快，被广泛接受，是这一理论界的权威。但伽利略对此产生了疑问，他决定通过实验来验证这个理论，而不仅仅是接受前人的观点。伽利略在人们的嘲讽与猜疑中走上了比萨斜塔,在众目睽睽下从塔的顶部同时释放了两个质量不同的铁球。结果这两个铁球同时触地。这一实验彻底颠覆了亚里士多德有关重的物体比轻的物体下落得更快的理论,证明了所有的物体在同一场中下落的速度是相同的,与它们的质量无关。这个故事告诉我们敢于向权威提出质疑和挑战,突破固有的或者是错误的认识,靠的不仅仅是勇气,而是一种实事求是的科学精神,和甩掉思维枷锁的创新思维。

三、突破思维定式

思维定式有时是种禁锢思维的枷锁,它最大的特点是形式化结构和强大的惯性。当我们遇到新情况、新问题需要开拓创新的时候,它就像一只"拦路虎",让我们不敢前行。正如法国生物学家贝尔纳所说:"妨碍人们学习的最大障碍,不是未知的东西,而是已知的东西。"已知的东西,是我们熟悉的经验、传统、认识等。因为已知的东西已经深深固化在我们的大脑中,形成思维定式,人们遇到类似的问题往往会不自觉地沿着这个思维定式,惯性前行。而一旦走出思维定式,就往往会有惊人的发现,甚至会有意想不到的收获。

日本交响乐团指挥家小泽征尔早年参加了一次欧洲指挥大赛,在决赛中,按照评委给他的乐谱指挥演奏时,发现有不和谐的地方。他认为是乐队演奏错了,就停下来重新演奏,但仍不如意。这时,在场的作曲家和评委会的权威人士都郑重地说乐谱没有问题,而是小泽征尔的错觉。面对一批音乐大师和权威人士,他思考再三,然后坚定地说:"我没有错,是乐谱错了!"话音刚落,评判台上就报以热烈的掌声。原来这是评委设计的比赛的一个环节。前两位参赛选手,因没有走出相信权威的思维定式而遭到淘汰。小泽征尔之所以能够获得冠军,在于他敢于说"不",归功于他突破了固有的思维定式,也归功于他扎实的专业素养。

人们的思维定式多种多样,从众意识、权威意识、经验意识、自我意识、求稳意识、答案意识如一道道枷锁囚禁着人们的思维。创新思维要求人们要跳出常规思维模式,运用非传统的思维方式,发现新的连接和关系,并将其应用于解决问题和创造价值,才能推动创新的实现。

四、勇于实践探索

实践不仅仅是检验真理的唯一标准,更是推动创新发展重要的路径。创新思维有时候像一颗种子,在思维酝酿阶段可能非常不起眼,但只要将它放进合适的"泥土"里,提供给它所需要的"养分",它就像种子一样破土发芽、开花结果,拥有动摇世界、影响众生、造福万物的神奇力量。

2024年8月4日凌晨,中国网球运动员郑钦文在巴黎奥运会夺冠的消息刷爆了全屏。一个叫郑钦文的女孩创造了历史,她以2比0战胜克罗地亚队选手维基奇,夺得了中国网球在奥运会史上第一枚金牌。这真的是历史性的一刻,多少年了,中国网球队终于在最顶峰的赛场上夺得了网球首枚奥运会女单金牌。或许很多人不知道这一枚金牌的意义有多大?它的含金量有多高?网球是一项国际运动,被誉为世界第二大球类运动,然而却一直被欧美国家统治着,网球大赛冠军上几乎见到的都是外国人的身影。也有人说这是一项贵族运动,因为你去买个基础的球拍动辄上百上千,对于网球运动员的培训费更是高得离谱。这对于很多人来说,接触的机会就更少了,即使喜欢网球,估计也会因这高额的费用放弃。郑钦文这次参加奥运会是非体制内的运动员,也就是说她的一切费用都是自理的,包括平时所有训练费用都是自掏腰包,这对于一个普通工薪阶层的家庭而言是不可想象的。她的成功源于她对网球的疯狂热爱和敢于打破常规的拼搏挑战,缘于郑钦文的父母家人异于常人砸锅卖铁倾尽所有的支持!缘于郑钦文团队敢于冲破常规的创新思维理念!她用顽强的拼搏意志给我们带来了一次又一次的惊喜,在总决赛上,她把对手维基奇打得直接摔球拍。在八分之一决赛,郑钦文苦战 3 小时 04 分钟,逆转美国选手纳瓦罗。在四分之一决赛,郑钦文对阵德国名将科贝尔,又耗时 3 小时 14 分钟,在决胜盘 1∶4 落后情况下再次逆转击败对手。连续 2 天每天打 3 个小时比赛,这真的太考验运动员的意志了。接着半决赛对阵世界第一斯瓦泰克,郑钦文之前对阵这位对手都是以失败结局,开始她打得并不是很好,但次盘郑钦文连追 4 局逆转直接让对手赛后痛哭。35℃的高温天气下,连续三天三场鏖战,郑钦文感慨身体已到达极限,但总感觉有一股力量在支撑着。赛后,她说:"虽然我很累,却感觉可以继续打,即使现在让我为我的国家再打三个小时,我仍然愿意再来一次。"郑钦文在追逐奥运金牌路上带给我们的不仅仅是获得金牌的惊喜与赞叹,还有更多值得我们深思的那种异于常人的拼搏挑战与创新思维的实践笃行。

　　成功的人往往是一些不"安分守己"的人,他们正因为这份不"安分守己",突破了自身所携带的思维栅栏,勇敢地展现思维的独特性与创新性。他们集开放性思维、批判性思维、创造性思维和系统性思维于一身,悦纳新知识与不同观点,超越传统思维框架,充分发挥想象力和创造力,以先人一步的创新思维和实践笃行,走出一条与众不同的发展道路。这些不"安分守己"的人,就是当下社会急需的创新型人才,他们所展现的非凡能力,就是当下社会急需的创新思维和实践笃行能力。

沟通交流

沟通交流能力是指与他人沟通有效信息的能力。沟通交流能力既是一个人内在素质的重要体现，又是个人生存与发展的必备条件。现实生活中，一些孩子认识不到沟通交流的重要性，沟通意识与交流能力偏弱，不知道如何正确表达内心的真实想法。因为不善于沟通交流，与人沟通交流时习惯于被动，甚至害怕沟通交流。长此以往，这种不善、不会、不敢交流的情况，会逐渐发展成沟通交流障碍，成为现实生活中的"闷葫芦"。这样的状况，会影响孩子的社交能力，阻碍了他们的身心健康发展，导致人际交往障碍，加深自卑心理，甚至有些孩子会因为人际交往困难而焦虑、抑郁，害怕与人交往。作为父母，应充分认识"不善交流"给孩子成长进步带来的负面影响，立即行动起来，从"会说话"开始，帮助孩子提升沟通交流能力。

一、知沟通交流，认识重要性

孔子一生所教学问分为四科：德行、言语、政事和文学。在四科的排行中，言语的重要性仅次于德行。言语的主要思想是教导学生学说话、会沟通交流，掌握说话的技巧。《论语·子路》有言："一言可以兴邦，一言可以丧邦。"善于沟通交流，小则能讨喜、感人，大则可以保身、兴邦。古有苏秦佩六国相印游说诸侯，战国格局为之改变；诸葛亮说服孙权联合抗曹，形成三国鼎立。近有周恩来在外交上纵横捭阖，扬名世界；美国总统罗斯福的"炉边谈话"，温暖鼓舞了千万家。不善于沟通交流，小则树敌、伤友，大则丧命、失江山。9岁的汉质帝刘缵因一句"此跋扈将军也"被梁冀毒死，曹操的主簿杨修也命丧于口舌之能。古今中外的历史告诉我们沟通交流的重要性。沟通交流是一门艺术，一门学问，更是一个人生存发展的重要能力。生活中的人们，交换信息互通有无，沟通交流必不可少。一个人如果想在学习中快速进步，就得学习沟通交流的技巧；如果想在与同学老师的社交中左右逢源，还是得学习沟通交流的技巧；如果想在事业上春风得意，更要学习沟通交流的技巧！掌握了沟通交流的技巧，就能提升学习与工作的效率，让同学、朋友喜欢，让老师、家长赏识，让接触的人赞扬，让社会认同。沟通交流时时处处都需要，学会说话是王道！高效的沟通交流是打开通往成功的大门。

二、敢沟通交流，提升自信心

人一旦缺乏与人沟通交流的自信，心中就没有了底气，与人交流时的怯懦与恐惧随之而来。与人沟通交流时就会导致紧张、语塞、面红耳赤的尴尬局面。越是如此，越是不自信，以至于害怕恐惧在公众场合下的抛头露面，从而被冠于"不善言辞""能力偏弱"的帽子。

李开复是当代著名的企业家，曾任 Google、微软全球副总裁。他在比尔·盖茨的微软公司供职时，凭着自己的能力，他与公司任何同事沟通都没问题，可唯独到了比尔·盖茨面前，每次都因为不敢开口说话或者害怕说错话，而白白浪费见面之后的交流机会。在所有人心中，比尔·盖茨几乎都是成功典范，是神一样的商人。有很多人期望能与比尔·盖茨会晤，进行良好沟通，以帮助自己事业有所发展，但与此同时，也有更多的人，因为害怕在比尔·盖茨面前说话而错失机会。所以，在进入微软公司很长一段时间里，李开复都没有与比尔·盖茨直接交谈过。直到有一次，比尔·盖茨召开公司改组会议，要求到会的所有人都必须轮流发言。此时，李开复再也不能回避说话了。当时他心里想,管它呢,哪怕是说错话又怎么样,反正是一定要说话的,干脆就放开胆子说好了。发言轮到李开复时,他在心底给自己反复打气,然后鼓足了勇气,义无反顾地说:"在我们公司里,员工普遍的智商都会比别人高一些,但现实是,我们的效率却是最低的。这是因为我们每天都在忙着改组,员工内心总处于不安全不踏实的感觉中。在其他公司,员工智商是相加的关系,唯有我们,却因为改组而不得不相互'斗争',这让我们所有人的智商变成相减的关系……"李开复滔滔不绝地说着,将自己的意见和想法全都讲了出来。整个会议室安静无比。会议一结束,李开复就收到了其他同事的赞许的目光和一些电子邮件。同事们都说:"你说得太好了!可惜,我没有胆量说出这些……"

比尔·盖茨不但接受了李开复的意见,改变了公司的改组方案,而且将他的话进行了引用,讲给公司高管层听,并告诉大家:"不利地改变,只会让公司陷入'斗争',造成公司智商的相减。"正是经历了这一次"破釜沉舟"式的交流,李开复才突然明白,自信对人太重要了。他后来不但不惧怕在比尔·盖茨面前讲话,更不惧怕在任何人面前讲话。因为他明白,只有坚定自信的沟通,才能解决一切问题。他说:"你没有试过,怎么知道不行呢?"

我们不会沟通,不相信沟通,不是因为沟通本身有问题,而是我们内心的信心不足。罗曼·罗兰就说:先相信自己,然后别人才会相信你。沟通正是这样的艺术,如果我们在与人交流时,总抱一种迟疑、犹豫的态度,我们是没有办法让他人无条件支持、相信我们的意见的。这不是沟通没有作用,而是我们对沟通的自信心不足。坚定自信的表达是沟通双方都可以获取充分尊重的有效方式,当我们坚定自信地表达出自己的感受、意见时,它就会形成我们不容侵犯的外在气场,它能让对方感受到我们的坚定不移、不可动摇。可见,我们在与他人沟通之前,一定要相信:"没有沟通解决不了的问题"这一事实,我们必须充分表达自己的观点与意见,必须全力让对方也相信,沟通就是解决我们之间问题的途径,最终促成沟通的有效性。不论在什么时候,在什么样的场合中,我们一定要有这种"敢于沟通"的自信。

作为父母,培养孩子的沟通交流能力,应从帮助孩子悦纳自己,敢于主动与他人交流,树立沟通交流的自信心开始。给孩子创造沟通交流的机会,以即席演说、讲评、发言、讨论、主持等方式逐渐锻炼孩子的胆量,帮助孩子树立信心。鼓励孩子抓住点滴机会大胆去说,关注孩子的每一个亮点,赞许每一点成长,肯定每一点进步,让孩子在不断地练习中逐步突破自我、超越自我。从"我行吗?"到"我能行!"逐渐克服沟通交流的心理障碍,建立起敢于沟通交流的自信。

三、会沟通交流,把握技术性

沟通交流是门艺术,是个"技术活",并不是滔滔不绝、口若悬河就能达到沟通交流的目的。现实生活中因交流方式、方法不妥,而导致沟通交流失败、朋友反感、反目成仇、家庭关系恶化等的例子比比皆是,都是不会说话惹的祸。高效的沟通交流有一定的原则、要求和技巧。

首先,尊重交流对象。要学会面带微笑,微笑是发自内心地对别人的友好、接纳、赞同、理解、宽容和尊重。要认真倾听。尊重的另一个重要的表现方式是认真倾听。卡耐基曾说过:"一双灵巧的耳朵胜过十张能说会道的嘴巴。"诚心、耐心、细心地听,而且要眼、耳、脑、心一起听,是对人的一种尊重。认真倾听对方所说的话并给予明确的反馈,以求达成思想的共识和情感的交流。即使对方讲的话并不十分令人感兴趣,也不要随意打断,也应让对方把话讲完。要保持专注的态度,沟通交流时避免心不在焉,或有一搭没一搭的敷衍。要及时回应对方、赞美对方、换位思考、学会说谢谢等。

其次，讲究技巧把握分寸。俗话说："良言一句三春暖，恶语一声六月寒。"高效充满智慧的沟通交流往往是技巧高、时机好、分寸准，注重以理性调控感性，以智商引领情商。如说话，要求急事慢慢说、大事清楚说、小事幽默说、没有把握的事谨慎说、没有发生的事不胡说、做不到事不乱说、伤人的事不能说、开心的事看场合说、别人的事小心说等，这样的说话更容易被悦纳接受。在现场沟通交流时，应根据对象、目的、时间、要求，善于营造气氛、围绕重点、引爆笑点、埋下伏笔、逆向思考、掌握逻辑。善于把握说话的艺术性，力求做到大话小说、冷话热说、急话缓说、坏话好说、重话轻说、长话短说、虚话实说……，注重用语言的艺术和魅力打动人、吸引人、感染人，出口成章、妙语连珠和掷地有声的沟通交流，不但充分表达了自己的见解和观点，还能赢得别人的尊重与赞誉。有时还能让人"眼前一亮，一眼难忘！"，让人如沐春风，如饮美酒。

最后，提高表达能力。简明、扼要、清晰、准确地表达自己的想法，是高效沟通的基础，往往能取得意想不到的效果。而不当的表达或言语的闪失则常常会带来无法估量的负面影响。表达能力非天生具备，而是靠平时的学习培养提升。我们平时在与人沟通交流时，或参加一些聚会时，发现有些人讲话主题不鲜明、重点不突出、啰唆且反复重复，时间把控不好，往往让人提不起兴趣，昏昏欲睡，甚至心生烦躁。这就是表达能力不强的表现，要避免此类现象的发生，就要善于吸取这些人讲话的缺点问题或教训，善于向表达能力强的高手学习。多给孩子创造参与社会实践活动的机会，善于抓住每一次沟通交流的机会，刻意锻炼提升。如参加讲故事比赛、演讲比赛、辩论比赛、演讲培训等，让孩子在实践中学习体验与人沟通交流的基本礼仪、方式、方法，掌握一些非言语交往的技巧。还可以通过阅读沟通技巧方面书籍提升沟通能力。如《卡耐基口才艺术与谈话技巧》《思维与语言》《好口才是练出来的》《说话的魅力》等,通过不断地学习、锻炼、实践提升表达能力。

　　与人沟通交流是一门学问,也是一门艺术,更是人生的必修课。"会说话"是我们需要穷其一生来学习提高的一种必备能力!重视孩子沟通交流能力的提升,积极为提升孩子的沟通交流能力创造条件,努力帮助孩子提升沟通交流能力,让孩子通过学习锻炼达到敢于交流、乐于交流、善于交流的目的。这不仅是父母的责任,更是孩子适应当下社会的现实需求。

时间管理

时间管理能力是提高时间的利用效率,对时间进行有计划分配与控制的一种能力。跨入高速发展的信息化时代,迎来了知识大爆炸的今天,不进则退跟不上时代发展的忧患意识越发凸显,人们对时间宝贵的感知更深,分秒必争的意识更强烈迫切。尤其是处于学习成长阶段的孩子,有效管理有限的时间是适应时代特性,在激烈的竞争环境下顺利成长、成才的关键。当下,一些孩子由于缺乏时间管理的方法和技巧,时间的管理掌控能力较弱。导致对时间的计划性不够、时间管理方法失当、学习生活头绪凌乱、学习效率不高、时间浪费严重等问题。提高时间管理能力能有效提高孩子学习的效率与质量,直接影响到孩子未来的发展。时间管理能力并非是与生俱来的,而是需要后天通过不断的训练与有意培养提升的。

一、充分认识时间价值

历数古今中外一切大有建树者,无不惜时如金。《淮南子》有云:"圣人不贵尺之璧,而重寸之阴。"晋朝陶渊明写下惜时千古名句:"盛年不再来,一日难再晨。及时当勉励,岁月不待人。"唐代王贞白《白鹿洞》诗中更有"读书不觉已春深,一寸光阴一寸金"的妙喻。法国作家巴尔扎克把时间比作资本,德国诗人歌德把时间看成自己的财产。鲁迅先生对时间的认识更为深刻,他说:"时间就是生命,无端空耗别人的时间,其实无异于谋财害命。"

一个人的平均寿命按 80 岁计算,从出生到 10 岁,是不能自主的婴幼儿阶段,60—80 岁 20 年的时间,是处于退休后的老年生活,人生去掉30年还剩50年好时光。一个人平均每天睡眠8个小时,50年时间约有17年时间在睡觉;一般每人一日三餐平均需要2.5小时,一年就有约38天在用餐,50年大约1900天在用餐,约5年时间;一个人平均每天用于交通的时间是1.5个小时,50年就有1140天用于交通,大约3年的时间用去了;如果每天与朋友家长打电话或聊天时间是1小时,50年又用去了760天,约2年的时间;此外,据统计,一般人每天刷视频、看电视、玩游戏时间平均不低于3小时,按3小时计算,就用去2281天,6年多的时间就用掉了;50年时间减去这些开支掉的时间,仅剩17年约6205天的有效利用时间。人生可支配的时间如手机电池图例一样,当电波即将报警时,则意味着我们的生命进入倒计时阶段,人生时间所剩无几!

时间对于每个人而言是一种不可再生的资源,其宝贵价值不言而喻。然而,现实生活中有的人惜时如金,有的人却肆意挥霍浪费时间,缘于每个人对时间的价值认识不同,导致所持的态度和观念也就会有很大的差别。在家庭教育中,父母应从小就向孩子灌输时间宝贵的理念,善于用形象直观的方法让孩子明白时间的宝贵价值,告诉孩子生命的短暂和时间的宝贵。让孩子从思想上认识到时间的价值,意识到时间的重要性,才能在行动上自觉珍惜时间。

二、合理计划分配时间

计划分配时间是有效管理时间的方法之一,对时间进行合理的计划分配,是确保学习、生活、作息等内容有序进行的前提。同等条件下,同一时间内,有人通过对时间的合理计划分配,创造出更高的工作效益。而有的人却因对时间的计划不科学合理,看似同样忙碌,却不见成果,这就是合理科学计划时间与否带来的差异。

美国的效率专家艾维·利曾接待了伯利恒钢铁公司总裁查理

斯·施瓦布的来访。交谈中,施瓦布告诉艾维·利,他对自己的工作效率不满意。施瓦布说:"应该做什么,我们自己是清楚的。如果你能告诉我们如何更好地执行计划,我听你的,在合理范围内价格你定。"艾维·利说:"我可以在10分钟之内给你一样东西,这样东西可以使你公司的业绩至少提50%。"然后他将一张白纸递给施瓦布,让他在纸上写下明天要做的最重要的六件事。当施瓦布写好后,他让施瓦布给这些事标上重要性次序。接着,艾维·利对施瓦布说:"现在把这张纸放进口袋。明天早上第一件事情就是把这张纸条拿出来,做第一项。不要看其他的,只看第一项。着手办第一件事,直到完成为止。然后用同样方法对待第二件事、第三件事……直到你下班为止。"施瓦布问:"如果明天我没有做完这6件事,该怎么办呢?"艾维·利说:"即便你只做完第一件事情,那也不要紧。因为你总是做着最重要的事情。"停顿了一会儿,艾维·利又说:"每一天都要这样做。若你在坚持使用后认为它有效,可以将这个办法推行至你的高层管理者,若还有效,继续推行至每一位员工。"整个会见不到30分钟。一年后,施瓦布给艾维·利寄去了一张2.5万美元的支票,还有一封信,信上说那是他一生中最有价值的一堂课。五年之后,这个当时不为人知的一堂课,成就了这个当时不为人知的小钢铁公司,使其一跃成为世界上最大的独立钢铁公司,而其中艾维·利提出的"六点优先工作法"也在全世界被推广应用。

现实生活中,计划分配管理时间应以提高时间使用效率作为关键点。平时生活学习的实际情况,充分考虑任务的轻、重、缓、急,借鉴"四象限"法则①分配任务时间,有重点地把主要的精力和

---

① 时间管理"四象限"法则是美国的管理学家科维提出的一个时间管理理论,把工作按照重要和紧急两个不同的程度进行了划分。第一象限:包含既重要又紧急的任务,这些任务需要立即处理。第二象限:包含重要但不紧急的任务,这些任务对长期目标和价值有重要影响,应该计划和安排时间来完成。第三(转下页)

时间集中放在处理那些重要且紧急的任务上,将大计划分解为小计划,以短期计划促进长期计划。像剥洋葱一样,先将大目标分解成一个个小目标,再把每一个小目标分解成若干个更小的目标,直至分解到最后一步。还可以采取重点事项重点解决和烦琐小事集中解决的方法计划时间。从每日、每周、每月中找出一些必须攻克的问题,列举出来,从最困难的这件事情下手,安排时间重点攻克。再者就是要学会支配自己的时间,不能被各种杂乱的工作所左右,一些无关紧要的事可以放在一起,安排一个固定的时间集中处理,把宝贵的时间用在最值得花费的地方。在时间的计划分配上尽量具有合理性、易执行性,体现有优先和有重点。时间计划与分配并不是固定不变的,它可以根据自身某一阶段的实际情况进行灵活的调整,确保时间管理计划的灵活性、针对性和实效性。

三、充分利用时间

在课堂上,一个老师做了一个实验。他在桌子上放了一个装水的罐子,然后将一些正好可以从罐口放进罐子里的"鹅卵石"装满罐子,然后问学生:"你们说这罐子是不是装满了?""是",所有的学生异口同声地回答说。"真的吗?"老师笑着问。然后又往罐子里装进了不少碎石子,直至把罐子装满。再问学生:"你们说,这罐子现在是不是满的?"这次多数学生不语,有位学生怯生生地细声回答道:"也许没满。"这时,老师又拿出了一袋细沙,把罐子摇了又摇,直至将沙子装满了罐子。又问学生:"这下装满了吧!"学生们

(接上页)象限:包含不重要但紧急的任务,这些任务可能会打断你的工作流程,应该考虑委托给他人或者寻找更高效的处理方式。第四象限:包含既不重要也不紧急的任务,这些任务通常是时间杀手,应该最后考虑或者直接剔除。四象限法不仅适用于个人的时间管理,也适用于团队和项目管理。通过这种方法,可以提高决策效率,优化资源分配,从而提高工作效率和生活质量。

这时异口同声地说:"装满了!"老师摇了摇头,接着又拿出几瓶矿泉水,开始往罐子里注,直至水从罐口溢出……。这时,老师说:"这次罐子才真的是被装满了。这个罐子就如同一个固定的时间,而这些鹅卵石、碎石子、细沙和水就是在这个固定的时间内要完成的工作,只要方法科学合理,就可以把罐子的空间充分利用。时间的利用,也同这个罐子装东西道理相同,只要科学合理运用时间,就能发挥时间的最大空间效益。"这个实验巧妙证明了时间管理与利用的重要性。

时间是有限的,只有学会充分利用时间,才能在有限的时间内提高效率,管理好时间。首先,用好黄金时间。据研究表明,普通人一天之中大脑功能最好的时候是刚睡醒以后3—4小时,也就是上午10点到11点左右,这是一天中学习的黄金时间。因此,古人有"一日之计在于晨"之说。另外,下午2—3点是另一个高峰,这段时间理解知识的效果最好;对于学生来说,晚上8—9点是学习的又一个黄金时间,这时人的大脑非常清楚。孩子应在父母和老师的指导下把握一天的黄金时段,避免疲劳学习,根据自己的客观情况合理安排背诵、理解和复习等不同性质的任务,以期用最短的时间达到最好的学习效果,从而养成良好的时间利用习惯。其次,用好专门时间。专门时间是指用于完成某项任务的专项时间。为提高时间效能,可借鉴"番茄工作法"①高效地完成任务,减少拖

---

① 番茄工作法是一种流行的时间管理技巧,旨在通过分割工作时间来提高专注力和效率。这种方法由弗朗西斯科·西里洛(Francesco Cirillo)在20世纪80年代末发明,其核心思想是将工作划分为一系列短暂的集中工作时段,每个时段通常为25分钟,之后伴随着5分钟的休息时间。这些工作时段被称为"番茄",是该方法名称的来源。番茄工作法的优势在于它简单易行,能够有效对抗拖延症,增强完成任务的动力和信心,同时也帮助人们更好地管理时间和注意力。通过这种方法,用户可以更加高效地完成任务,减少拖延,从而提升工作和生活的质量。

延,从而更好地掌握时间。最后,用好零碎时间。所谓零碎时间,是指未连在一起容易被忽略的小块时间,如,等公交的时间、等开饭的时间等。生活中许多时间都白白消磨在无聊的等待中,这些零碎时间极容易被忽略和浪费。如果,在这样的等待时间,背几个英语单词,熟悉一遍数学公式,这些被忽略浪费的时间又有了价值。时间对于每个人来说都是公平无私的,只要用心,就能挖掘出更多的潜在时间,扩大时间的容量,用挤出的时间去实现更高的梦想。

四、监督管理时间

亚历山大·亚历山德罗维奇·柳比歇夫是苏联科学家,他以其独特的时间监督管理方法而闻名。柳比歇夫从26岁开始到82岁,这56年间,始终如一日地记录每天的时间支出。他把时间当作了金钱一样,做成了账簿。每天在哪些事情花了多少时间,都一一记录。没有过多地注解,只是简单地记录,按照日期+事件+花了多少时间,进行记录。他之所以要记录时间,是为了更有效地管理监督和利用时间,以此来提高个人的工作效率和生活质量。直至1972年去世,他在56年的时间里每天都坚持写日志,从未间断过一天。通过这种方法,柳比歇夫有效监督管理了自己的时间,显著提高了工作效率,减少了时间的浪费,增加了自由支配的时间,从而在生物学、数学、科学史、农业等多个领域取得了非凡的成就。柳比歇夫监督管理时间的方法至今仍然被许多人所推崇和学习,他的生活和工作方式对现代人追求效率和平衡的生活方式有着重要的启示作用。

孔子曰"吾日三省吾身"。一切活动的坚持与完成都需要及时地反思和自省,找出缺点与不足,不断改进和完善。自我监察是时间管理中的重要因素,如果孩子没有意识到自己的时间使用情况,就不可能计划和合理使用自己的时间。因此,帮助孩子常反思回顾和自省,自我监督严格落实自己制定的时间计划,限时完成各项时间任务。及时总结自己对时间的管理状况,分析时间分配和学习任务之间的契合程度。主动找出落实计划的问题差距和原因,拿出克服解决问题的具体措施办法,不断提醒、鞭策自己,不断提高自己管理时间的能力。

时间管理时刻影响着每个人,良好的时间管理可以提高学习效率,促进学业成就,拥有更好的自信心,更强的社会适应能力。培养孩子的时间管理能力,应始于当下,注重经常,善抓点滴,不骄不躁,执着努力。通过与孩子的共同努力,随着孩子时间管理能力的提升,必定能成效于明天和未来。

适应环境

环境适应能力是指适应环境变化的能力。人自出生起就要面临不同环境的变化，从哺乳期—幼儿园—小学—中学—大学—工作，环境一直在变，适应环境问题会伴随个体的终生。环境发生改变，相应地就要求个体积极回应，以适应环境的变化。环境变化越大，对个体回应要求就越高。对于刚刚离开父母的怀抱迈入学校门槛，或从熟悉的环境进入陌生环境的绝大多数孩子来说，他们都面临新环境的适应问题。学习的要求、生活的环境、人际关系、自我的评价和课外业余的社会活动以及本人、家庭和社会对他们的期望都发生了很大的变化。这一切的变化都需要初出家门的孩子能够在一个较短的时期内去尽快适应新的学习、生活环境，重新建构人际关系，努力实现不同角色和心理的转变，完成对自我的重新认知、评价以及在新环境中的定位。如果孩子适应环境的能力较弱，自身适应能力与环境变化的要求相脱节，就会出现环境适应上的问题，将会对生活、学习产生不可忽视的影响。因此，提高孩子环境适应的能力是关系孩子未来生存与发展的基本能力，是迫切的现实要求。

一、充分认识适应新环境带来的问题

孩子离开熟悉的环境，进入相对陌生的新环境，通常会遇到以下几种常见的问题。

（一）恐惧感与无助感。离开父母的呵护，面对新的环境、新的人群、新的生活学习方式，孩子内心起初是害怕的、恐惧的。在新环境自己照顾自己，各个方面的事由原来父母的包办，直接转变为孩子自己去面对处理。因独立生活能力的相对不足，或根本就不具备独立生活能力，导致在很多事情的处理上力不从心，继而对新环境产生恐惧感与无助感。

（二）失落感与焦虑感。孩子初离家门的失落感和焦虑感是很常见的情绪反应。离开家庭的温暖和熟悉环境，到一个新的陌生环境开始新的生活，面对新的学校、新的同学和新的社区，会让没有离开过家门的孩子对即将经历的事情感到不确定和担心害怕。尤其是将要面对的独立生活，与家人面对面的沟通交流减少，不再有家人随时随地的情感守护，孩子需独自面对一些未有接触过的问题和挑战。由于原来家庭生活中"以我为主"的优越感被"一视同仁"的独立生活所取代，随着新鲜感的逐渐消失，新的各种纪律规定的约束，会让孩子产生心理失落，进而增加失落感与焦虑感。

（三）孤独感与疏离感。孩子到了一个新的环境之后，就面临着人际关系的变化与重建。人际关系的变迁、重构会给孩子带来一定的心理压力，其根源在于人际关系的重新建构需要对这些新面孔进行基本的认识与了解。由于熟悉的人际关系环境的暂时性缺失，而新的人际关系的建立与熟悉，还有一个相当成长的时间过程，就造成了人际关系的"中空"地带，极易在新环境中产生造成孤独感。同时，在建立新的人际关系的过程中，自然而然地将新的人际关系与已经熟悉的人际关系进行对比，在对比中切身感受陌生人群之间情感的疏离，心理的自我防护机制使自己与他人保持着一定的心理距离，随之而来的是伴随着比较强烈的孤独感和疏离感的情感体验。

（四）抑郁感与自卑感。进入新环境，孩子面临着自我形象的重新定位与评价。这一重新定位与评价受学习成绩、才艺特长、人际交往、家庭状况、经济条件的差异等因素的影响，有些孩子会因为自身条件等因素的差异,在同学面前抬不起头来,产生自卑感。还有一部分孩子甚至会因为自己在某一方面表现较差,或受到批评就丧失自信心,导致对自我评价的偏差,产生自卑感。

作为父母应充分了解和掌握孩子在环境适应中可能出现的问题,找到问题产生的根源,才能够有的放矢地开展教育,给孩子提供支持与帮助。让孩子顺利适应环境,实现学习方式、生活方式和思维方式的转变。

二、摒弃过度关爱

过度关爱是指父母对孩子的关心照顾超出了正常的范围。对孩子本来自己可以完成的事情,担心孩子做不好,故采取包办替代,剥夺孩子的动手锻炼机会。过度关爱对孩子独立生活能力和环境的适应能力都有不可忽视的影响和危害。

(一)**依赖性增强**。过度关爱会导致被孩子过分依赖父母,缺乏独立解决问题的能力。这种依赖性会影响其成长和发展,使他们在面对困难时缺乏应对能力而不知所措。

(二)**自尊心受损**。过度关爱会让孩子在父母身边感受到优越感,而一旦离开父母,处处碰壁和受挫,会让孩子觉得自己无法胜任某些事情,感觉到自己处处都不行,从而导致自尊心受损。

(三)**人际关系紧张**。过度关爱会容易导致孩子与其他人之间的关系紧张。习惯了被关爱的孩子容易把周围人与关爱他的家人对比,容易对周围的人产生不满和抱怨。

(四)**成长受阻**。过度关爱会让孩子失去锻炼和成长的机会。导致孩子过分依赖他人的帮助,而不愿意自己努力去解决问题。

(五)**自我价值感缺失**。过度关爱会让孩子忽视自己的价值和能力,从而导致自我价值感缺失。他们可能会过分关注他人的评价,而忽视自己的内心需求。

(六)生活能力下降。过度关爱会导致孩子独立生活能力下降,由于过度的关爱,导致孩子过分依赖他人的照顾,而不愿意自己承担起生活的责任。

适度的关爱是有益的,但过度关爱会带来一系列负面后果。因此,作为父母应自觉摒弃对孩子的过度关爱,让孩子承担起应该承担的责任,不断提升独立生活的能力,和适应环境的能力。

三、培养独立自主的能力

从某种意义上说,走出家门,踏入学校的门槛,就意味着孩子开始相对独立地面对社会、独立地走向生活。当下的孩子,大多数学生都是独生子女,成长环境单一,个性鲜明,普遍缺乏独立生活的经历和能力,在应对环境适应的问题还存在畏难、害怕的心理,总是希望有人来帮助自己。所以在思想和心理上还不同程度地存在着依赖、等待的现象。因此,培养孩子的独立生活能力,首先应从培养孩子独立自主的意识开始。父母应充分利用家庭教育及与孩子共同生活的时机,培育孩子的独立生活的意识,鼓励孩子更多地依靠自己的能力去解决问题,特别是要鼓励孩子克服畏难的心理和情绪。其次,培养孩子树立新的学习理念和学习能力。让孩子树立独立自主的意识,提高独立生活的能力,其前提是必须掌握一定的学习能力。从环境适应的本质上来说,环境适应的过程就是一个学习的过程,从这个意义上来说,环境适应能力本质上就是学习能力。而要培养和提高孩子的学习能力,则首先需要他们树立全新的学习理念。要突破仅仅是向书本学习的狭隘观念,树立"无时不可学、无处不可学、无人不可学"的学习理念,即在生活中的时时、处处都可以学,人人都是学习的对象。培养他们确立不仅要向书本和课堂学习,而且更要向生活学习、向实践学习、向他人学习。不仅学习他人的优点,而且还要通过学习认识他人的缺点和错误，以避免自己犯类似的错误。有了这种学习理念，孩子就可以通过观察、认知、理解、模仿（实践）等环节不断提高自己的学习能力。最后，鼓励孩子积极实践。"纸上得来终觉浅，绝知此事要躬行"，因此，要鼓励孩子积极实践，锻炼和提高自己的独立生活能力，克服害怕不会做或者做不好丢人的心理障碍。鼓励孩子积极主动和老师同学开展对话交流，支持孩子积极参加不同类型的集体活动，引导孩子对学习中的生活方式、教学方式、学习方法、人际关系进行观察，认真分析与比较。自己动手去处理在学校生活学习方方面面的问题，大胆面对独立生活中的"第一次"，鼓励孩子学会走出诸多人生的第一步。在不断的实践中，提升适应环境的能力。

对孩子独立自主能力的培养关系到孩子个性塑造、社会适应、生存发展、沟通协作、情感独立等重要的能力素质，是孩子成长、成才不可或缺的必备素质。作为父母必须着眼孩子成长和未来，高度重视、讲究方法，用足够的爱心、耐心和毅力坚持助力孩子独立自主能力的全面提升，帮助孩子自信、自主、自立，让孩子能够更好地适应不同的环境和挑战，适应未来的生存和发展。

后记

历经两年,在多位领导、同仁和一些热心家长的关心关怀及指导帮助下,《家教实战——家庭教育指南》一书终于付梓。此刻并没有完稿后的轻松与喜悦,更多的是内心的忐忑与不安。从产生将自己的一些感悟、认识和学习体会记录下来的想法,到赴河南、山东、湖北、安徽、江苏、浙江、上海等地进行实地调研学习,到查阅资料学习研究,再到选题构思直至书稿完成,经历两年时间。在这两年时间的学习与撰写过程中,内心纠结煎熬不断。因为随着学习研究的不断深入,越来越觉得自己在这一领域的无知与匮乏,能否给广大的家长以有益借鉴成了自己经常性的灵魂拷问。从一线带兵干部,到走上大学讲台长期从事军事教育与管理研究,再到陡然转变教育对象,跨领域转到家庭教育学习研究,对我而言是一个极大的挑战。尤其是军事教育管理虽与家庭教育有一定的共通之处,但却因教育对象的不同有着极大的差异性。对家庭教育这样实践性与专业性相对较强的理论研究,我是个小学生,典型的门外汉。写作的过程是一个充满艰辛的过程,更是学习的过程。写作之初,还信心百倍,可随着命题深度广度的拓展,及所涉猎的诸多专业领域知识的增多,写作压力逐步增大,也愈加感到自己知识的匮乏,甚至一度想过放弃。是一些热心的家长和同仁给了及时鼓励和完成此书的力量。权当一个父亲对教育孩子切身感悟的一家之言,这也成了我坚持完成此书的心

后 记

理凭藉。这本书的内容一直在不断地修改完善中,虽数易其稿,但由于受作者学识水平的限制,以及对相关理论的研究较浅,还仍显深度、广度的不够,观点及论述的诸多不足,以及有粗疏错漏存在。唯期望此书能给读者一丝启发和借鉴,则是作此书的最大意义所在。

在写作过程中,得到了中国人民解放军国防大学政治学院赵曙光教授、张华军教授、杨英霞教授、石志超副教授、徐新原副教授,中国人民解放军原南京政治学院盛沛林教授、唐志龙教授,华东师范大学李林教授,上海师范大学潘文岚副教授,上海公安学院董金业副教授,中国消防救援学院雷榕教授,复旦大学出版社黄丹编辑,武警原8680部队后勤部王晓万部长,武警北京总队某支队楚德义政委等专家教授的悉心指导与帮助。我的同事胡彬、张华、张建丽和战友江海波、田瑞成、王东乾、赵乐意、王建华给予了不遗余力的支持协助。同时,还得到了企业家吴朝坤先生和刘以敏女士的鼎力支持和无私帮助。还有我80多岁的老父亲,不但关心、关注和鼓励,还亲自认真逐字逐句校对书稿,给了我莫大的鼓舞和支持。在此,对帮助过我的领导、同仁、家人及朋友一并表达诚挚的谢意!

为《家教实战——家庭教育指南》填词一首:

> 终身学习意志坚,
> 紧跟时代不惜汗。
> 只争朝夕强自身,
> 学为战!
> 双向奔赴勇向前!
>
> 家庭教育铁肩担,

言传身教莫等闲。
扶摇直上九万里,
同心干!
不负子女不负天!

是为记!

作者

2024 年 8 月 1 日于上海

图书在版编目(CIP)数据
家教实战:家庭教育指南/张鑫著.--上海:复旦大学出版社,2025.1.-- ISBN 978-7-309-17684-1
Ⅰ.G78-62
中国国家版本馆 CIP 数据核字第 2024SL2327 号

家教实战:家庭教育指南
张　鑫　著
责任编辑/黄　丹

复旦大学出版社有限公司出版发行
上海市国权路 579 号　邮编:200433
网址：fupnet@ fudanpress.com　http://www.fudanpress.com
门市零售:86-21-65102580　团体订购:86-21-65104505
出版部电话:86-21-65642845
上海四维数字图文有限公司

开本 890 毫米×1240 毫米　1/32　印张 9.625　字数 232 千字
2025 年 1 月第 1 版
2025 年 1 月第 1 版第 1 次印刷

ISBN 978-7-309-17684-1/G・2636
定价:58.00 元

如有印装质量问题,请向复旦大学出版社有限公司出版部调换。
版权所有　侵权必究